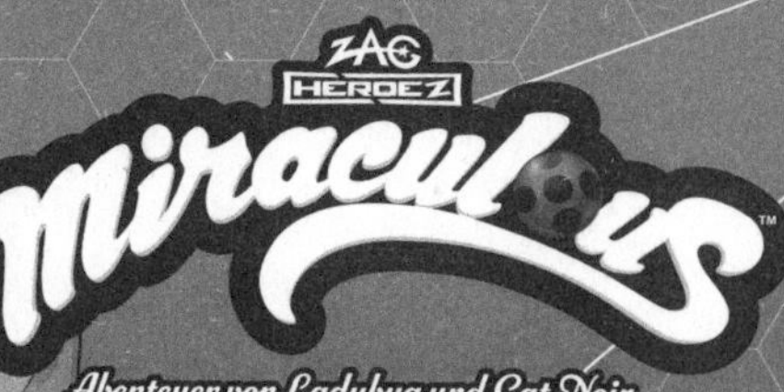

1

MANGA: **ZAG**
PRODUKTION: **TOEI ANIMATION**
CO-PRODUKTION: **WARITA KOMA** ANIMATION: **RIKU TSUCHIDA**

Inhalt

MANGA
ZAG

PRODUKTION
TOEI ANIMATION

CO-PRODUKTION
WARITA KOMA

ANIMATION
RIKU TSUCHIDA

ÜBERSETZUNG
DOROTHEA KLEPPER

LETTERING
BARBARA STAVEL

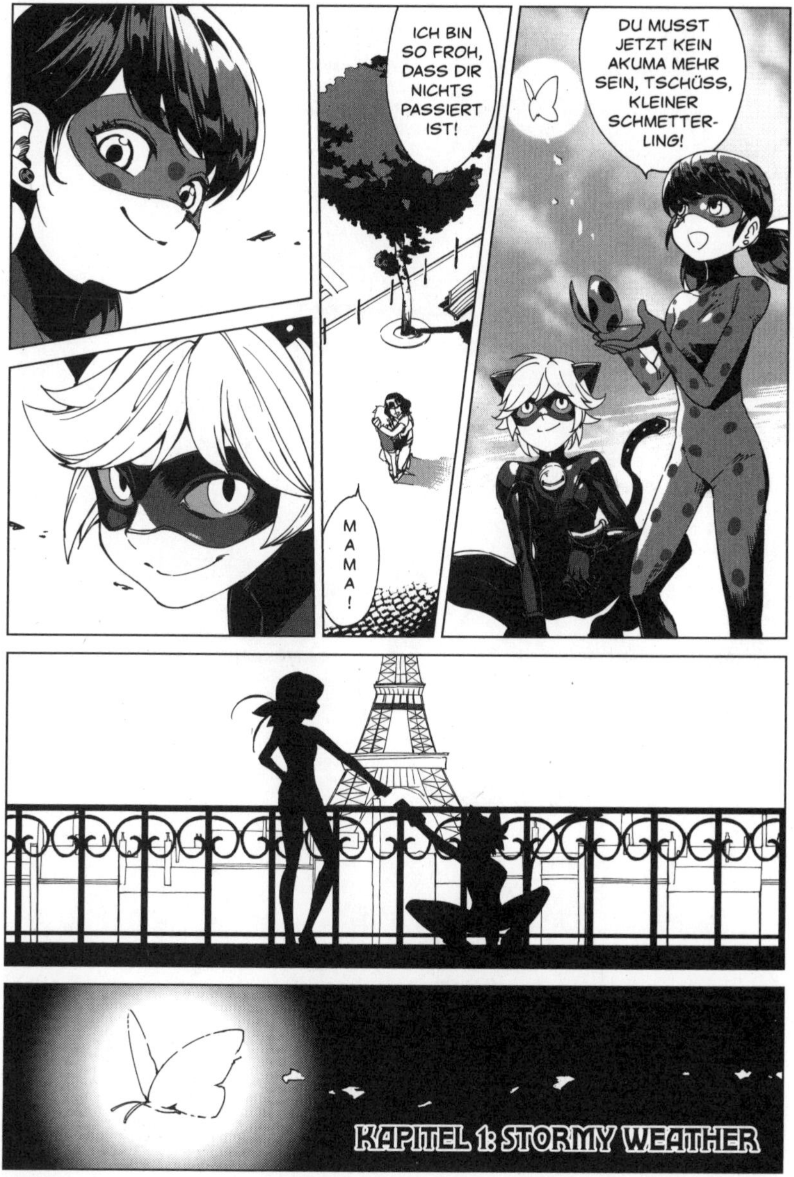

ICH BIN SO FROH, DASS DIR NICHTS PASSIERT IST!

MAMA!

DU MUSST JETZT KEIN AKUMA MEHR SEIN, TSCHÜSS, KLEINER SCHMETTERLING!

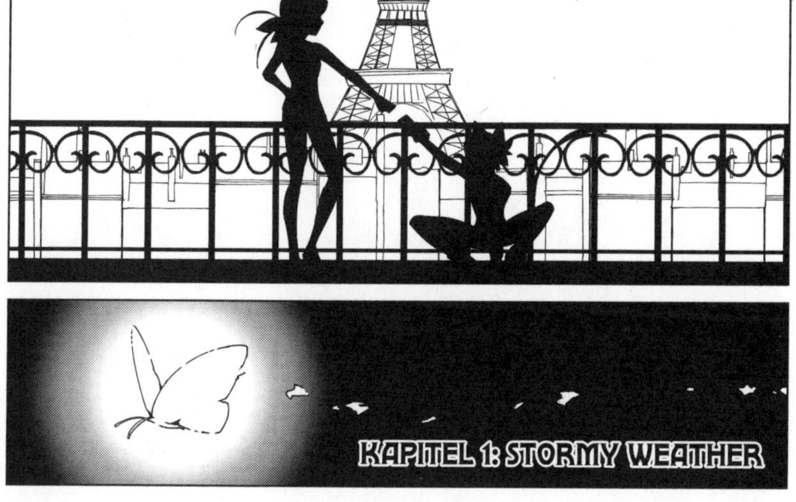

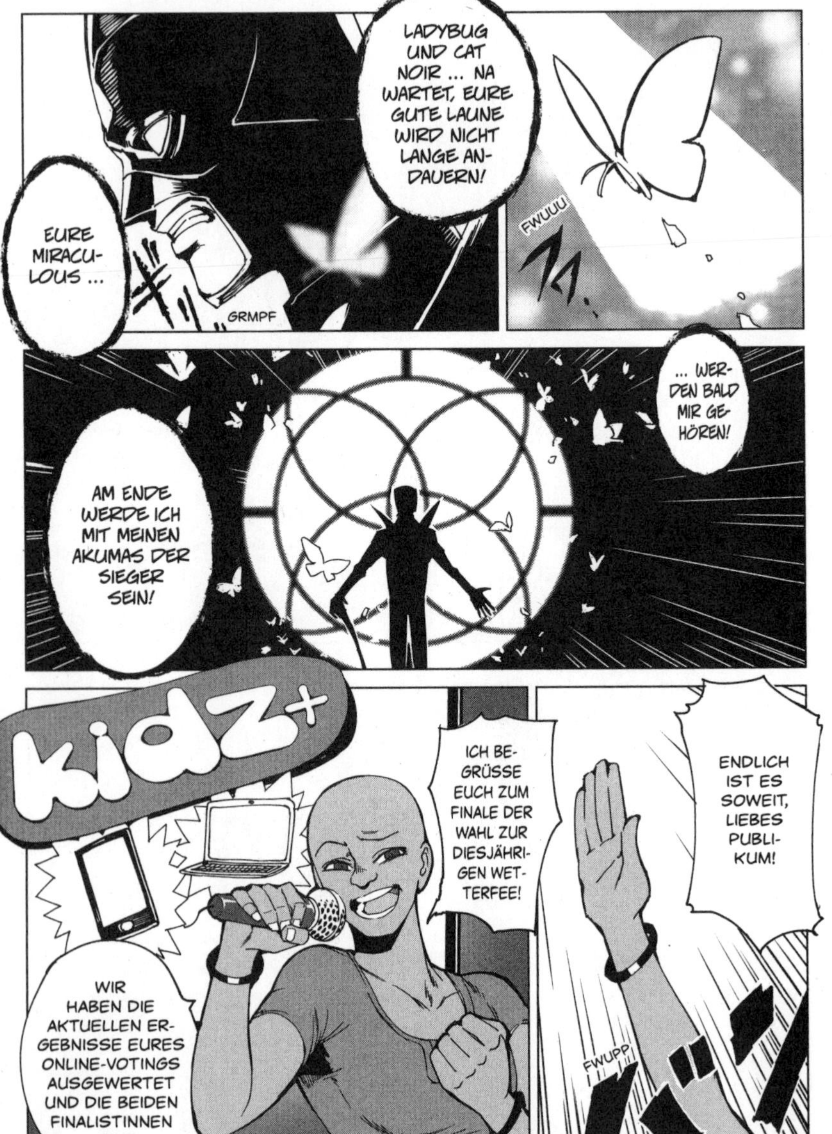LADYBUG UND CAT NOIR ... NA WARTET, EURE GUTE LAUNE WIRD NICHT LANGE AN-DAUERN!
EURE MIRACU-LOUS ...
GRMPF
FWUUU
... WER-DEN BALD MIR GE-HÖREN!
AM ENDE WERDE ICH MIT MEINEN AKUMAS DER SIEGER SEIN!
kidZ+
ENDLICH IST ES SOWEIT, LIEBES PUBLI-KUM!
ICH BE-GRÜSSE EUCH ZUM FINALE DER WAHL ZUR DIESJÄHRI-GEN WET-TERFEE!
WIR HABEN DIE AKTUELLEN ER-GEBNISSE EURES ONLINE-VOTINGS AUSGEWERTET UND DIE BEIDEN FINALISTINNEN SIND ...
FWUPP

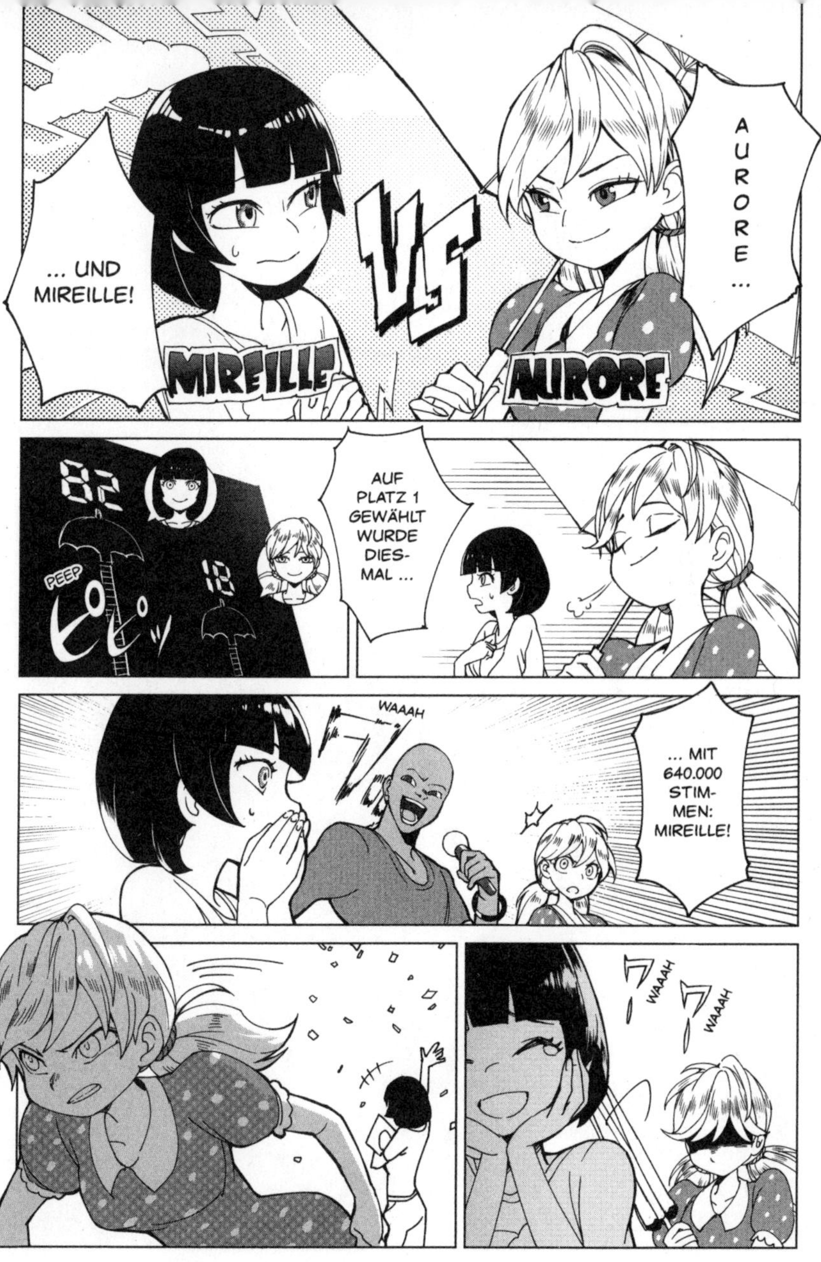
AURORE ...
... UND MIREILLE!
MIREILLE
VS
AURORE
AUF PLATZ 1 GEWÄHLT WURDE DIES-MAL ...
82
18
PEEP
ピピッ
WAAAH
... MIT 640.000 STIM-MEN: MIREILLE!
WAAAH
WAAAH

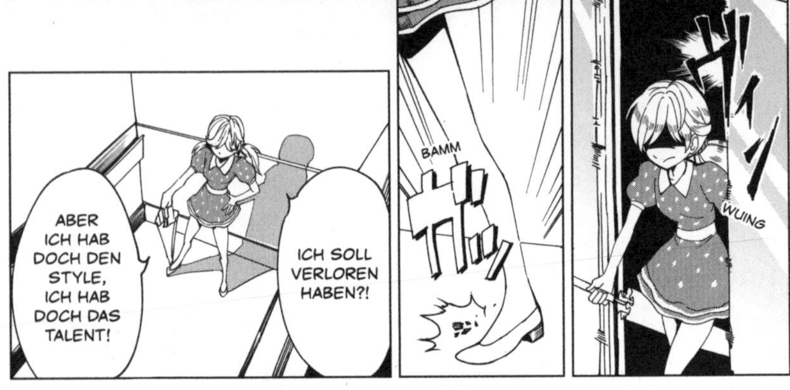
WUING
BAMM
ICH SOLL VERLOREN HABEN?!
ABER ICH HAB DOCH DEN STYLE, ICH HAB DOCH DAS TALENT!

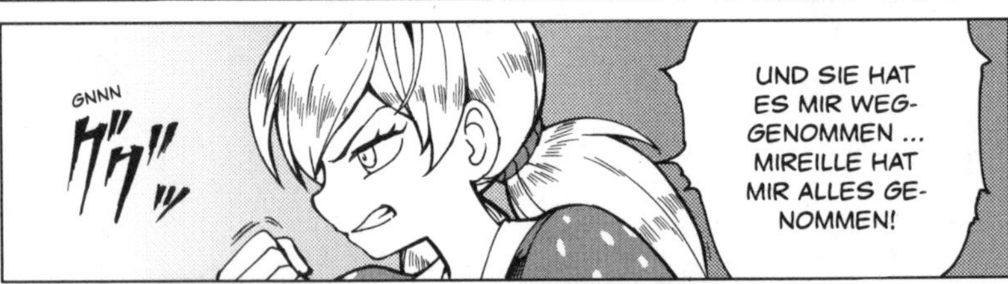
UND SIE HAT ES MIR WEG-GENOMMEN ... MIREILLE HAT MIR ALLES GE-NOMMEN!
GNNN

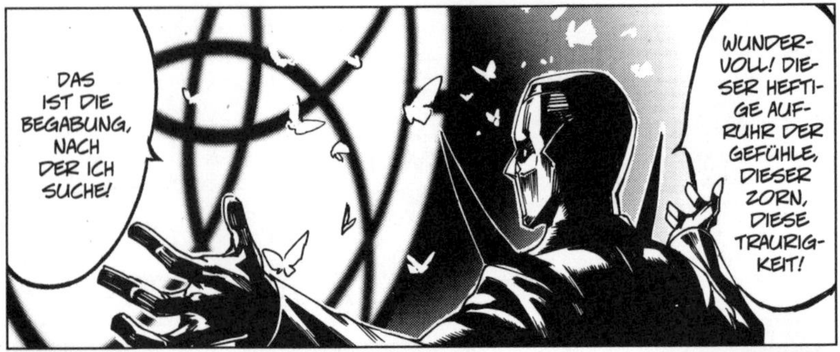
WUNDER-VOLL! DIE-SER HEFTI-GE AUF-RUHR DER GEFÜHLE, DIESER ZORN, DIESE TRAURIG-KEIT!
DAS IST DIE BEGABUNG, NACH DER ICH SUCHE!

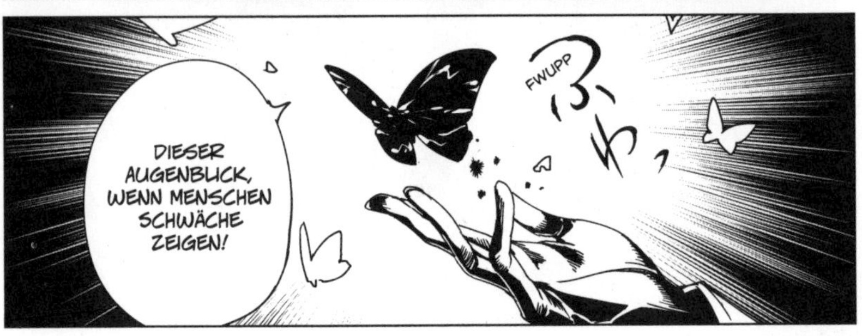
FWUPP
DIESER AUGENBLICK, WENN MENSCHEN SCHWÄCHE ZEIGEN!

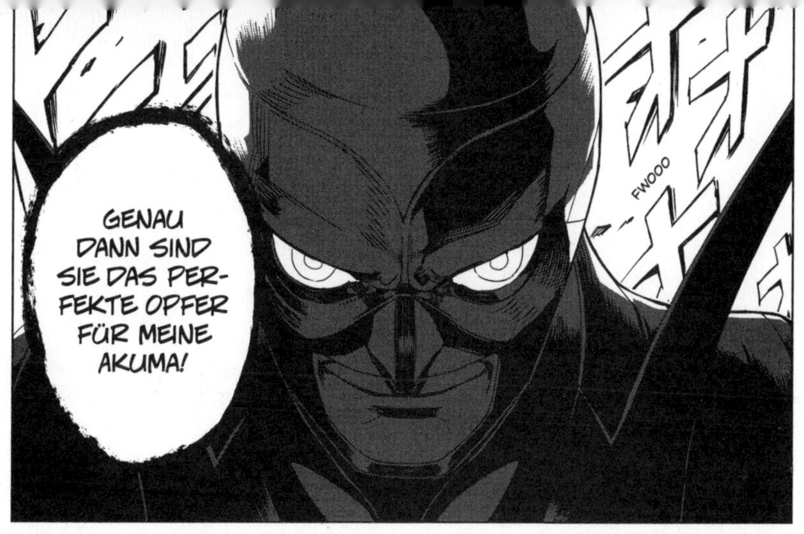
FWOOO
GENAU DANN SIND SIE DAS PERFEKTE OPFER FÜR MEINE AKUMA!
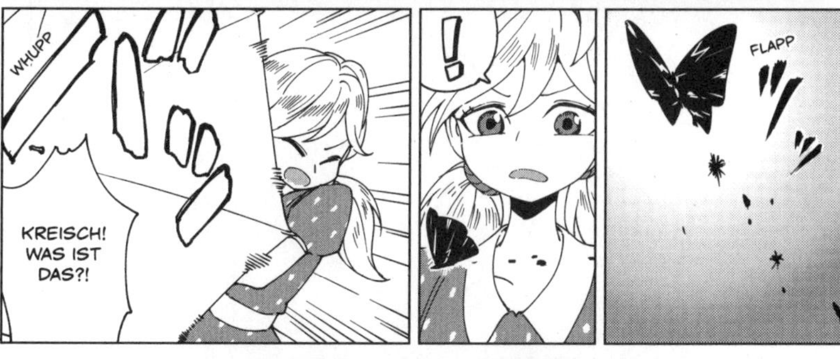
FLAPP
!
WHUPP
KREISCH! WAS IST DAS?!
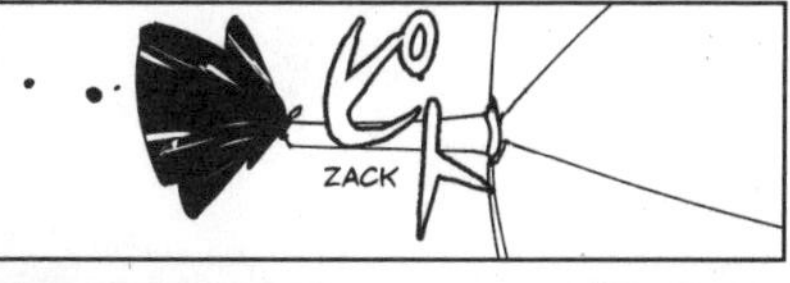
ZACK
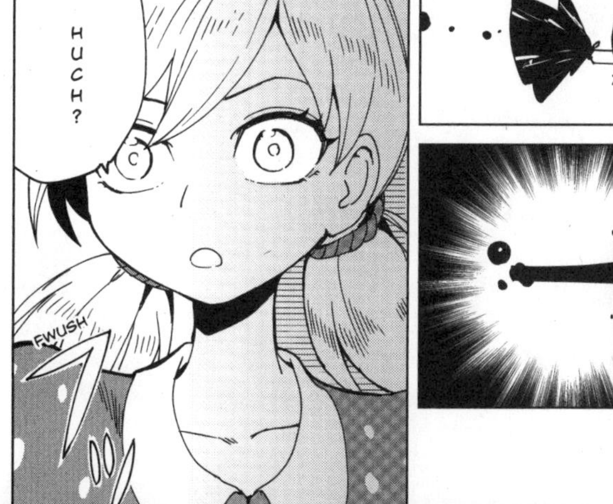
HUCH?
FWUSH
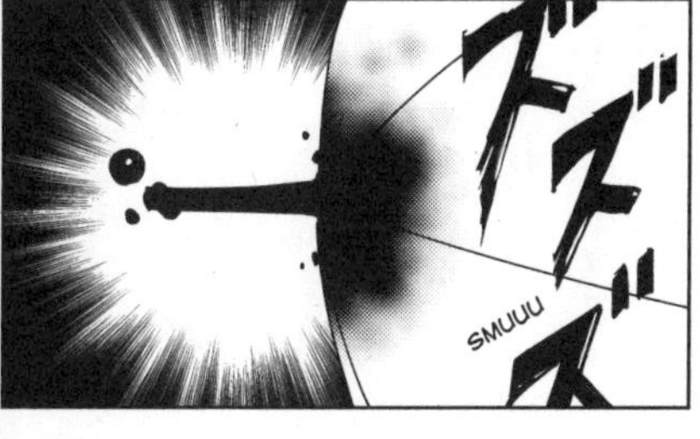
SMUUU

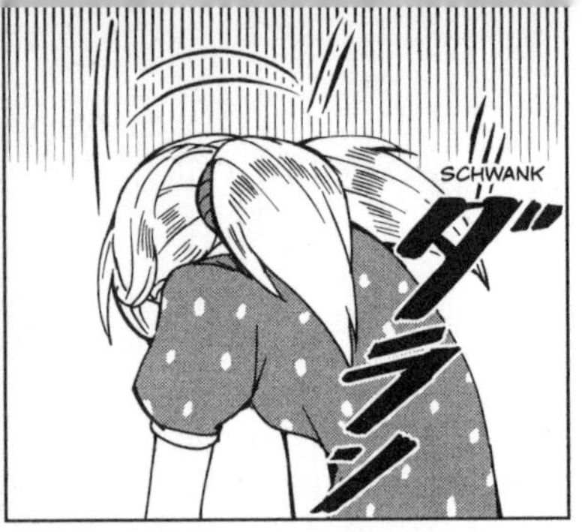
SCHWANK

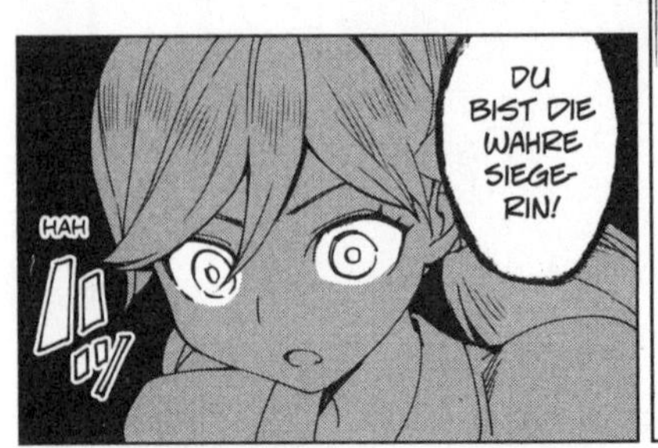
DU BIST DIE WAHRE SIEGERIN!
HAH

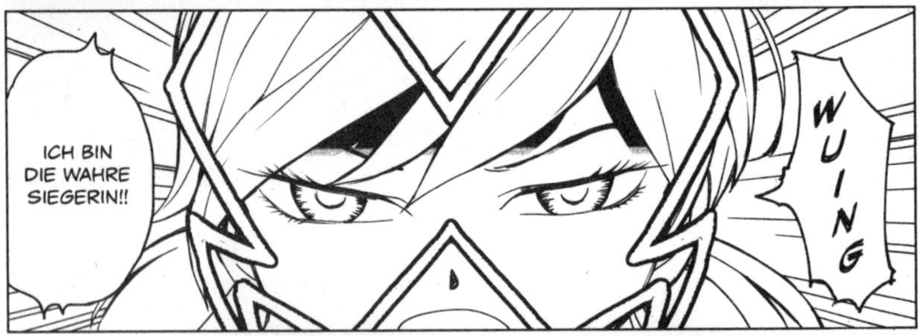
WUING
ICH BIN DIE WAHRE SIEGERIN!!

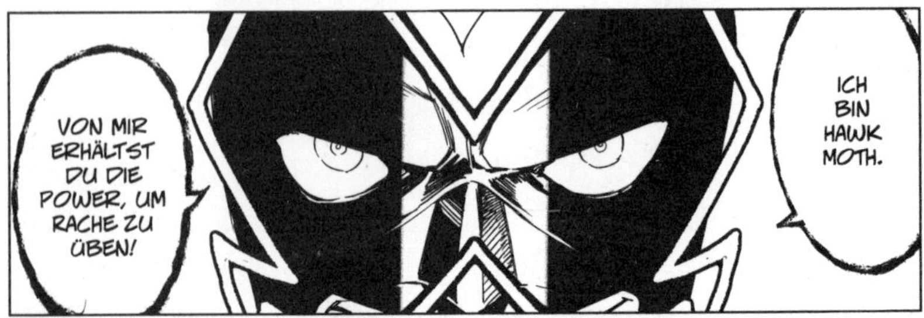
ICH BIN HAWK MOTH.
VON MIR ERHÄLTST DU DIE POWER, UM RACHE ZU ÜBEN!

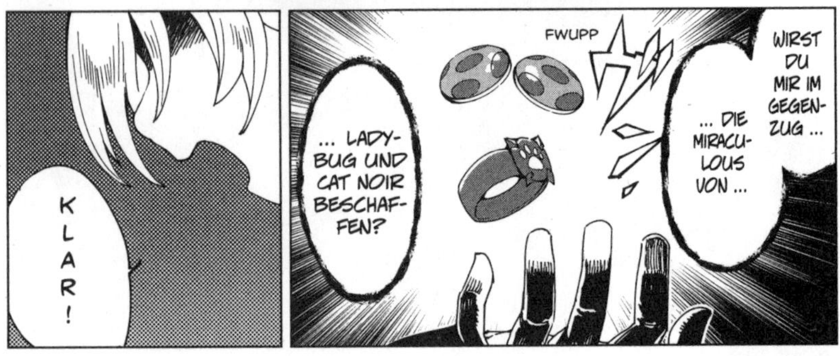
WIRST DU MIR IM GEGENZUG ...
... DIE MIRACULOUS VON ...
FWUPP
... LADYBUG UND CAT NOIR BESCHAFFEN?
KLAR!

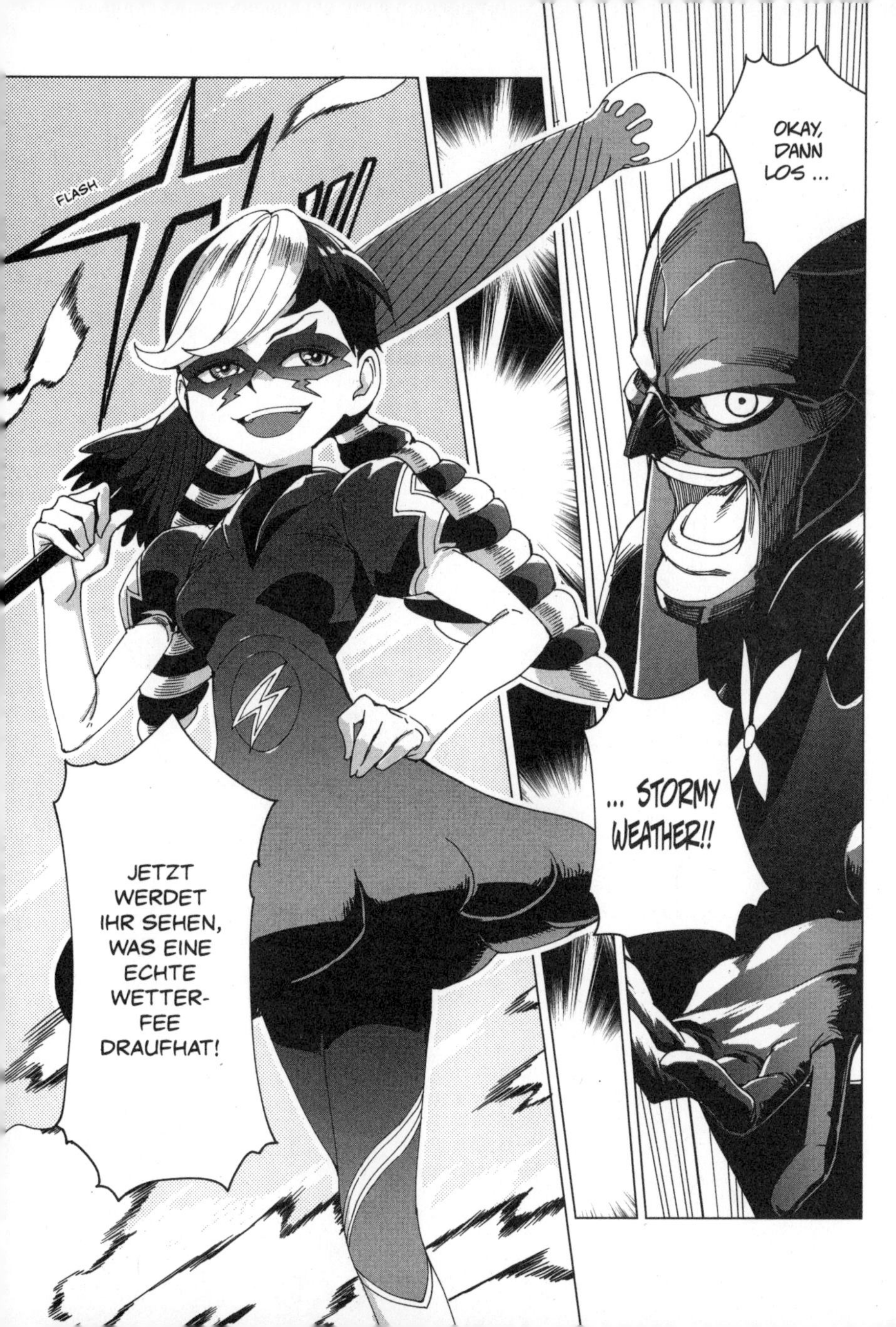
OKAY, DANN LOS ...
FLASH
... STORMY WEATHER!!
JETZT WERDET IHR SEHEN, WAS EINE ECHTE WETTER-FEE DRAUFHAT!

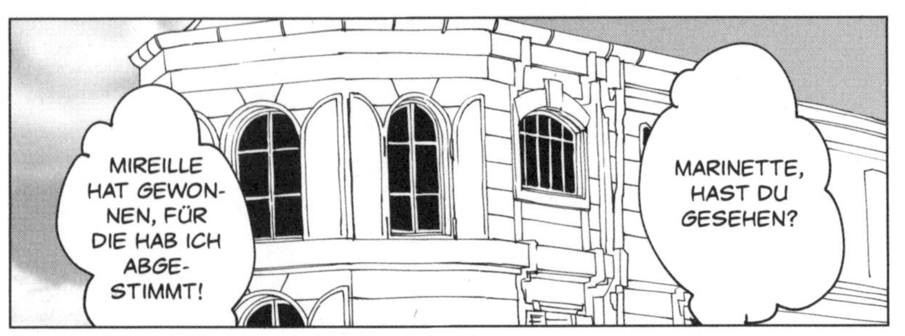

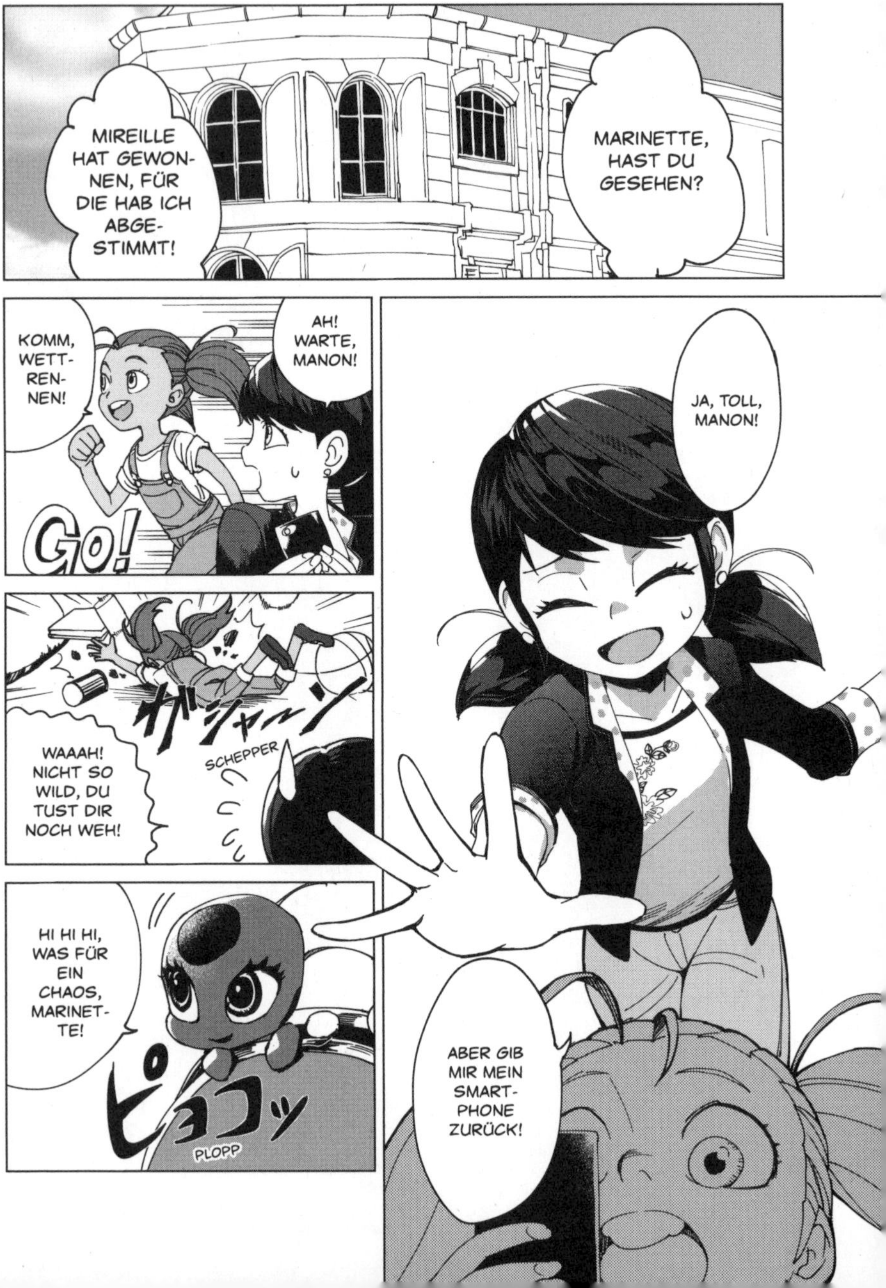

JA, TOLL, MANON!

ABER GIB MIR MEIN SMARTPHONE ZURÜCK!

KOMM, WETTRENNEN!

AH! WARTE, MANON!

GO!

SCHEPPER

WAAAH! NICHT SO WILD, DU TUST DIR NOCH WEH!

HI HI HI, WAS FÜR EIN CHAOS, MARINETTE!

PLOPP

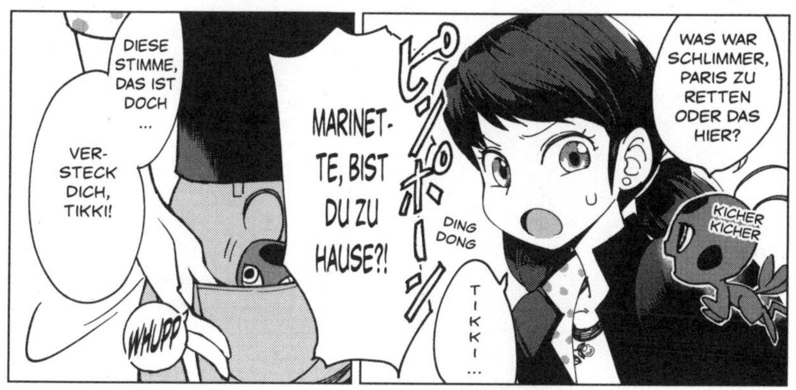
WAS WAR SCHLIMMER, PARIS ZU RETTEN ODER DAS HIER?
KICHER KICHER
TIKKI ...
DING DONG
MARINET-TE, BIST DU ZU HAUSE?!
DIESE STIMME, DAS IST DOCH ...
VER-STECK DICH, TIKKI!
WHUPP

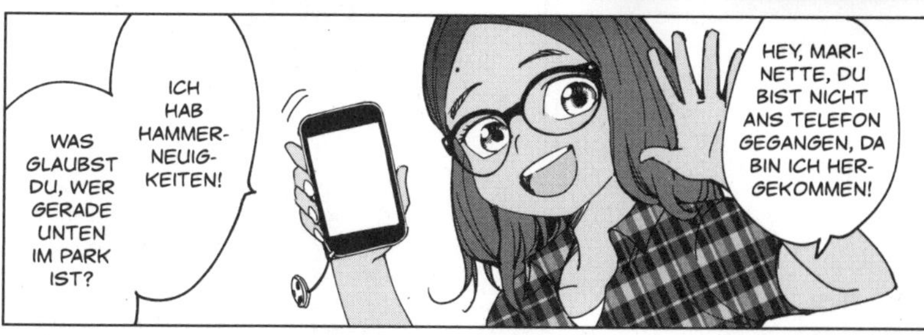
HEY, MARI-NETTE, DU BIST NICHT ANS TELEFON GEGANGEN, DA BIN ICH HER-GEKOMMEN!
ICH HAB HAMMER-NEUIG-KEITEN!
WAS GLAUBST DU, WER GERADE UNTEN IM PARK IST?

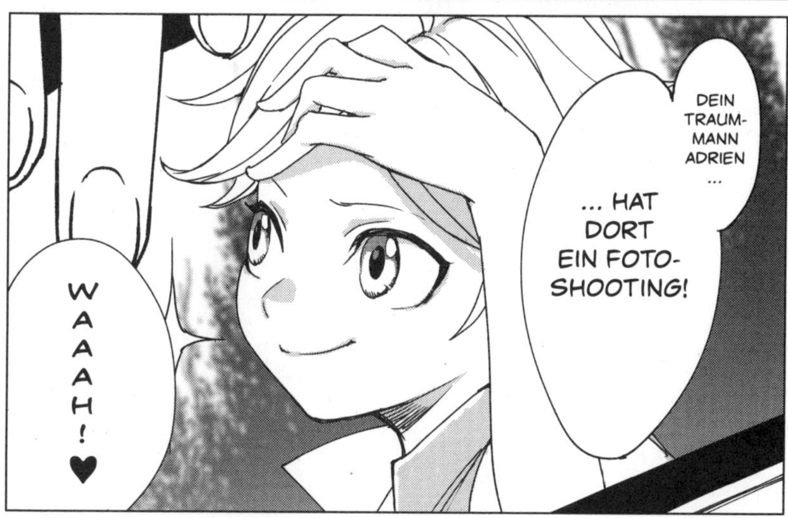
DEIN TRAUM-MANN ADRIEN ...
... HAT DORT EIN FOTO-SHOOTING!
WAAAAH!♥

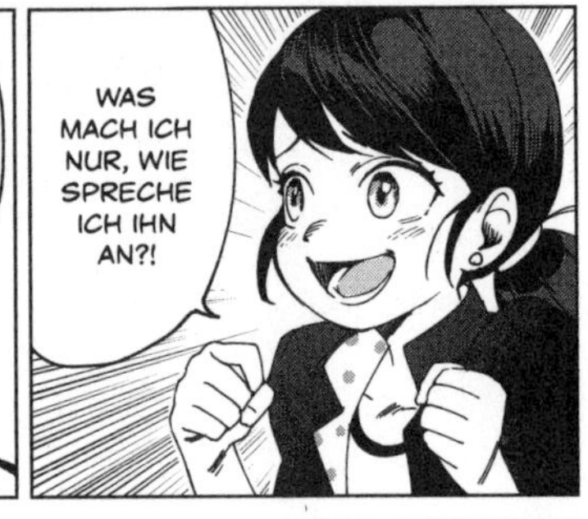
WAS MACH ICH NUR, WIE SPRECHE ICH IHN AN?!

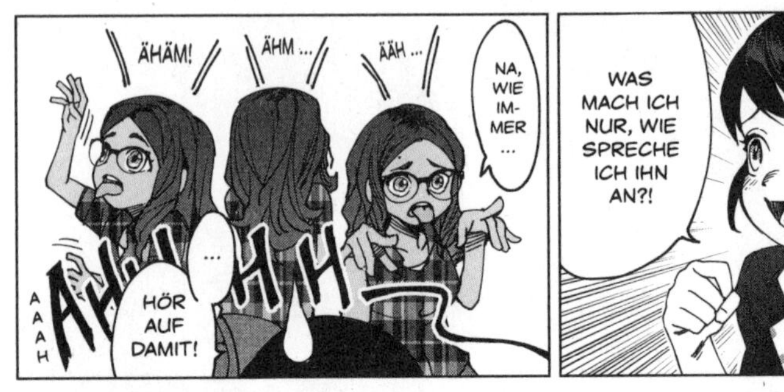
NA, WIE IMMER …
ÄÄH …
ÄHM …
ÄHÄM!
AAAH AHHHH
…
HÖR AUF DAMIT!

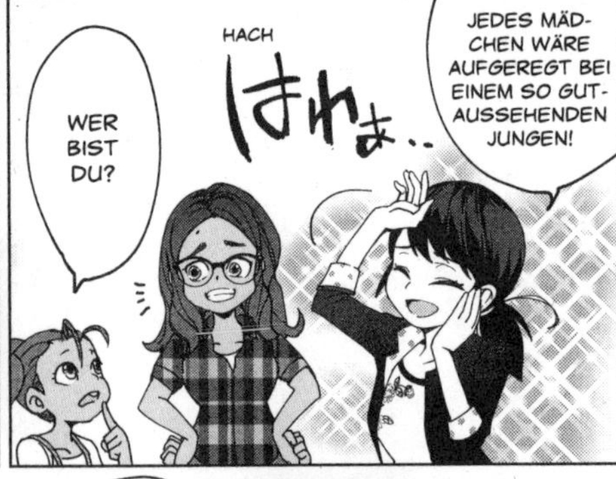
JEDES MÄDCHEN WÄRE AUFGEREGT BEI EINEM SO GUT-AUSSEHENDEN JUNGEN!
HACH
はわぁ..
WER BIST DU?

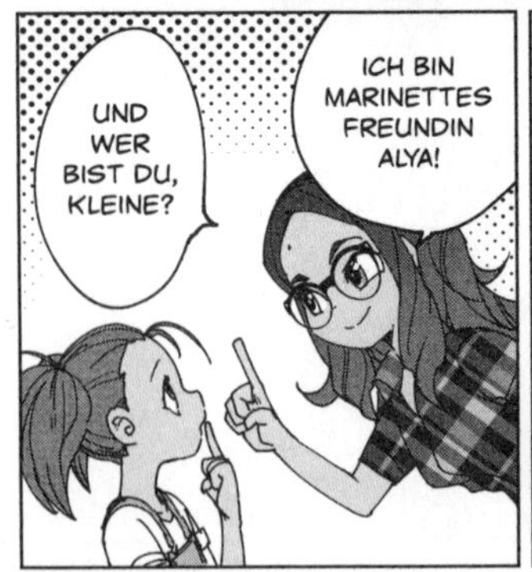
ICH BIN MARINETTES FREUNDIN ALYA!
UND WER BIST DU, KLEINE?

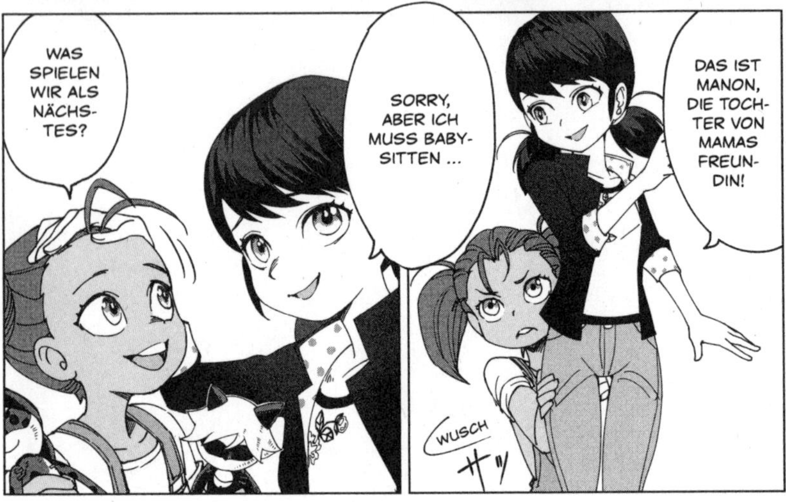
DAS IST MANON, DIE TOCHTER VON MAMAS FREUNDIN!
WUSCH
サッ
SORRY, ABER ICH MUSS BABY-SITTEN …
WAS SPIELEN WIR ALS NÄCHSTES?

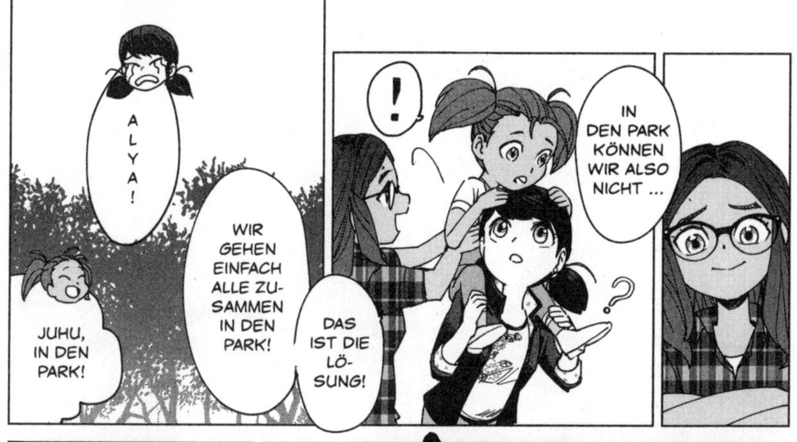
IN DEN PARK KÖNNEN WIR ALSO NICHT ...
!
DAS IST DIE LÖSUNG!
WIR GEHEN EINFACH ALLE ZUSAMMEN IN DEN PARK!
ALYA!
JUHU, IN DEN PARK!

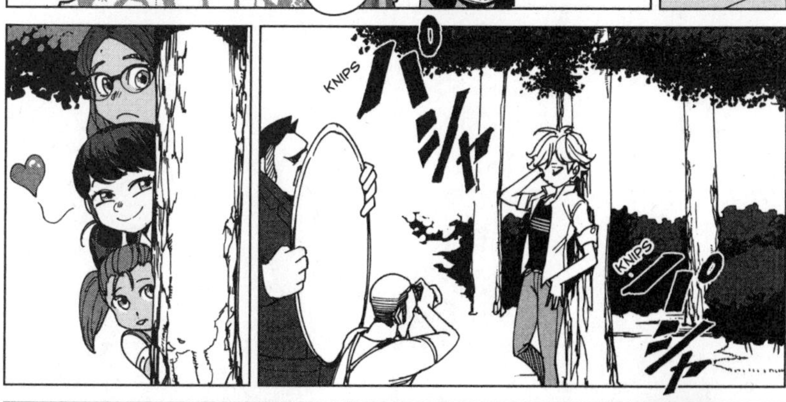
KNIPS
KNIPS

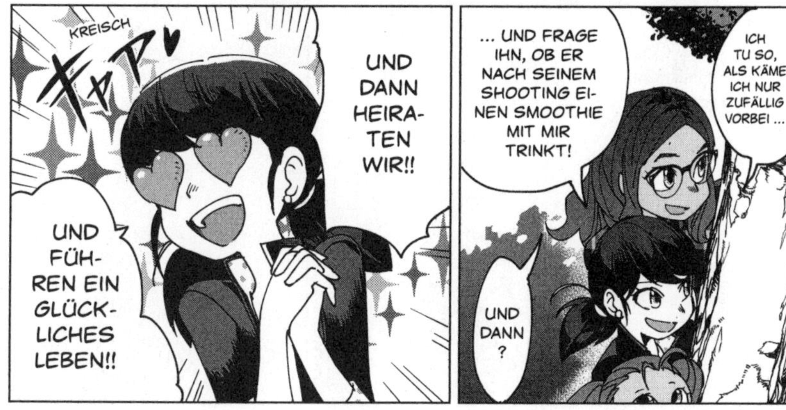
ICH TU SO, ALS KÄME ICH NUR ZUFÄLLIG VORBEI ...
... UND FRAGE IHN, OB ER NACH SEINEM SHOOTING EINEN SMOOTHIE MIT MIR TRINKT!
UND DANN?
KREISCH
UND DANN HEIRATEN WIR!!
UND FÜHREN EIN GLÜCKLICHES LEBEN!!

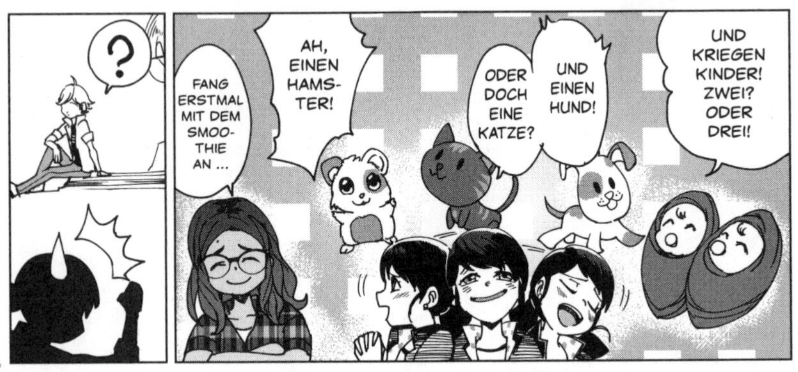
?
UND KRIEGEN KINDER! ZWEI? ODER DREI!
UND EINEN HUND!
ODER DOCH EINE KATZE?
AH, EINEN HAMS-TER!
FANG ERSTMAL MIT DEM SMOO-THIE AN ...

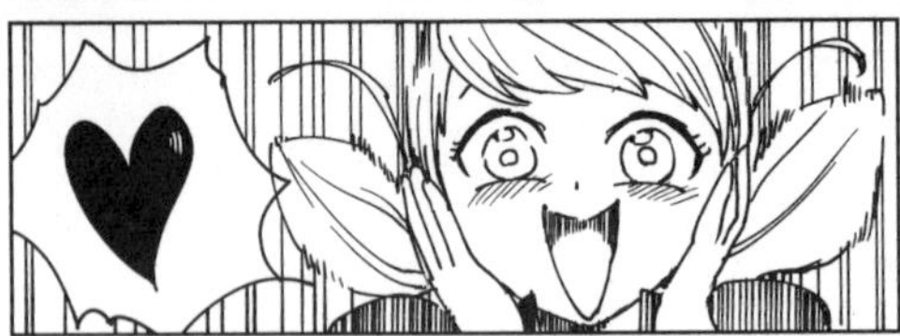

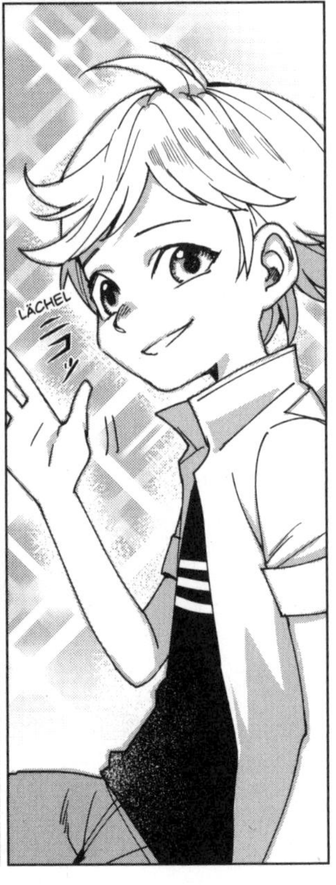
LÄCHEL

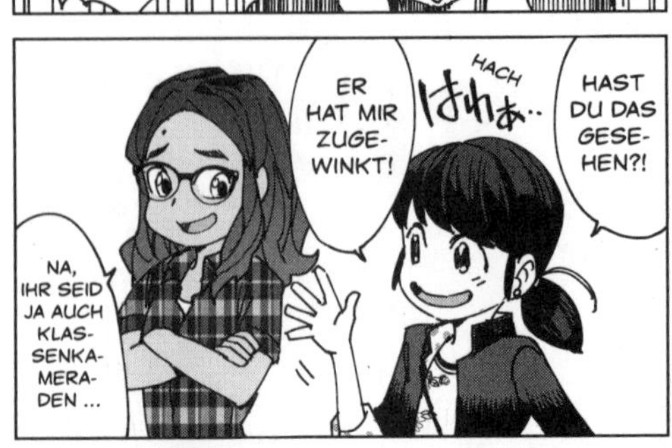
HAST DU DAS GESE-HEN?!
HACH
はわぁ…
ER HAT MIR ZUGE-WINKT!
NA, IHR SEID JA AUCH KLAS-SENKA-MERA-DEN ...

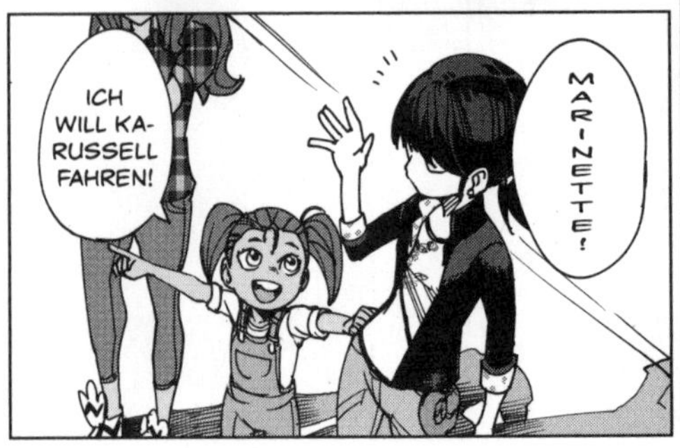
MARINETTE!
ICH WILL KA-RUSSELL FAHREN!

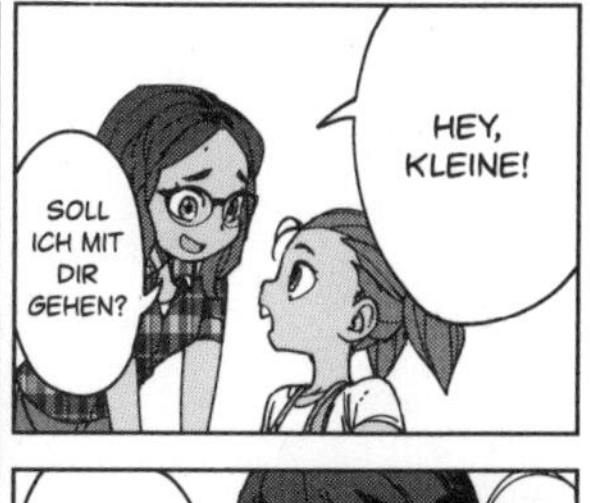
HEY, KLEINE!
SOLL ICH MIT DIR GEHEN?

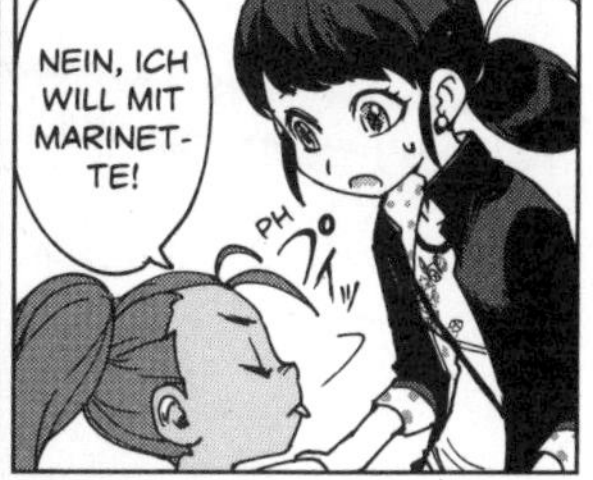
NEIN, ICH WILL MIT MARINETTE!
PH

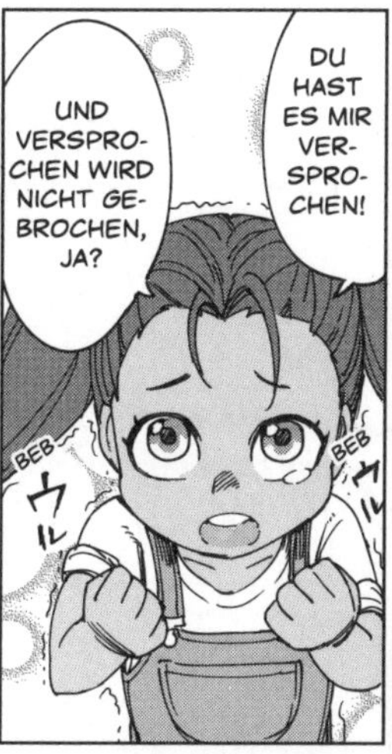
DU HAST ES MIR VERSPROCHEN!
UND VERSPROCHEN WIRD NICHT GEBROCHEN, JA?
BEB
BEB

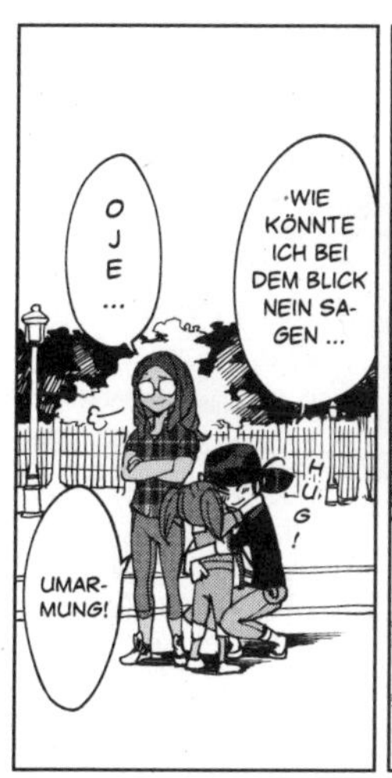
WIE KÖNNTE ICH BEI DEM BLICK NEIN SAGEN ...
OJE ...
HUG!
UMARMUNG!

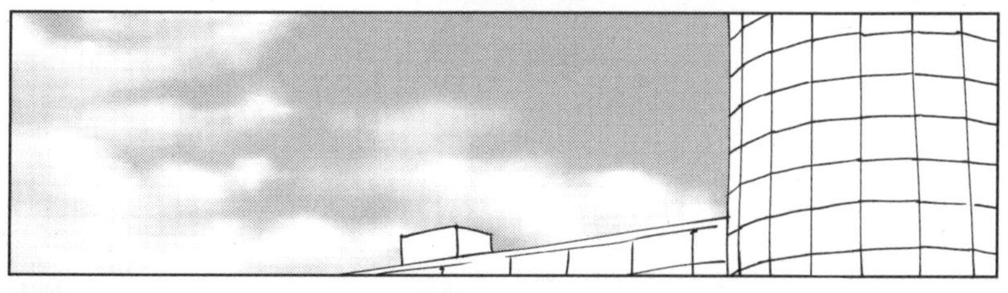

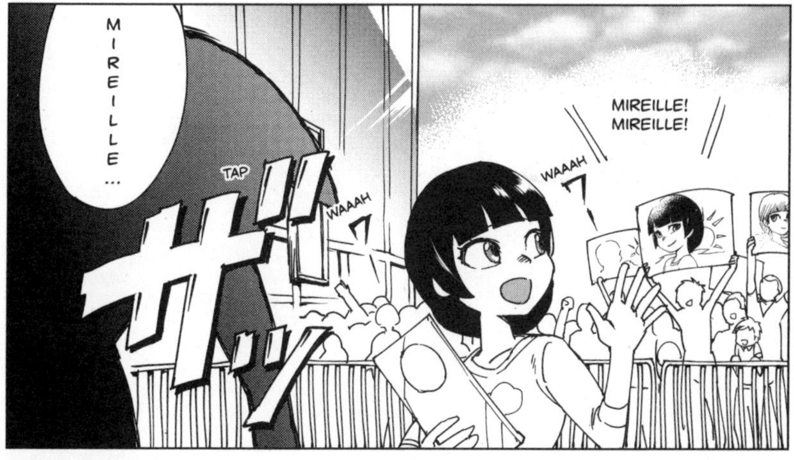
MIREILLE! MIREILLE!
WAAAH
WAAAH
TAP
MIREILLE ...

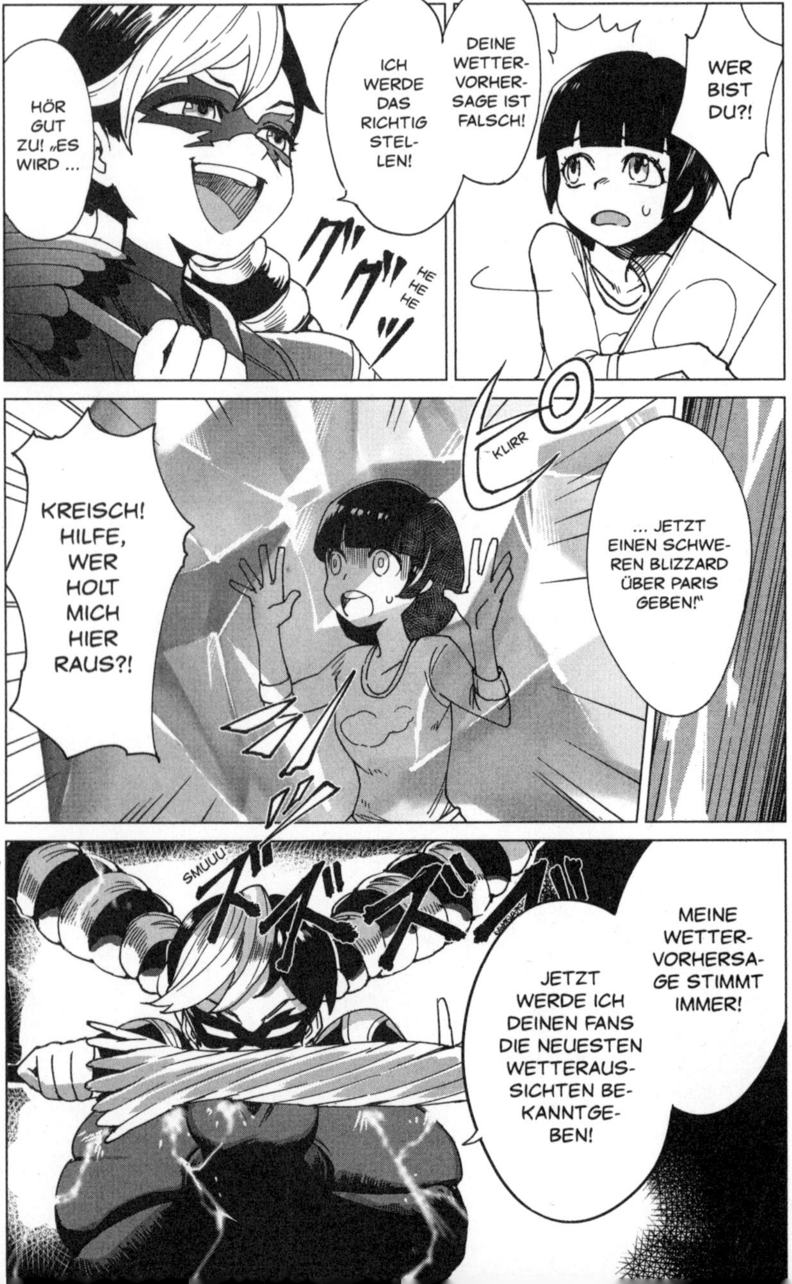

WER BIST DU?!

DEINE WETTERVORHERSAGE IST FALSCH!

ICH WERDE DAS RICHTIG STELLEN!

HE HE HE

HÖR GUT ZU! „ES WIRD ...

KLIRR

... JETZT EINEN SCHWEREN BLIZZARD ÜBER PARIS GEBEN!“

KREISCH! HILFE, WER HOLT MICH HIER RAUS?!

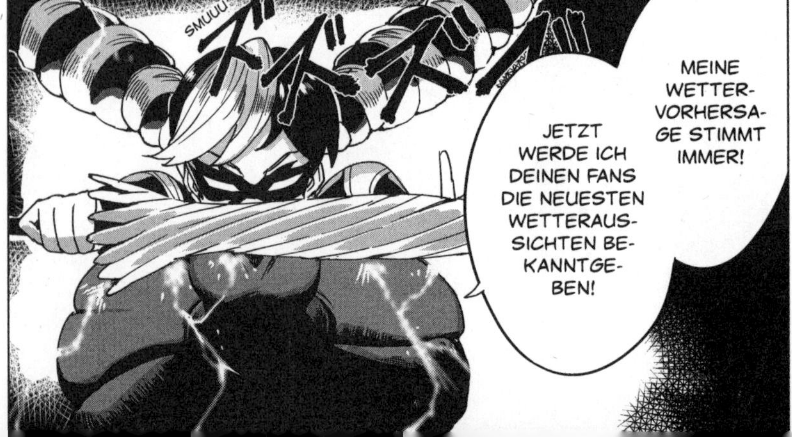

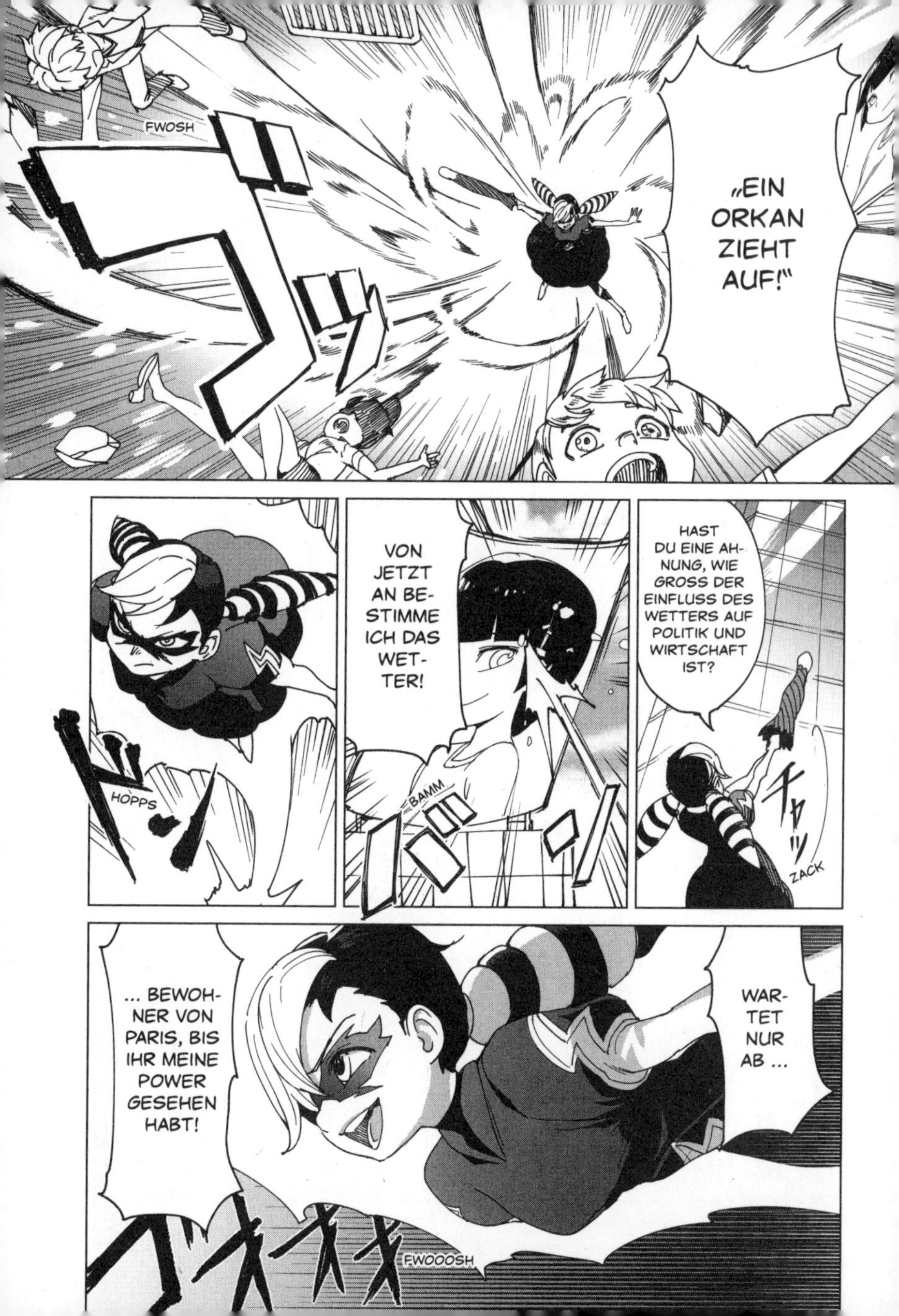

„EIN ORKAN ZIEHT AUF!“
FWOSH

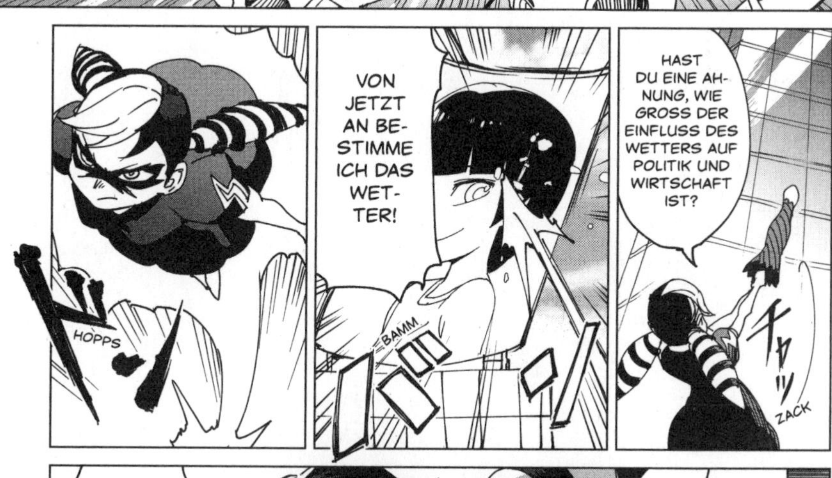

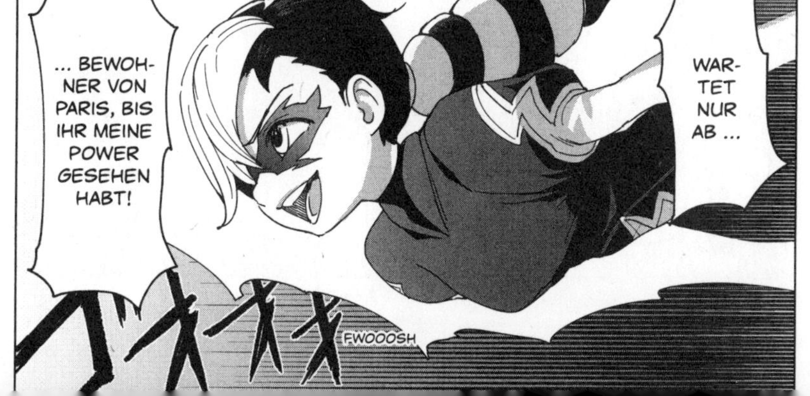

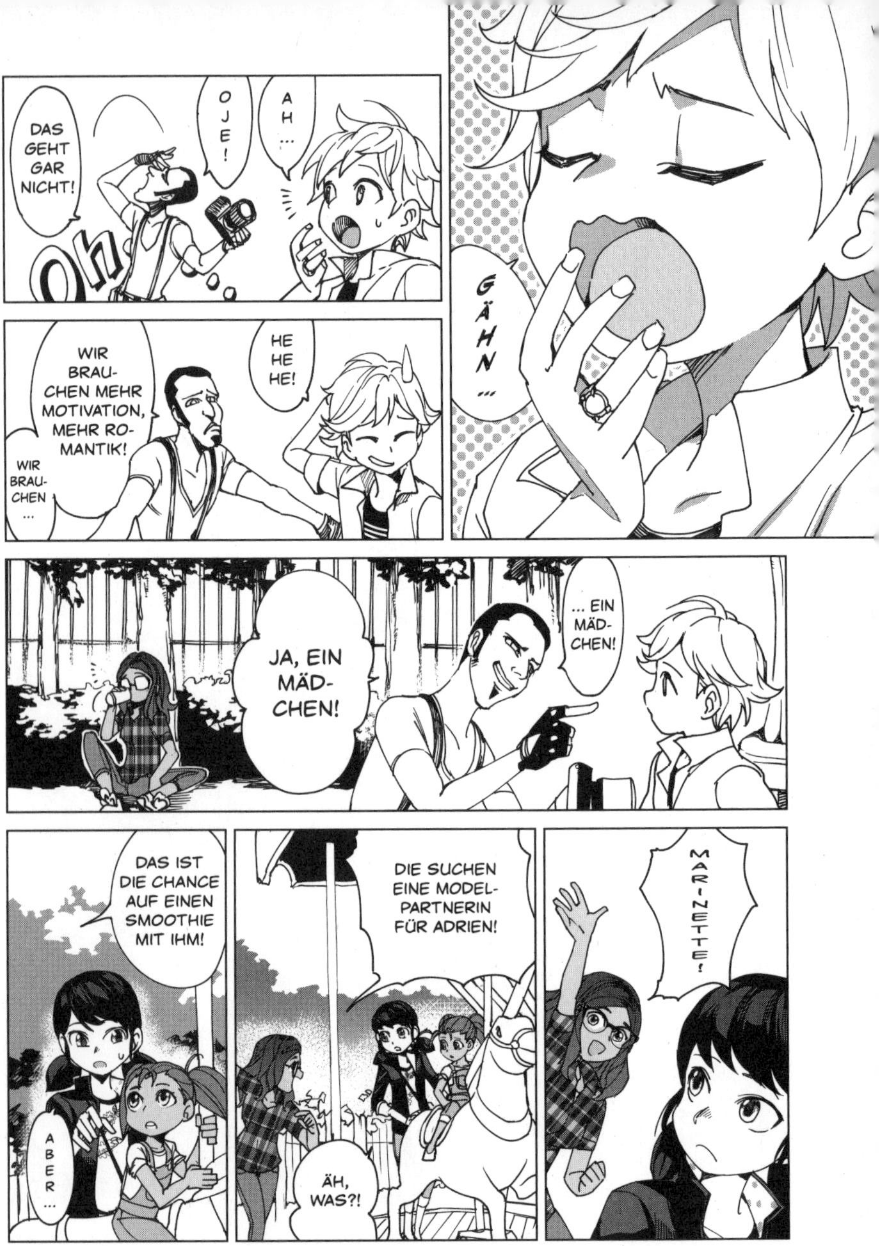

DAS GEHT GAR NICHT!
OJE!
AH ...
Oh
WIR BRAUCHEN MEHR MOTIVATION, MEHR ROMANTIK!
WIR BRAUCHEN ...
HE HE HE!
GÄHN ...

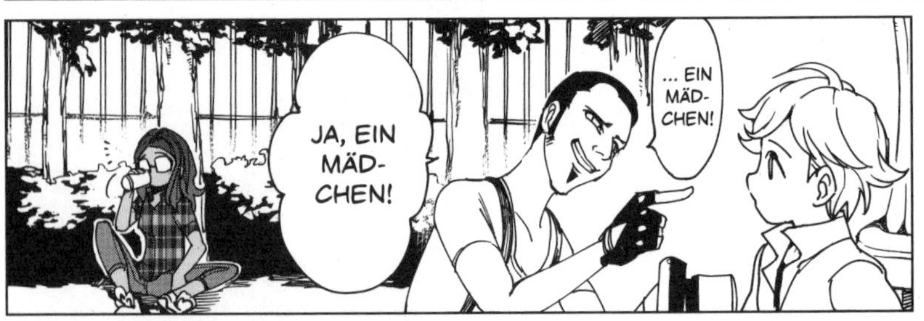

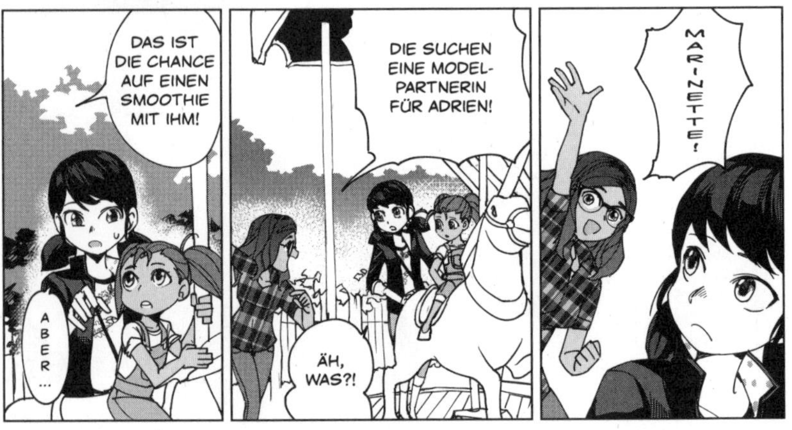

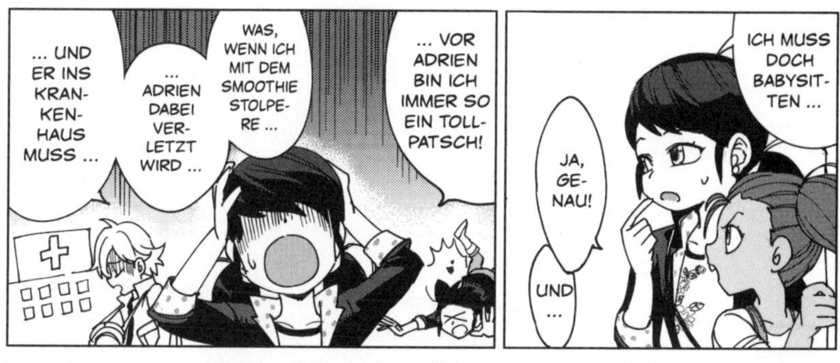
ICH MUSS DOCH BABYSITTEN ...
JA, GENAU!
UND ...
... VOR ADRIEN BIN ICH IMMER SO EIN TOLLPATSCH!
WAS, WENN ICH MIT DEM SMOOTHIE STOLPERE ...
... ADRIEN DABEI VERLETZT WIRD ...
... UND ER INS KRANKENHAUS MUSS ...

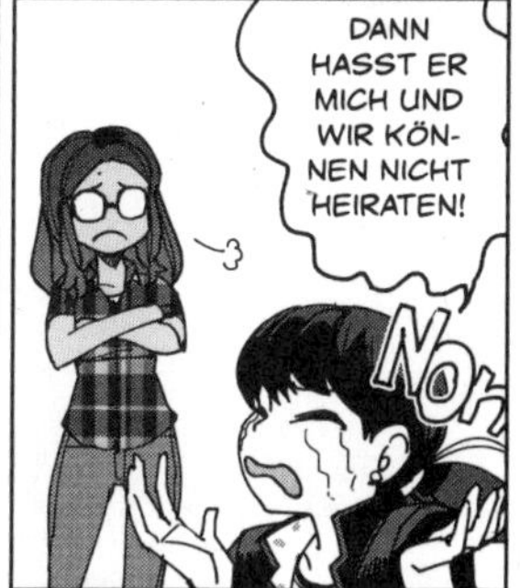
DANN HASST ER MICH UND WIR KÖNNEN NICHT HEIRATEN!
NON

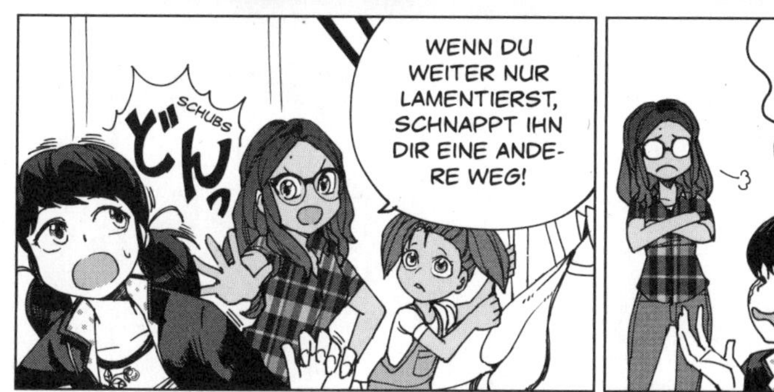
WENN DU WEITER NUR LAMENTIERST, SCHNAPPT IHN DIR EINE ANDERE WEG!
SCHUBS

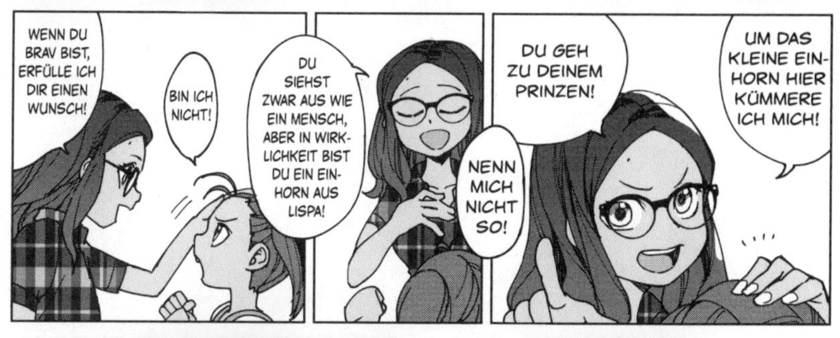
UM DAS KLEINE EINHORN HIER KÜMMERE ICH MICH!
DU GEH ZU DEINEM PRINZEN!
NENN MICH NICHT SO!
DU SIEHST ZWAR AUS WIE EIN MENSCH, ABER IN WIRKLICHKEIT BIST DU EIN EINHORN AUS LISPA!
BIN ICH NICHT!
WENN DU BRAV BIST, ERFÜLLE ICH DIR EINEN WUNSCH!

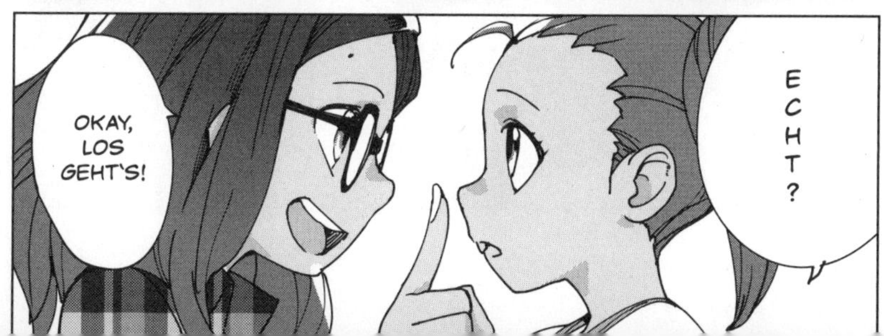
ECHT?
OKAY, LOS GEHT'S!

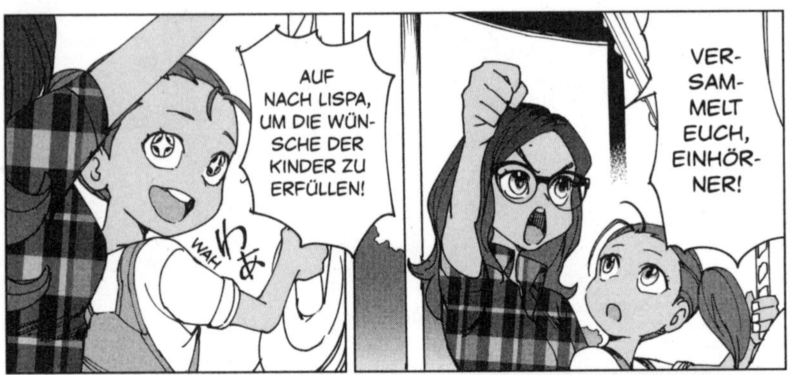
VER-
SAM-
MELT
EUCH,
EINHÖR-
NER!
AUF
NACH LISPA,
UM DIE WÜN-
SCHE DER
KINDER ZU
ERFÜLLEN!
WAH わぁ

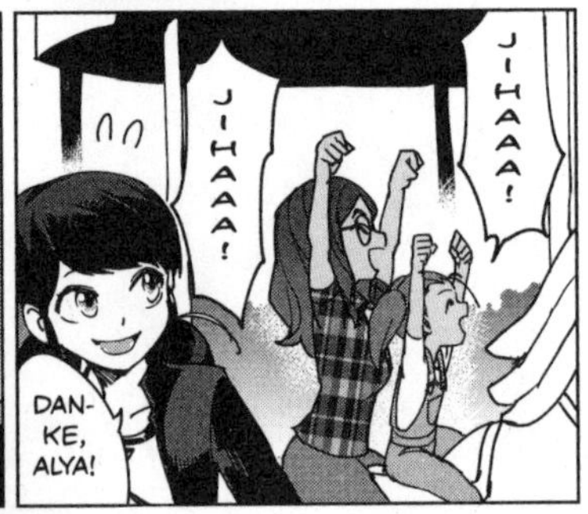
JIHAAA!
JIHAAA!
DAN-
KE,
ALYA!

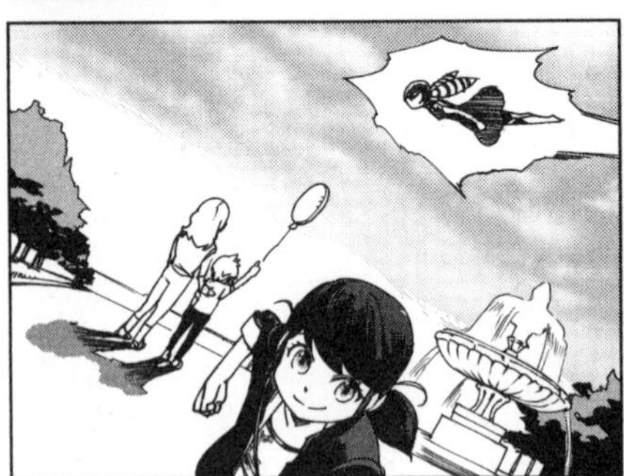

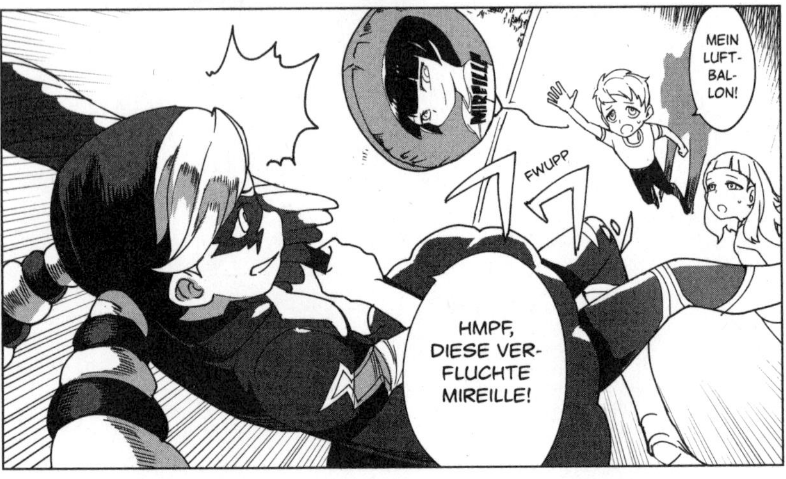
MEIN
LUFT-
BAL-
LON!
FWUPP
HMPF,
DIESE VER-
FLUCHTE
MIREILLE!

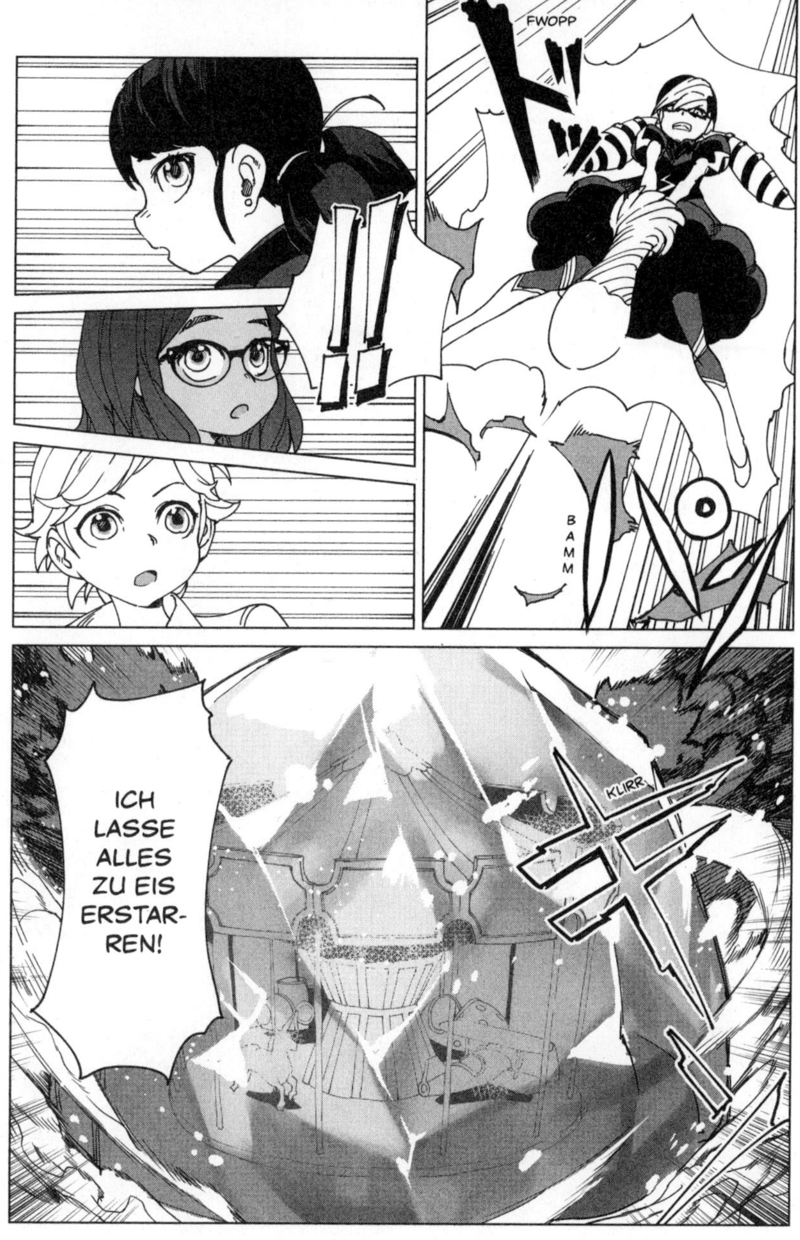
FWOPP
BAMM
KLIRR
ICH LASSE ALLES ZU EIS ERSTAR-REN!

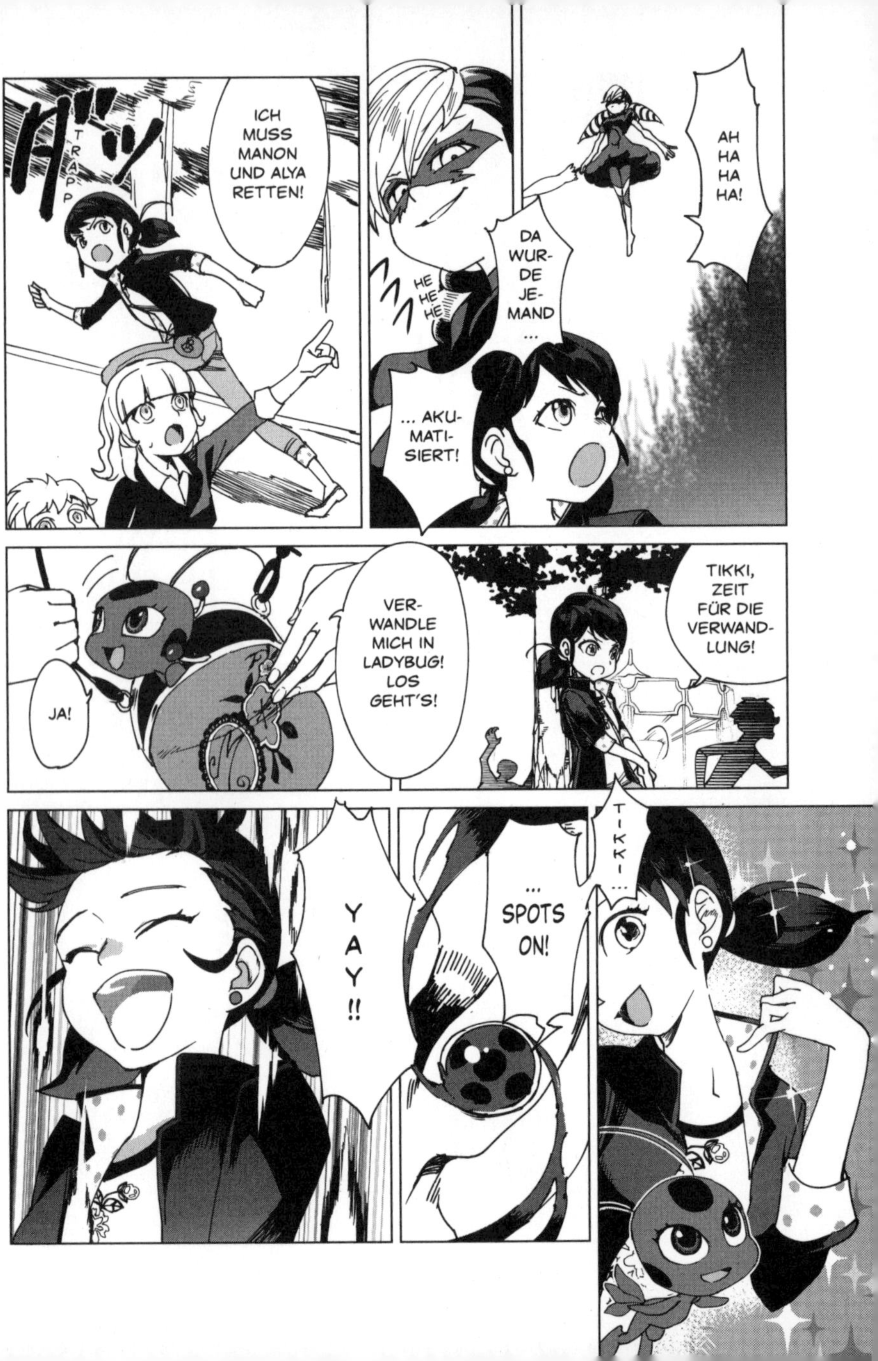

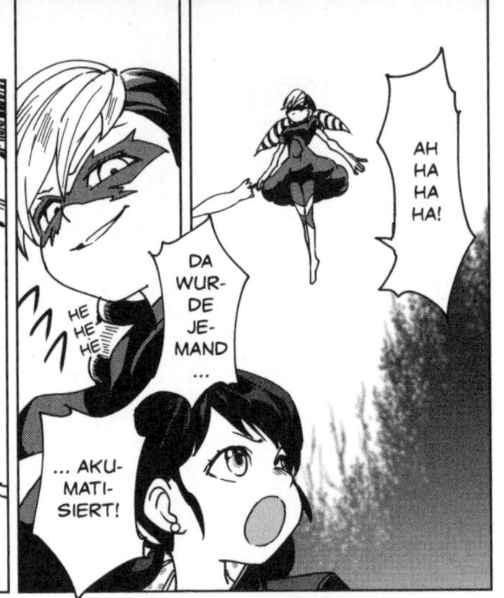
AH HA HA HA!
DA WURDE JEMAND ...
HE HE HE
... AKUMATISIERT!

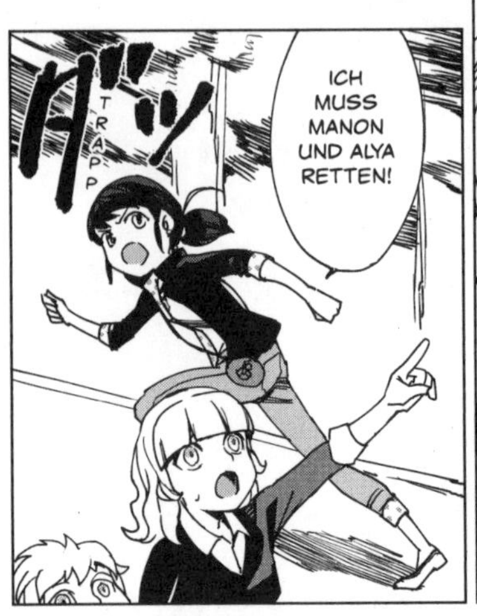
ICH MUSS MANON UND ALYA RETTEN!
TRAPP

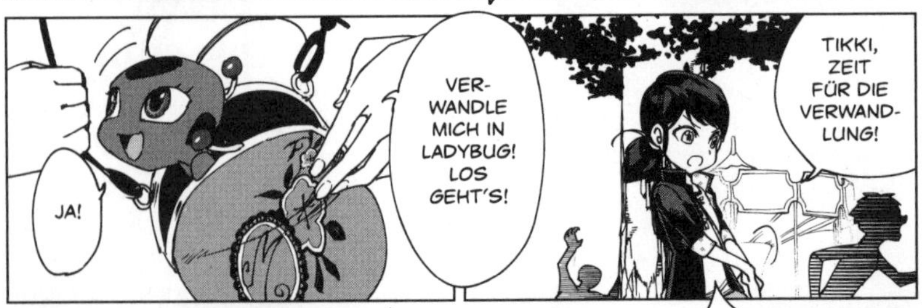
TIKKI, ZEIT FÜR DIE VERWANDLUNG!
VERWANDLE MICH IN LADYBUG! LOS GEHT'S!
JA!

TIKKI ...
... SPOTS ON!
YAY!!

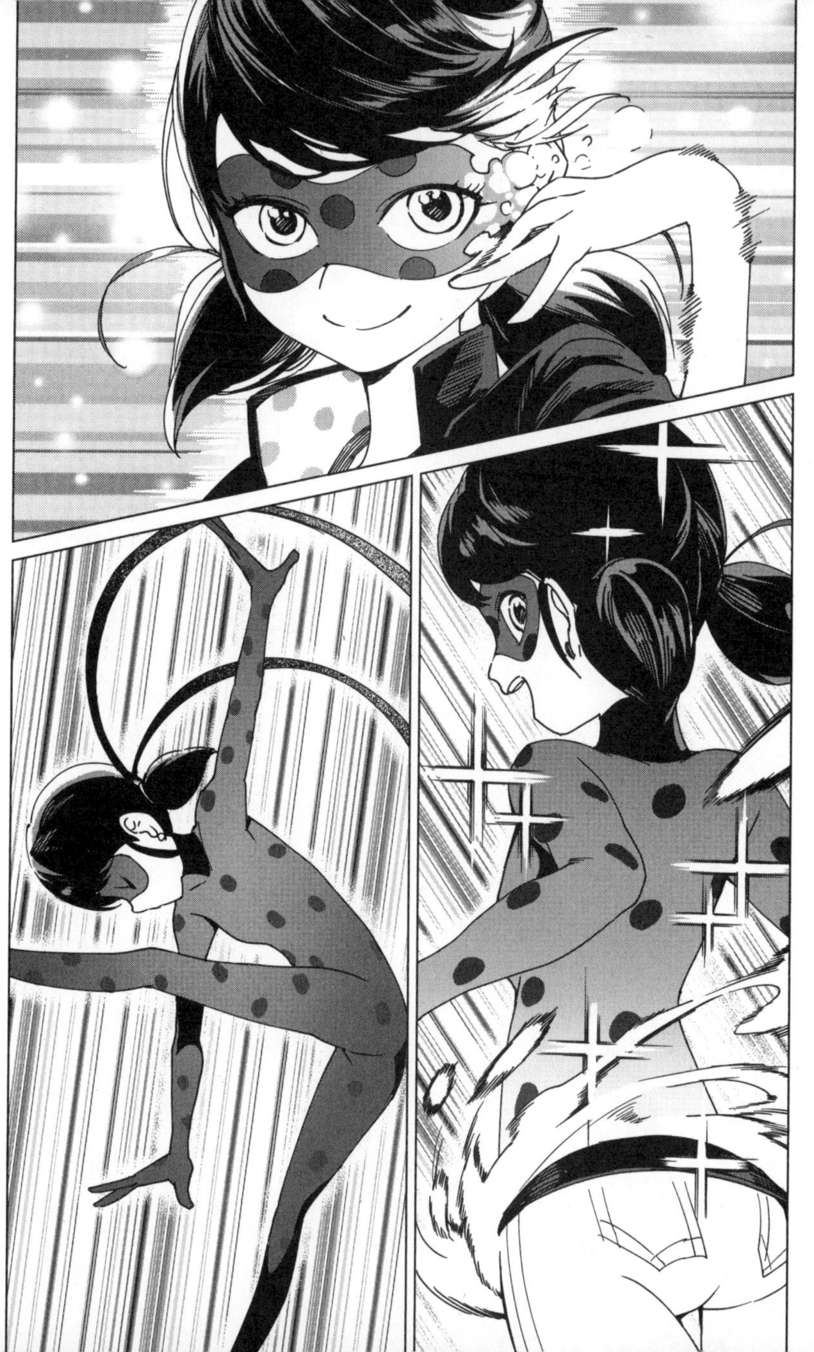

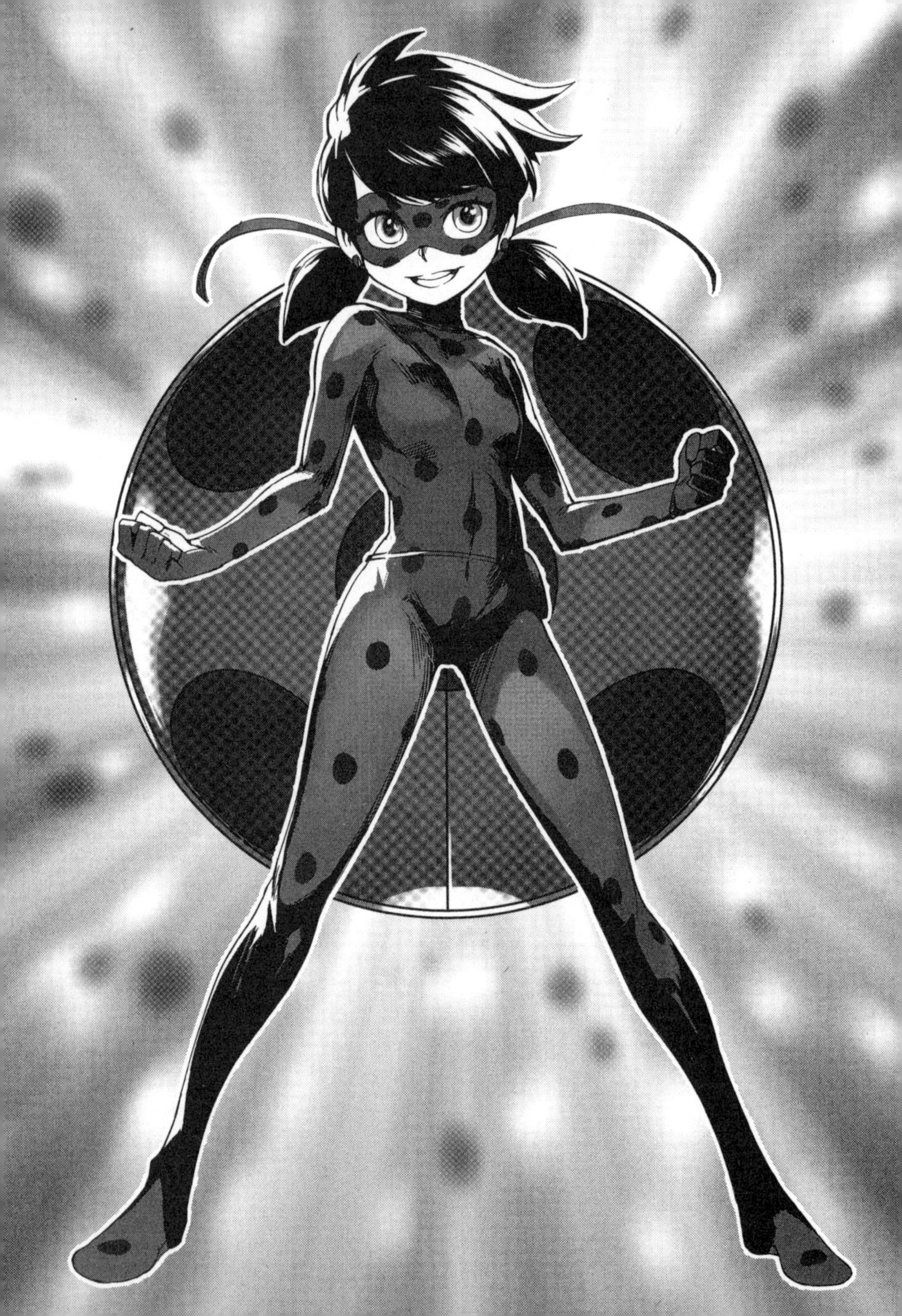

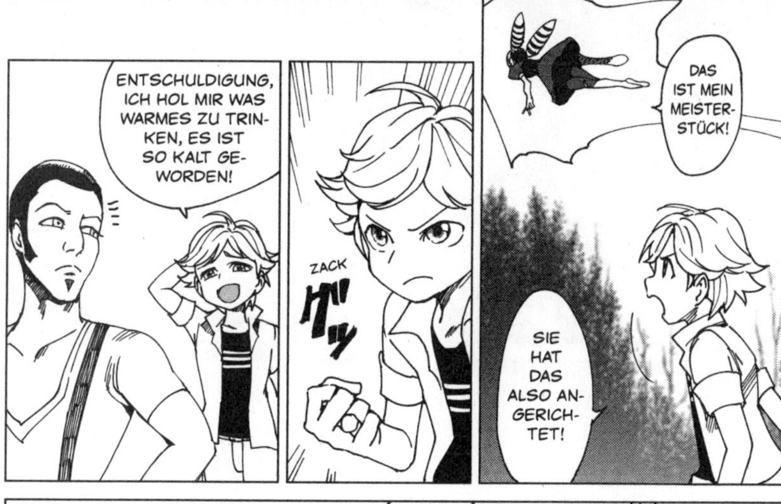
DAS IST MEIN MEISTERSTÜCK!
SIE HAT DAS ALSO ANGERICHTET!
ZACK
ENTSCHULDIGUNG, ICH HOL MIR WAS WARMES ZU TRINKEN, ES IST SO KALT GEWORDEN!

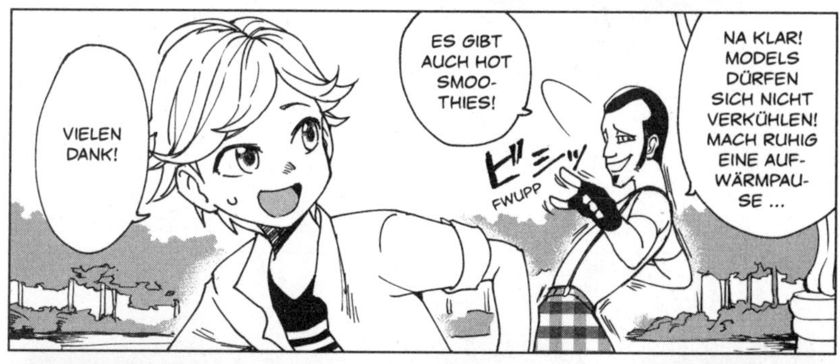
NA KLAR! MODELS DÜRFEN SICH NICHT VERKÜHLEN! MACH RUHIG EINE AUFWÄRMPAUSE ...
ES GIBT AUCH HOT SMOOTHIES!
FWUPP
VIELEN DANK!

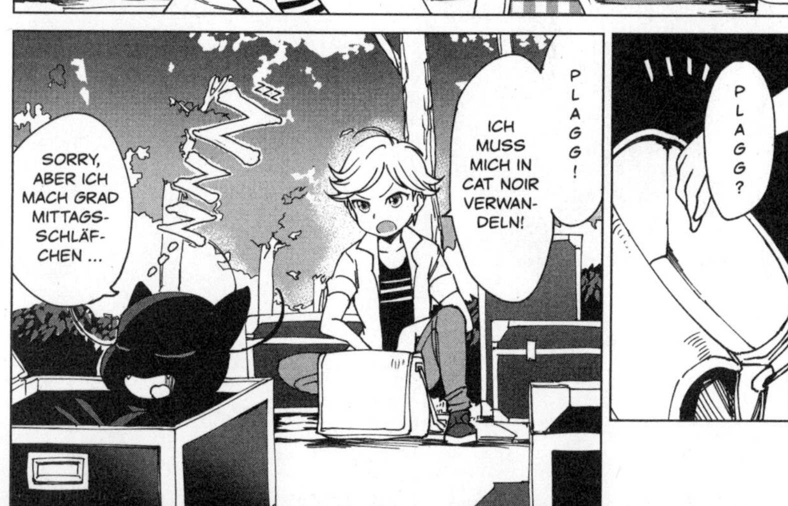
PLAGG?
PLAGG!
ICH MUSS MICH IN CAT NOIR VERWANDELN!
ZZZ
SORRY, ABER ICH MACH GRAD MITTAGSSCHLÄFCHEN ...

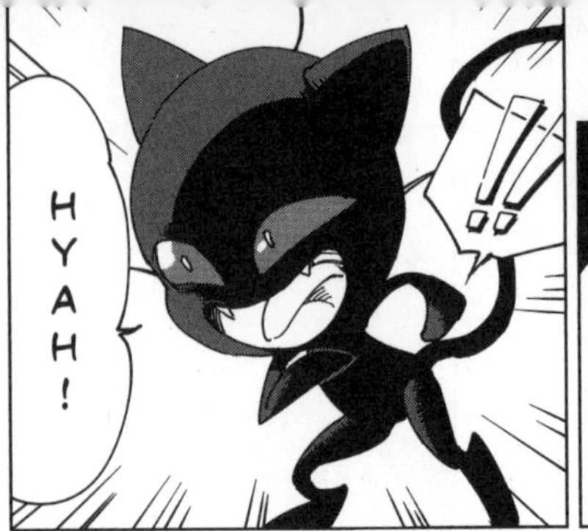
HYAH!
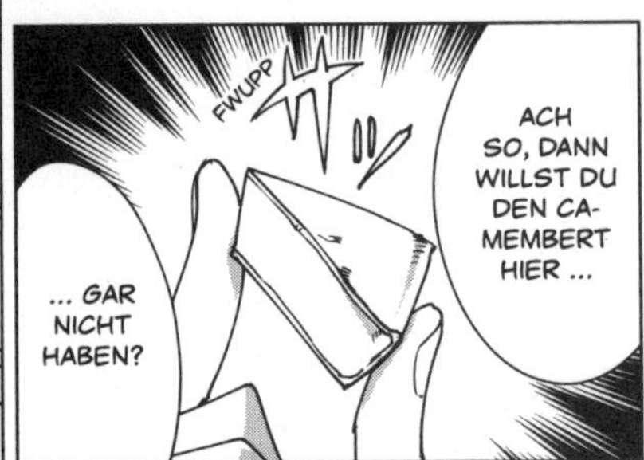
ACH SO, DANN WILLST DU DEN CA-MEMBERT HIER ...
FWUPP
... GAR NICHT HABEN?
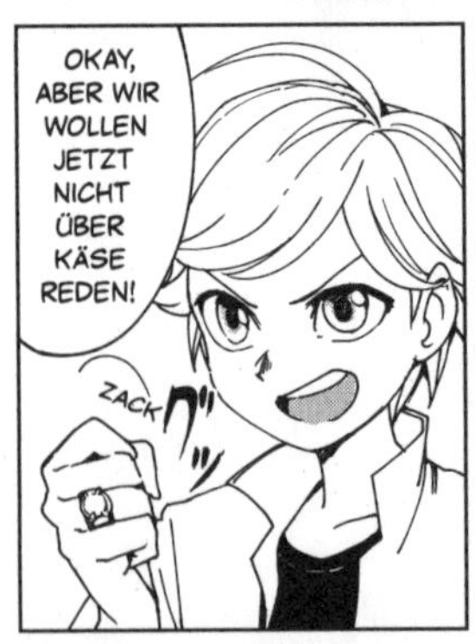
OKAY, ABER WIR WOLLEN JETZT NICHT ÜBER KÄSE REDEN!
ZACK
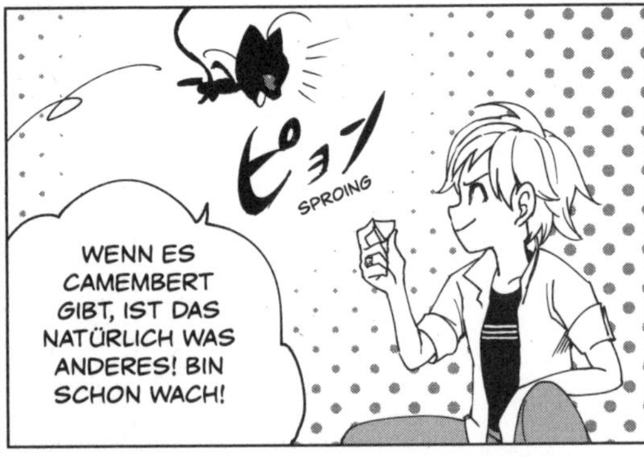
ピョン
SPROING
WENN ES CAMEMBERT GIBT, IST DAS NATÜRLICH WAS ANDERES! BIN SCHON WACH!
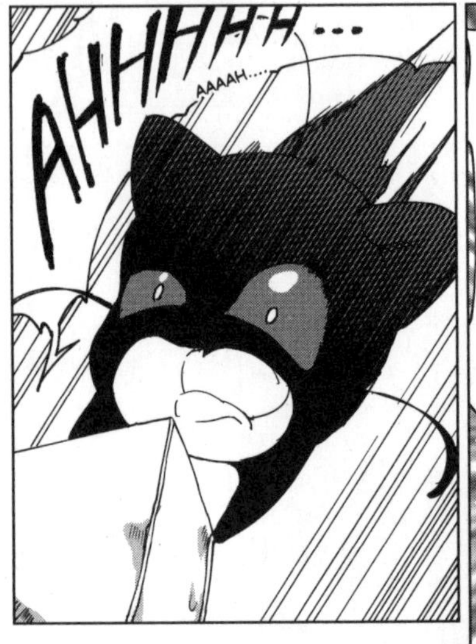
AHHHHH ...
AAAAH.....
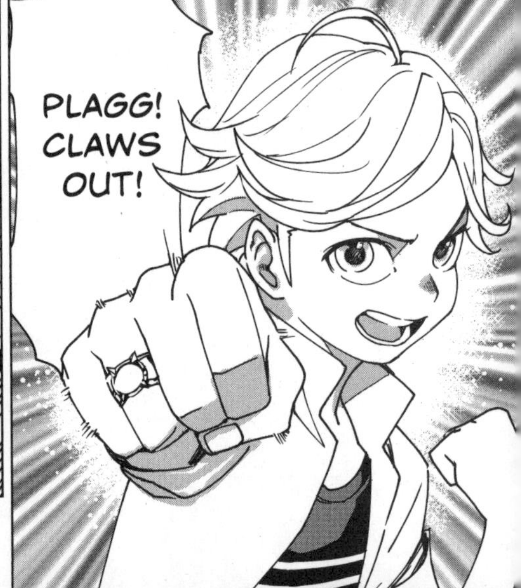
PLAGG! CLAWS OUT!

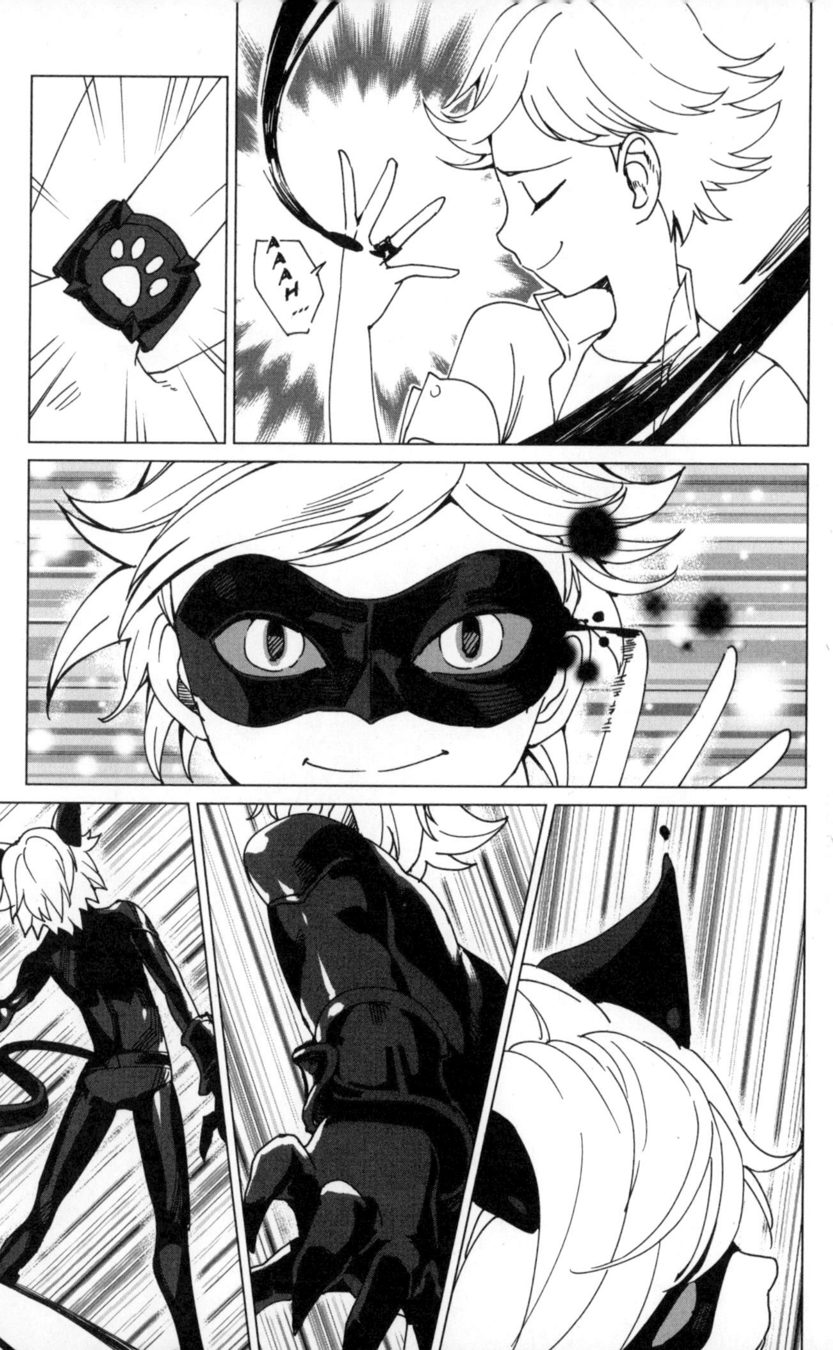
AAAH...

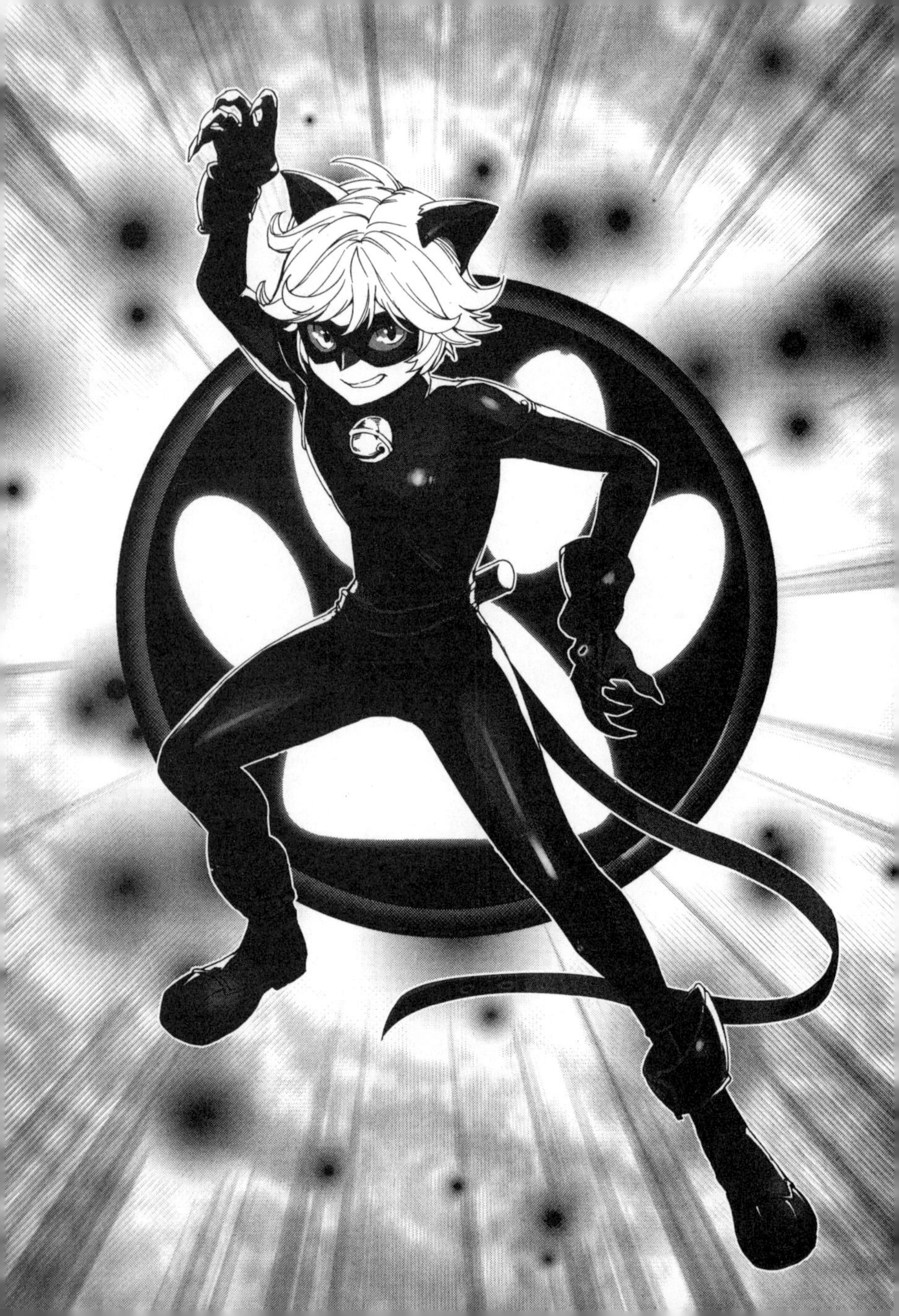

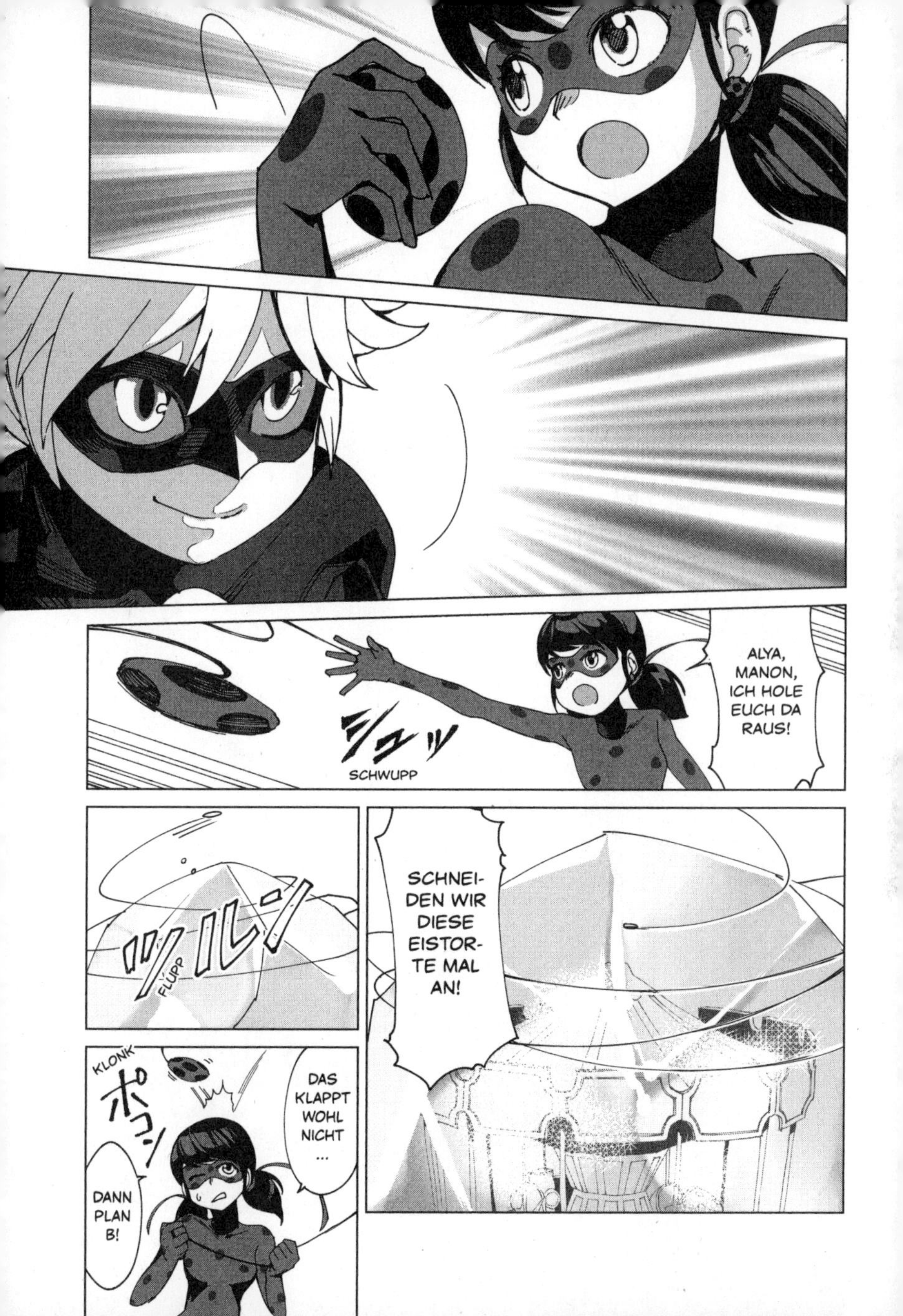

ALYA, MANON, ICH HOLE EUCH DA RAUS!

シュッ
SCHWUPP

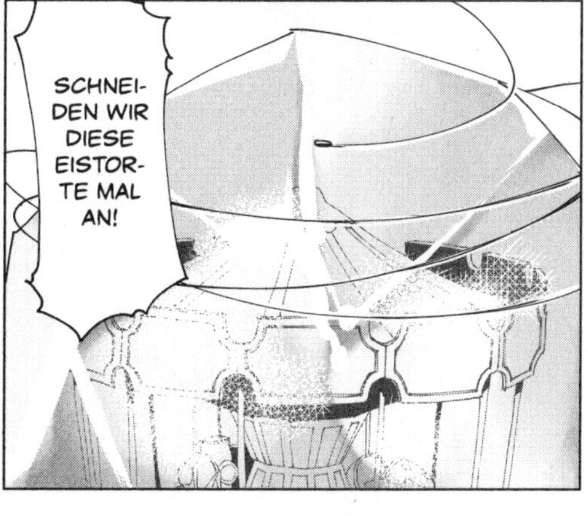

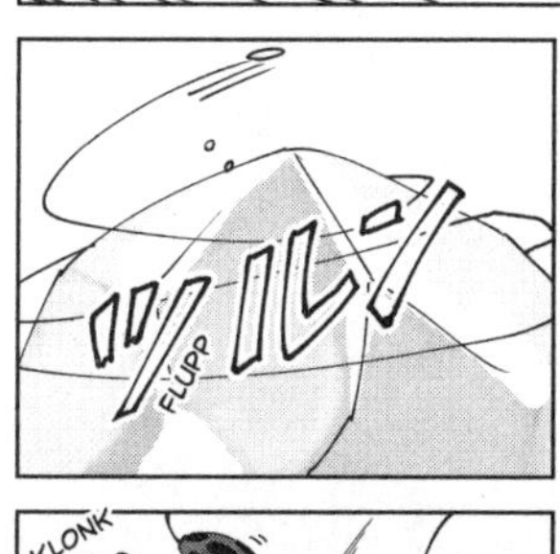

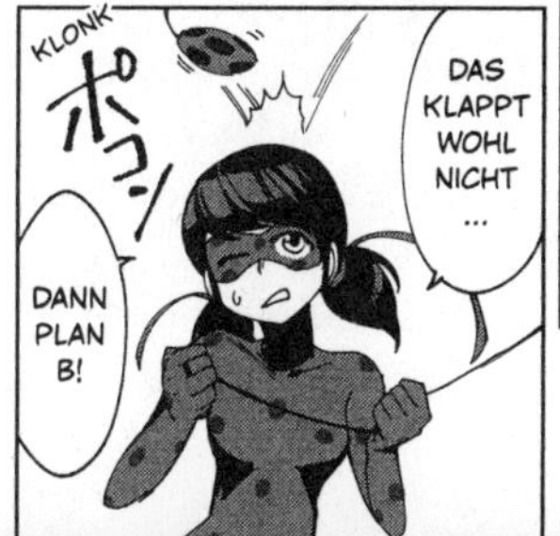

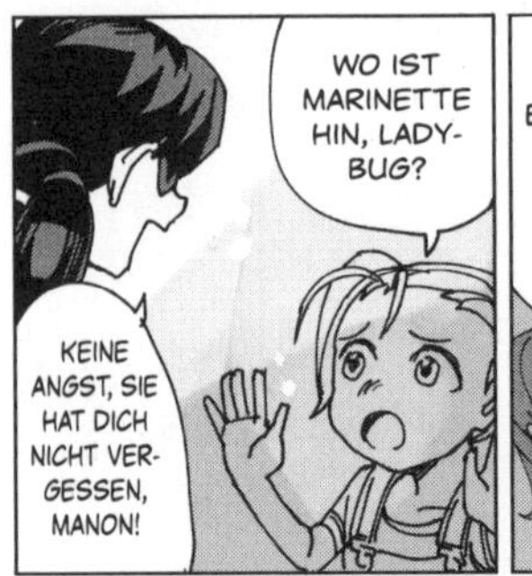
WO IST MARINETTE HIN, LADY-BUG?
KEINE ANGST, SIE HAT DICH NICHT VER-GESSEN, MANON!

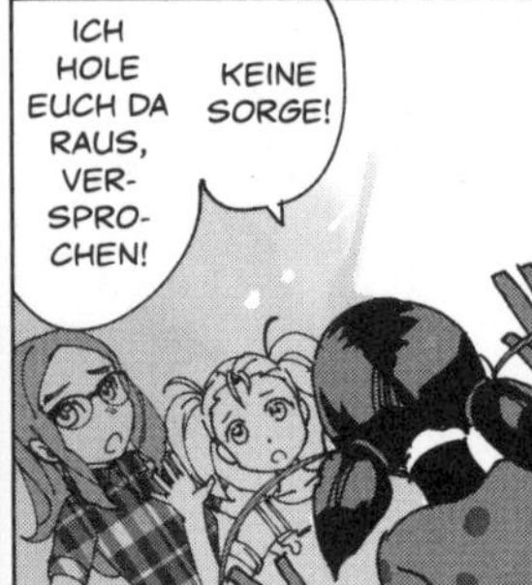
ICH HOLE EUCH DA RAUS, VER-SPRO-CHEN!
KEINE SORGE!

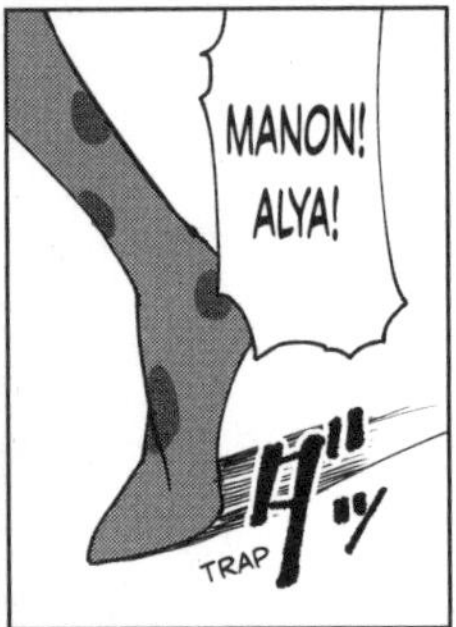
MANON! ALYA!
TRAP

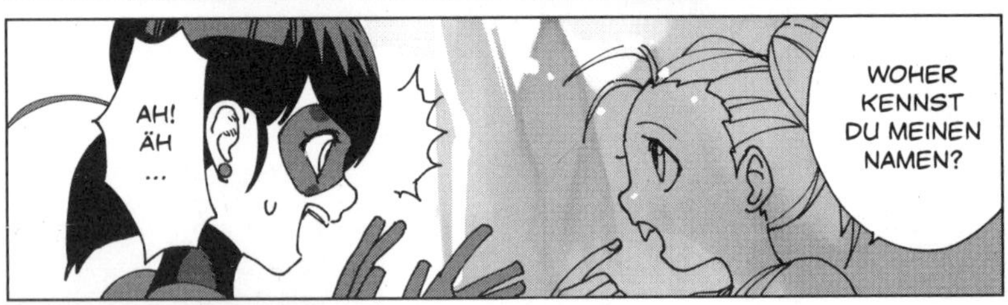
WOHER KENNST DU MEINEN NAMEN?
AH! ÄH ...

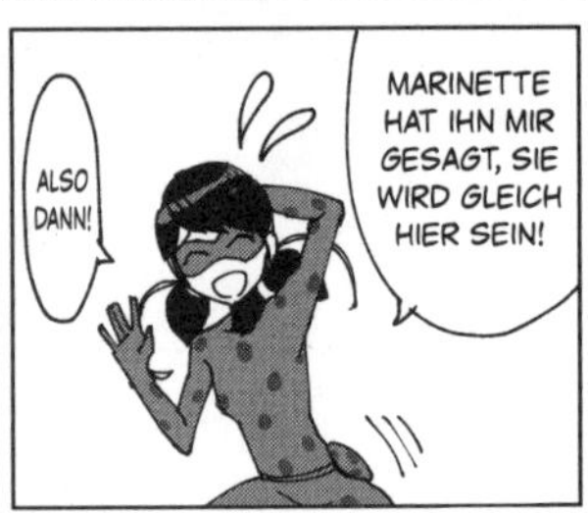
MARINETTE HAT IHN MIR GESAGT, SIE WIRD GLEICH HIER SEIN!
ALSO DANN!

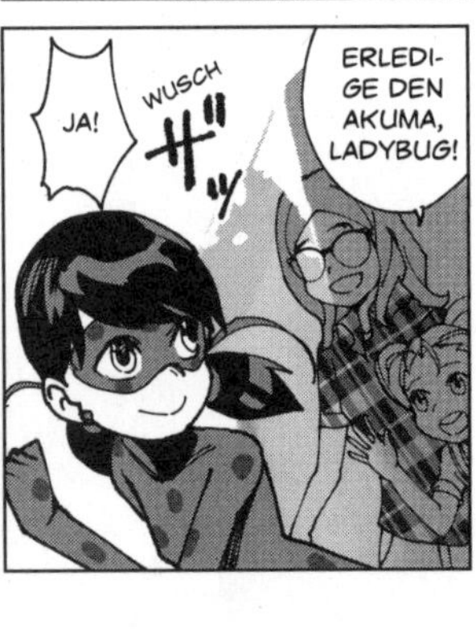
ERLEDI-GE DEN AKUMA, LADYBUG!
JA!
WUSCH

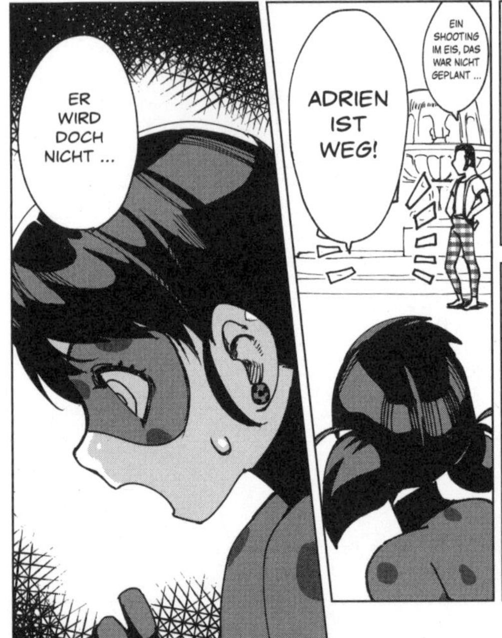
EIN SHOOTING IM EIS, DAS WAR NICHT GEPLANT ...
ADRIEN IST WEG!
ER WIRD DOCH NICHT ...

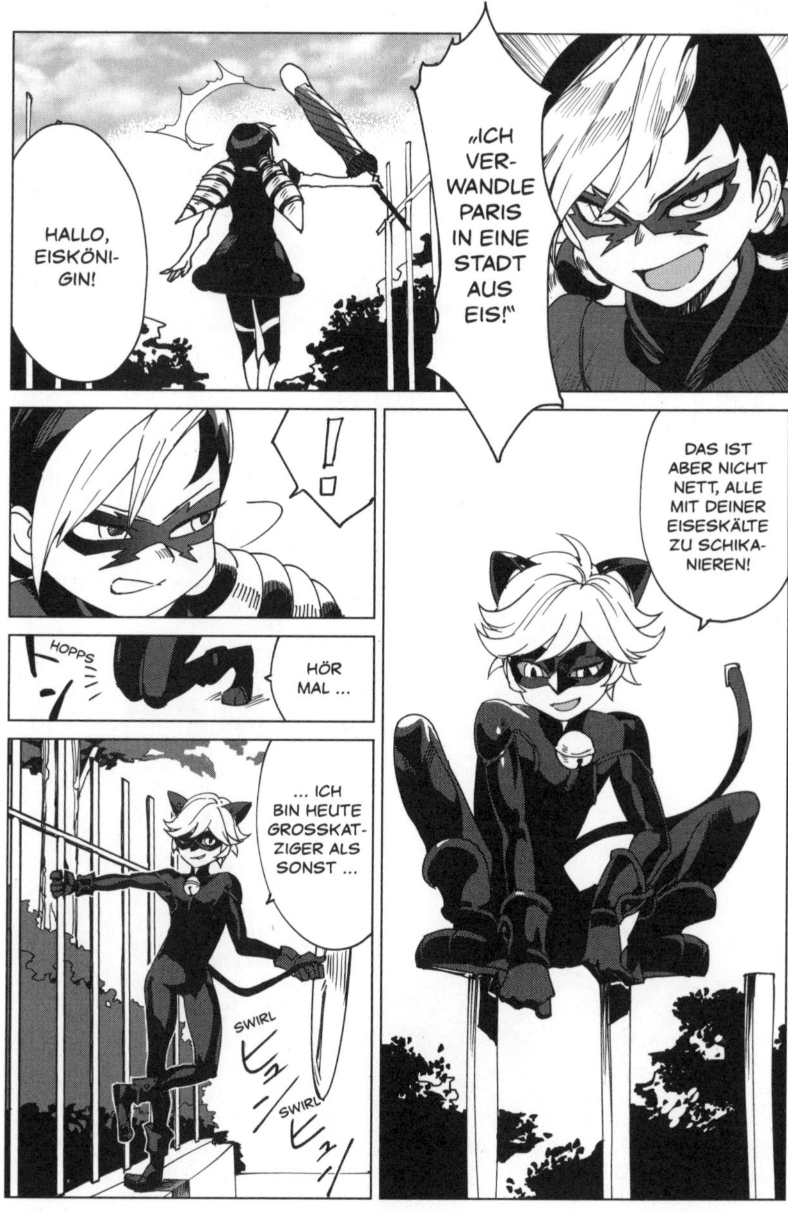
„ICH VERWANDLE PARIS IN EINE STADT AUS EIS!“
HALLO, EISKÖNIGIN!
!
DAS IST ABER NICHT NETT, ALLE MIT DEINER EISESKÄLTE ZU SCHIKANIEREN!
HOPPS
HÖR MAL ...
... ICH BIN HEUTE GROSSKATZIGER ALS SONST ...
SWIRL
SWIRL

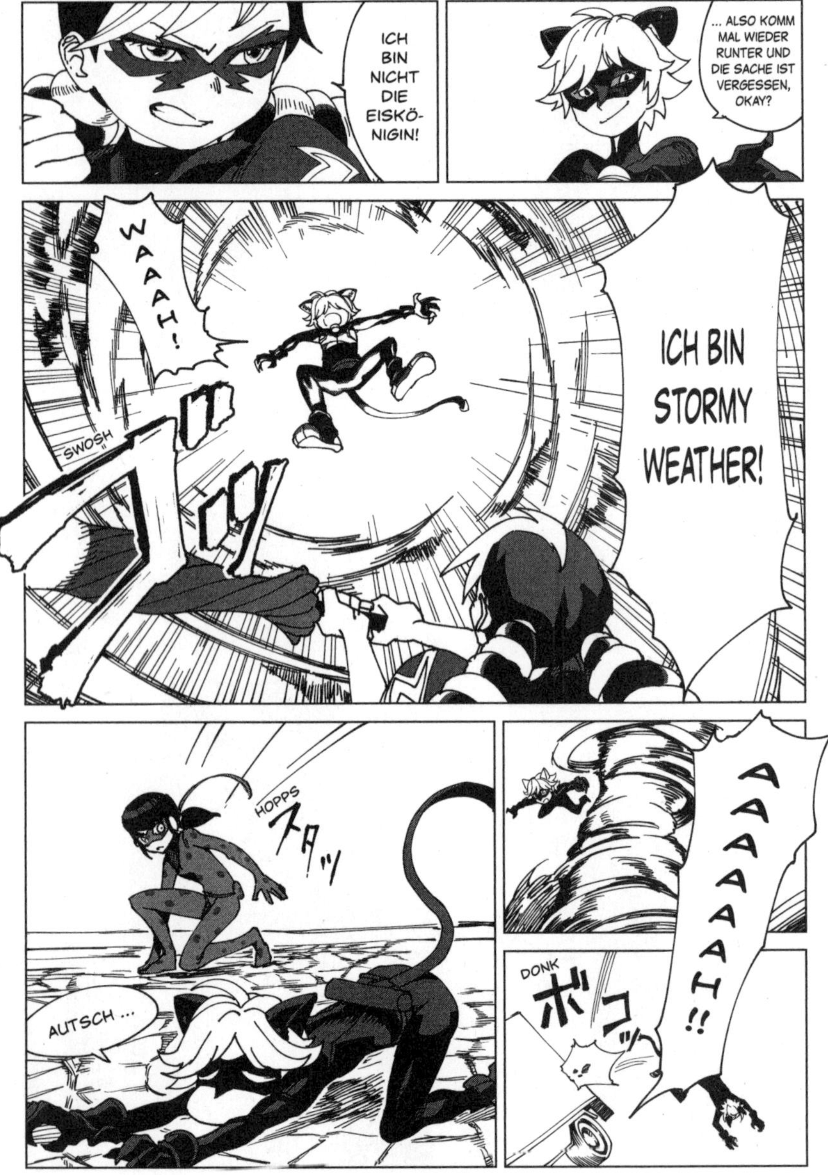
ICH BIN NICHT DIE EISKÖ-NIGIN!
... ALSO KOMM MAL WIEDER RUNTER UND DIE SACHE IST VERGESSEN, OKAY?
WAAAH!
SWOSH
ICH BIN STORMY WEATHER!
HOPPS
スタッ
AUTSCH ...
AAAAAAAH!!
DONK
ボコッ

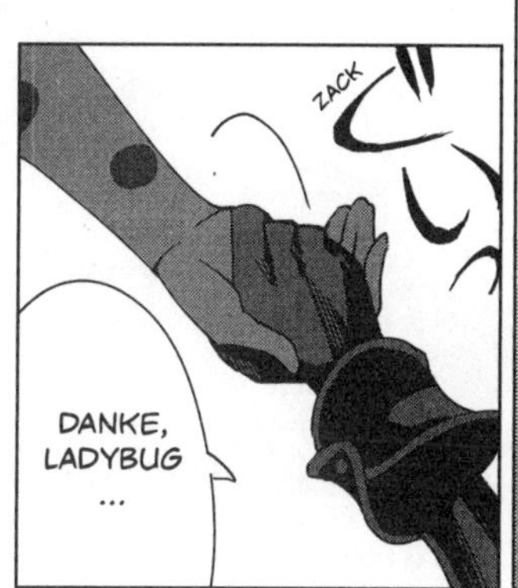
ZACK
DANKE, LADYBUG ...

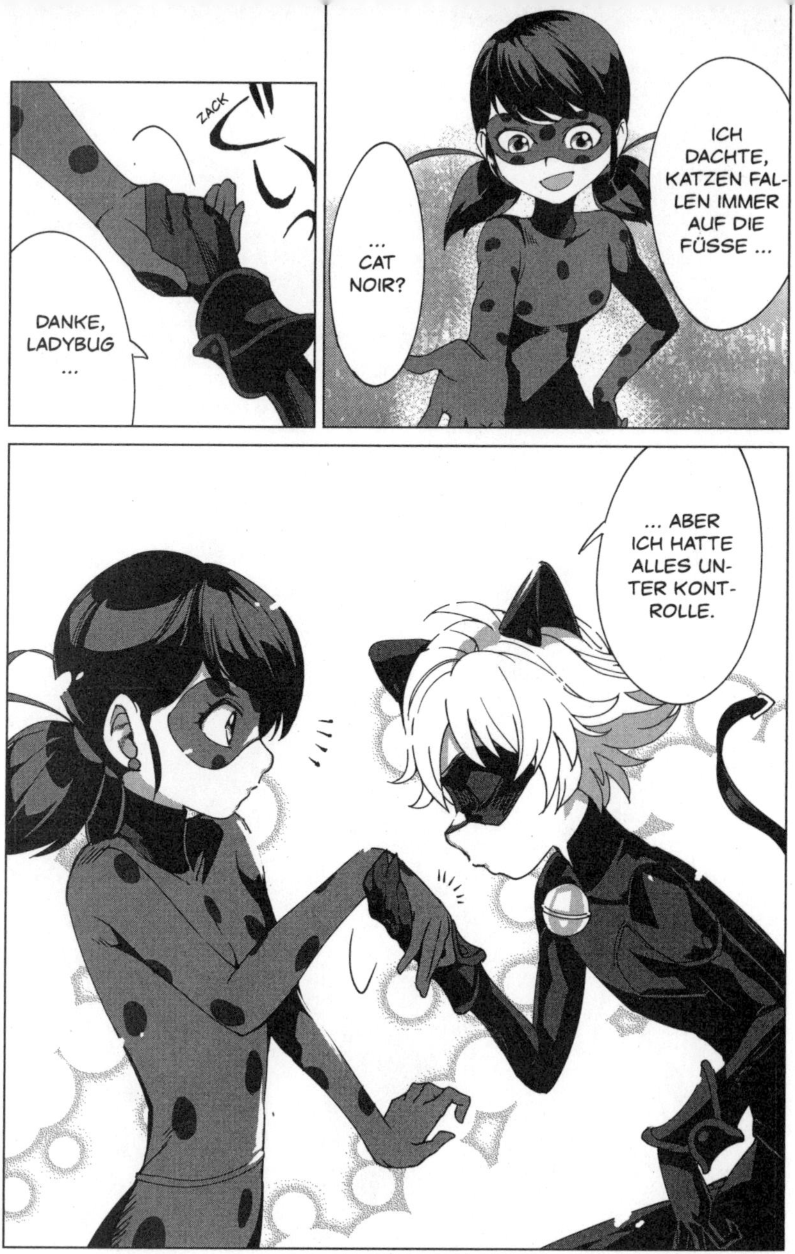

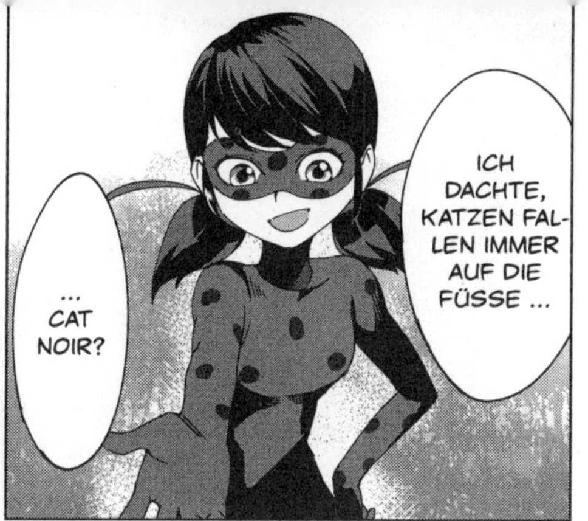
... CAT NOIR?
ICH DACHTE, KATZEN FAL-LEN IMMER AUF DIE FÜSSE ...
... ABER ICH HATTE ALLES UN-TER KONT-ROLLE.

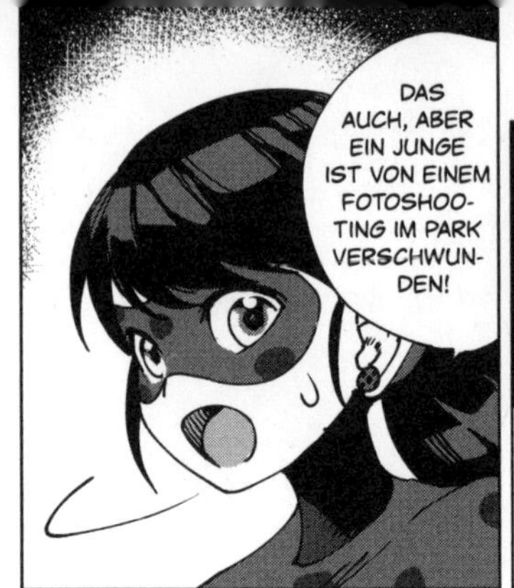
DAS AUCH, ABER EIN JUNGE IST VON EINEM FOTOSHOOTING IM PARK VERSCHWUNDEN!

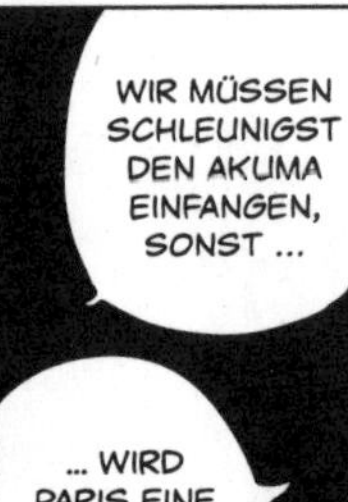
WIR MÜSSEN SCHLEUNIGST DEN AKUMA EINFANGEN, SONST ...
... WIRD PARIS EINE STADT AUS EIS, JA.

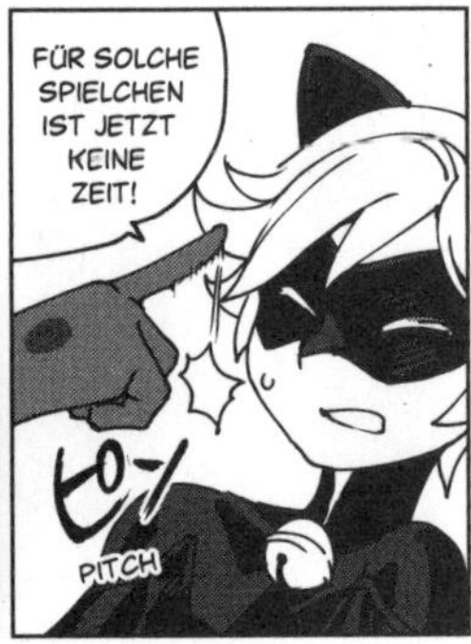
FÜR SOLCHE SPIELCHEN IST JETZT KEINE ZEIT!
PITCH

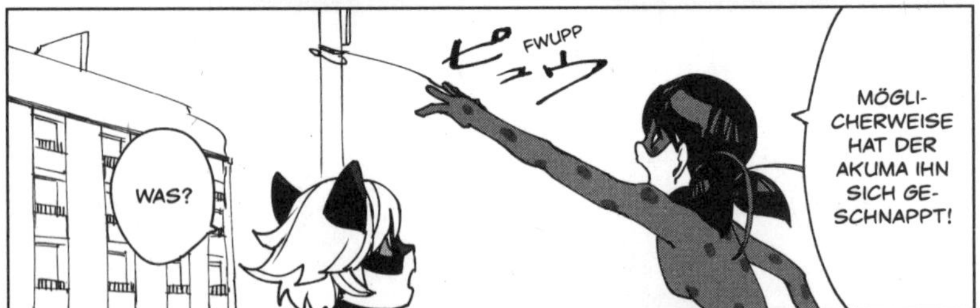
MÖGLICHERWEISE HAT DER AKUMA IHN SICH GESCHNAPPT!
FWUPP
WAS?

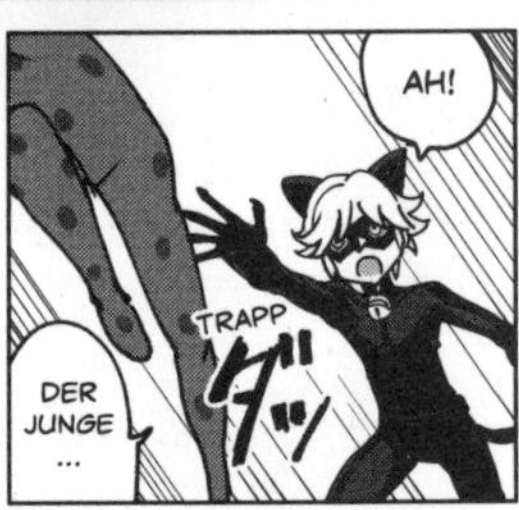
AH!
TRAPP
DER JUNGE ...

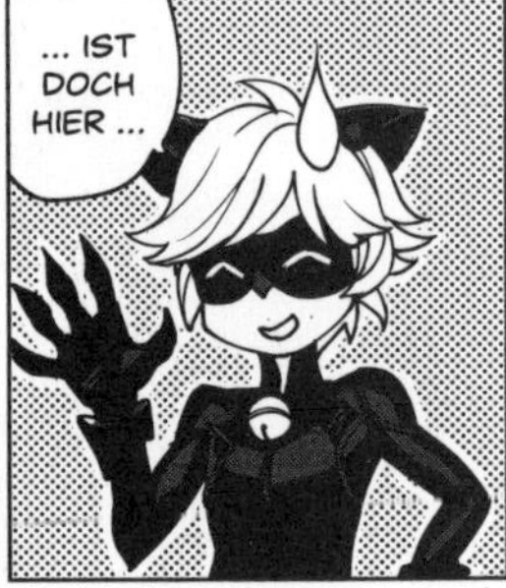
... IST DOCH HIER ...

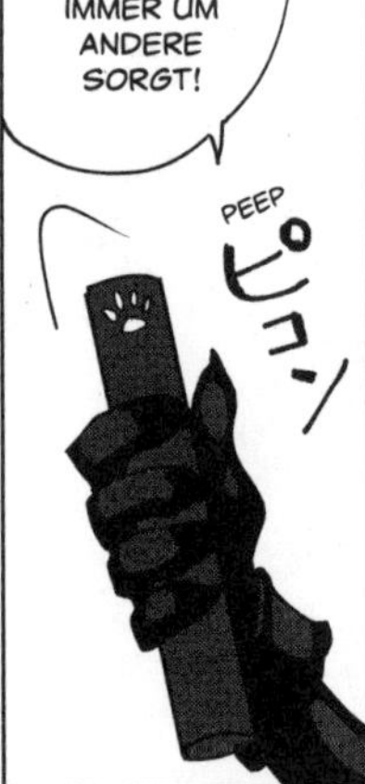
ABER MAN MUSS LADYBUG EINFACH DAFÜR LIEBEN, DASS SIE SICH IMMER UM ANDERE SORGT!
PEEP

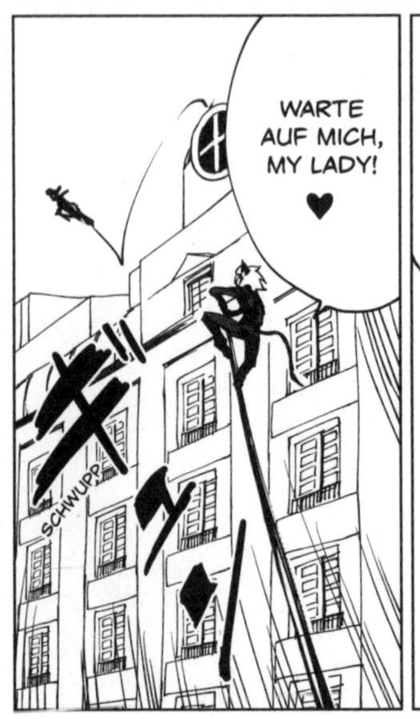
WARTE AUF MICH, MY LADY! ♥
SCHWUPP

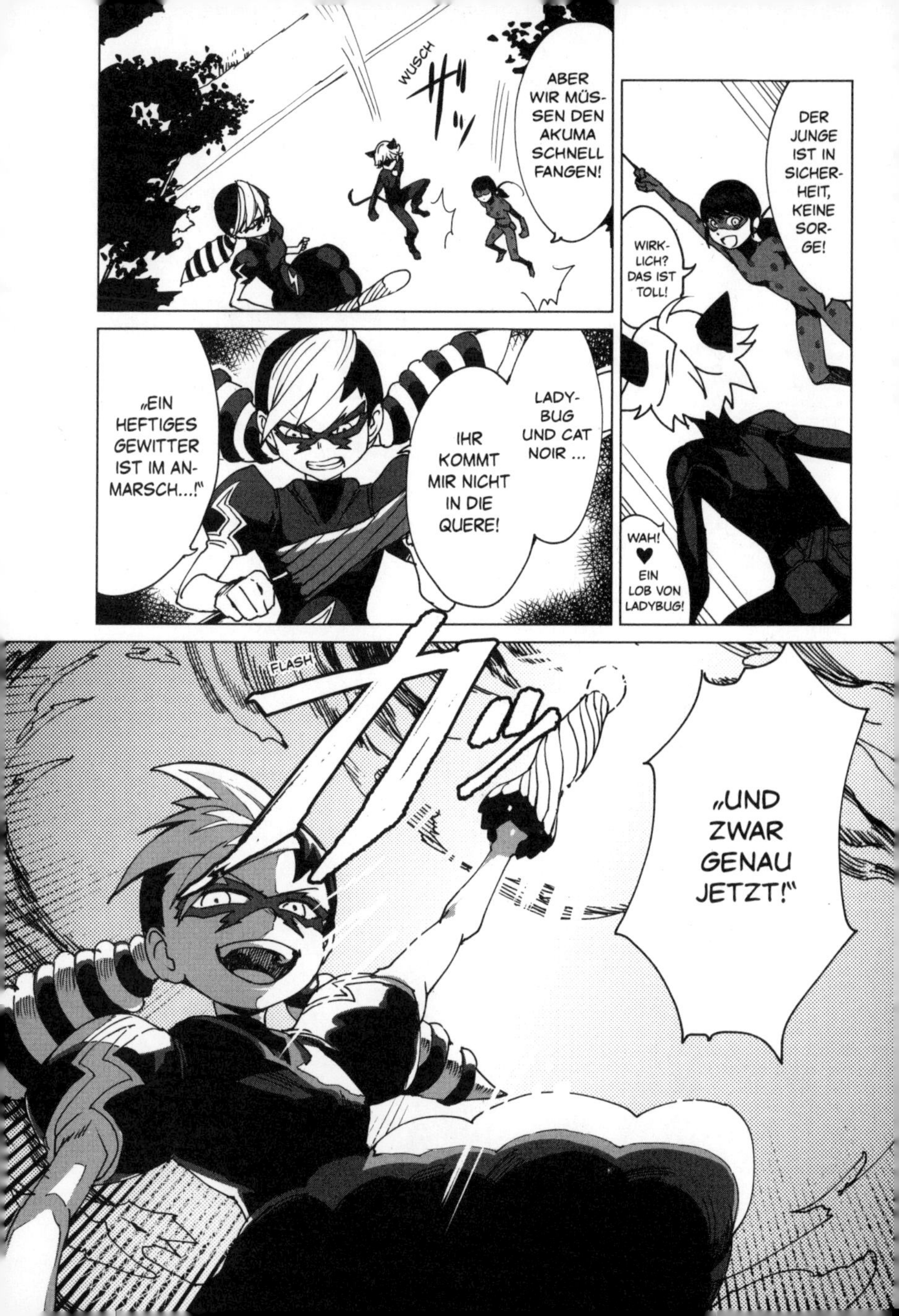

WUSCH

ABER WIR MÜSSEN DEN AKUMA SCHNELL FANGEN!

DER JUNGE IST IN SICHERHEIT, KEINE SORGE!

WIRKLICH? DAS IST TOLL!

LADYBUG UND CAT NOIR ...

IHR KOMMT MIR NICHT IN DIE QUERE!

„EIN HEFTIGES GEWITTER IST IM ANMARSCH...!"

WAH! ♥ EIN LOB VON LADYBUG!

FLASH

„UND ZWAR GENAU JETZT!"

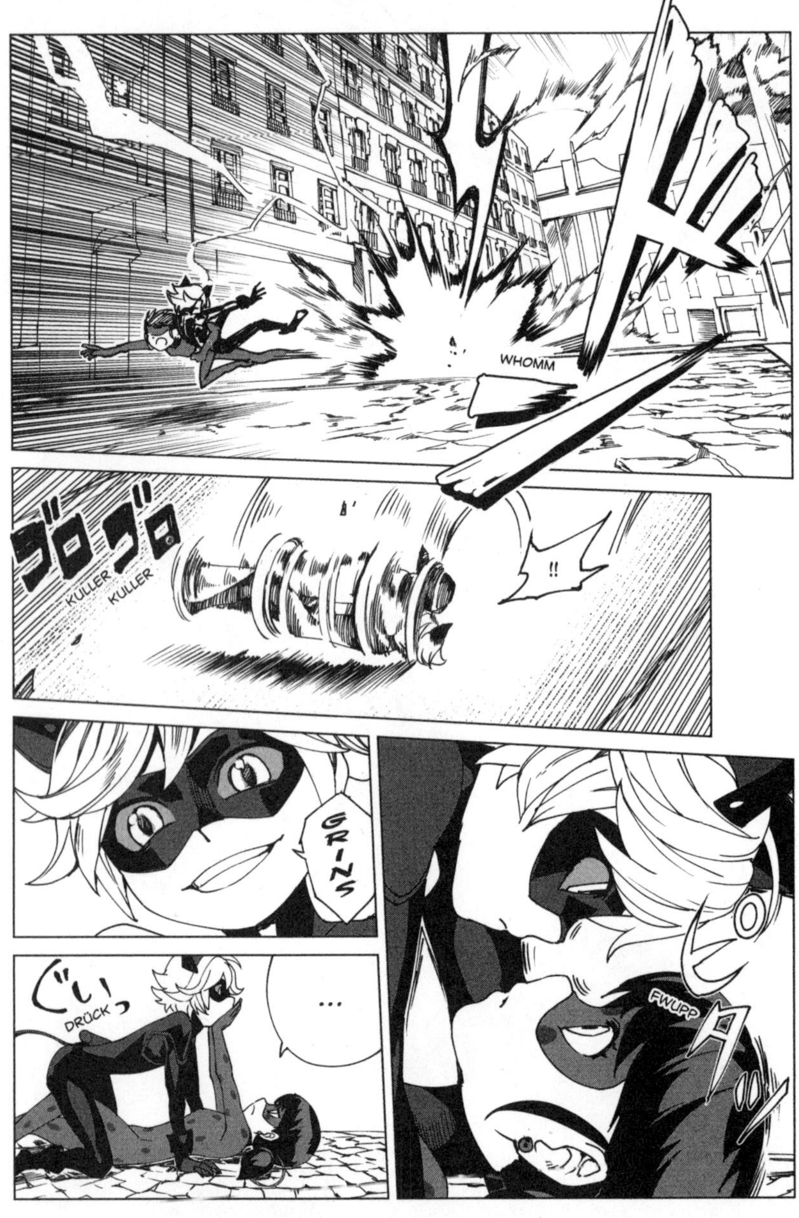
WHOMM
ゴロゴロ
KULLER KULLER
!!
GRINS
FWUPP
DRÜCK
...

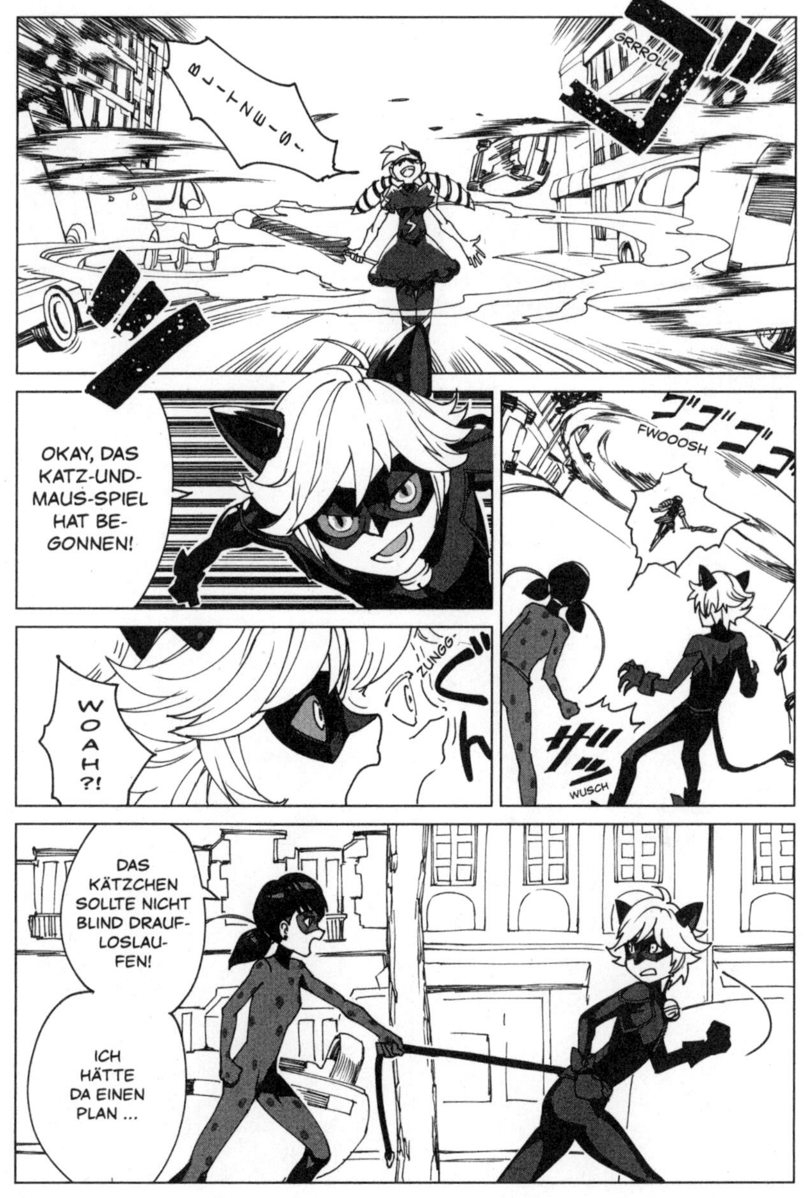

GRRROLL
BL-TZE-S-!
FWOOOSH
WUSCH
OKAY, DAS KATZ-UND-MAUS-SPIEL HAT BEGONNEN!
ZUNGG-
WOAH?!
DAS KÄTZCHEN SOLLTE NICHT BLIND DRAUFLOSLAUFEN!
ICH HÄTTE DA EINEN PLAN ...

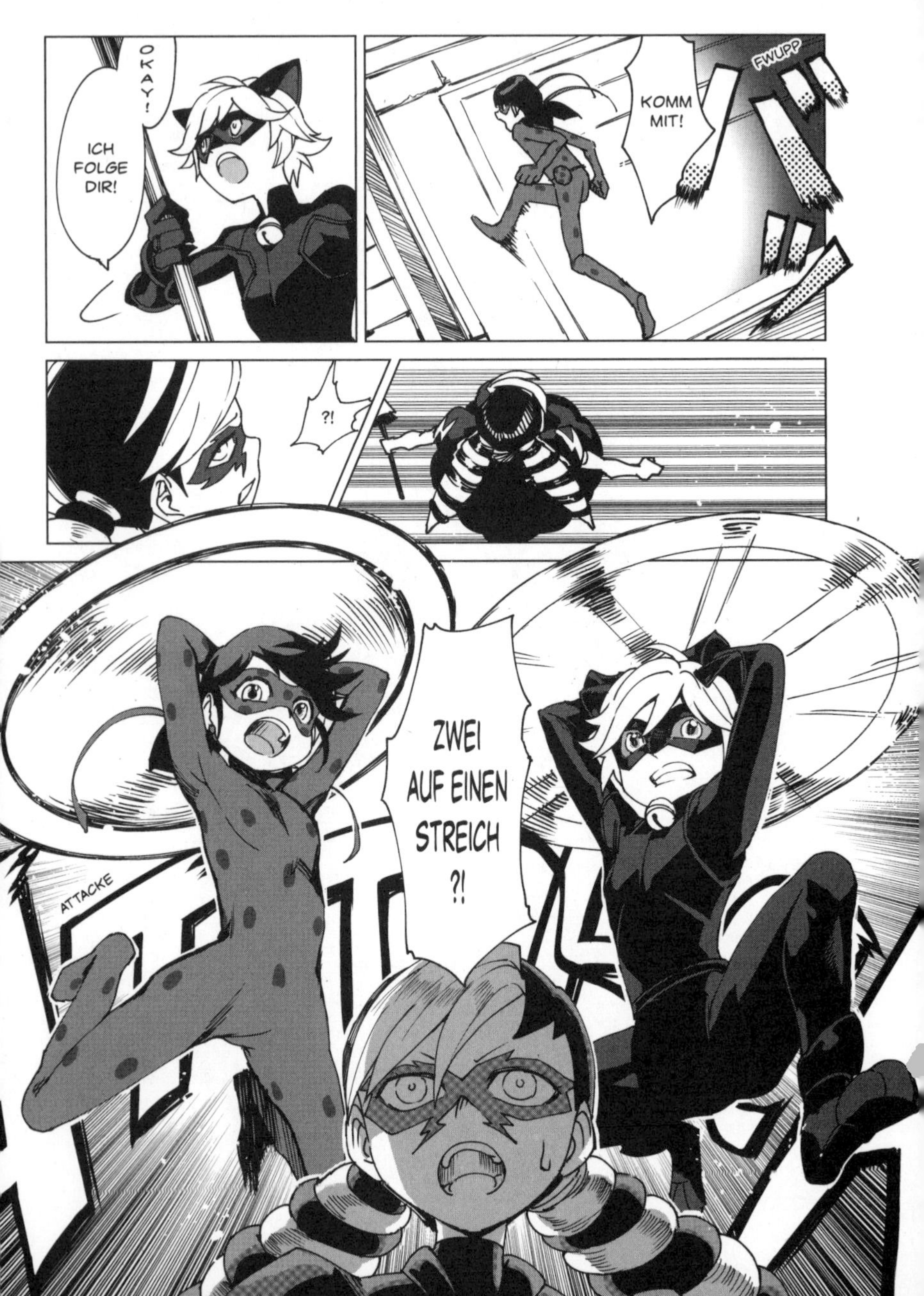
OKAY!
ICH FOLGE DIR!
FWUPP
KOMM MIT!
?!
ZWEI AUF EINEN STREICH ?!
ATTACKE

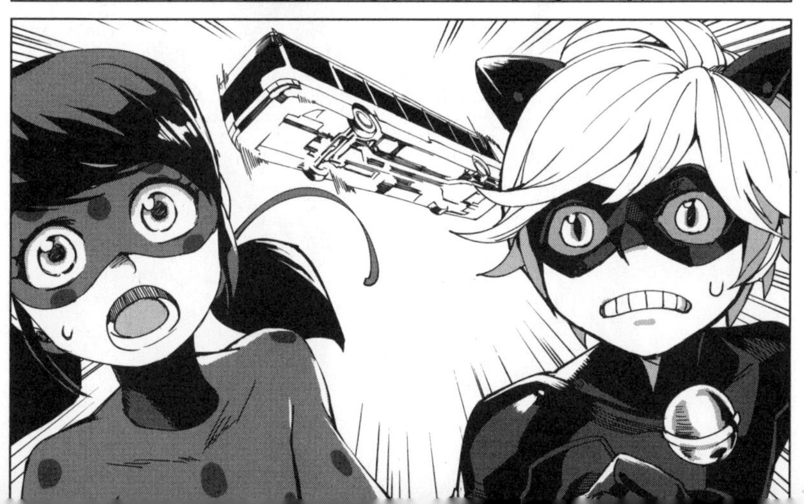

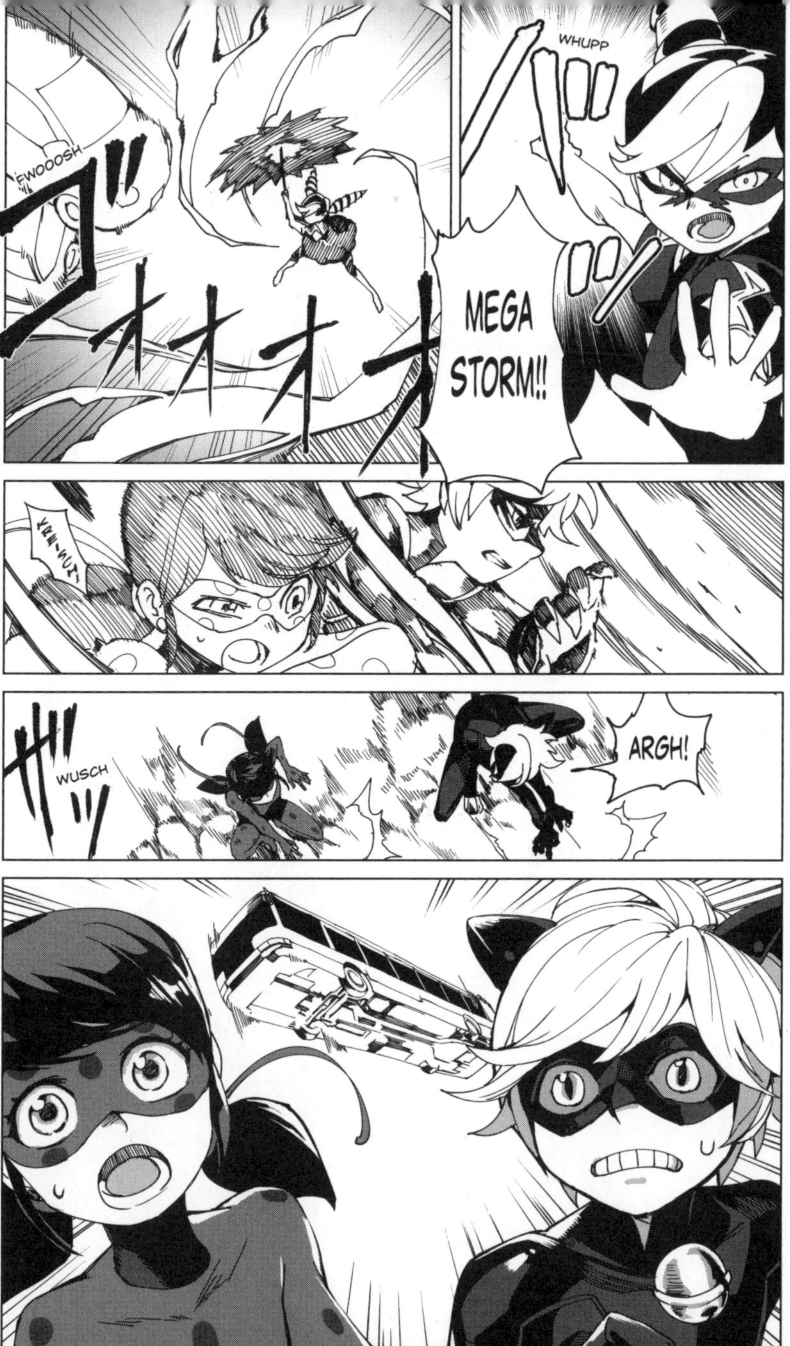

FWOOOSH
WHUPP
MEGA STORM!!
WUSCH
ARGH!

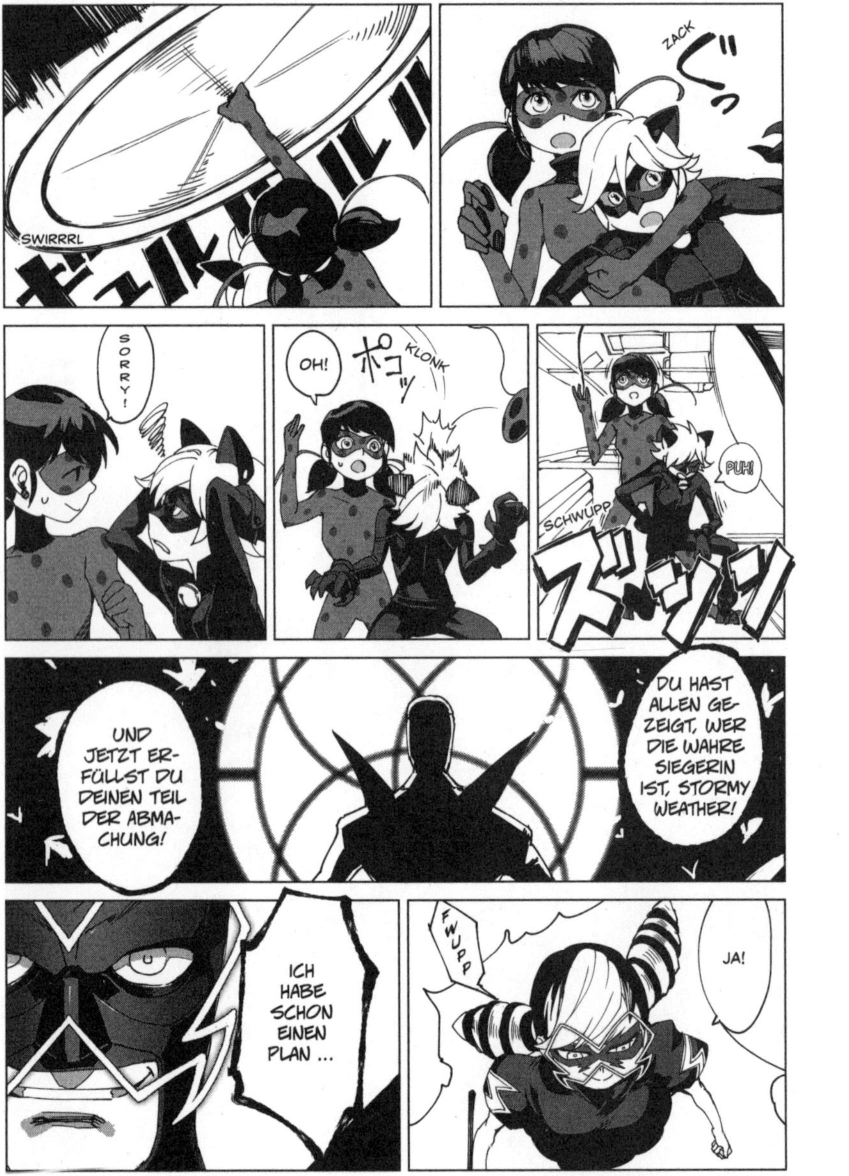

SWIRRRL

ZACK

SORRY!

OH!

KLONK

SCHWUPP

PUH!

DU HAST ALLEN GEZEIGT, WER DIE WAHRE SIEGERIN IST, STORMY WEATHER!

UND JETZT ERFÜLLST DU DEINEN TEIL DER ABMACHUNG!

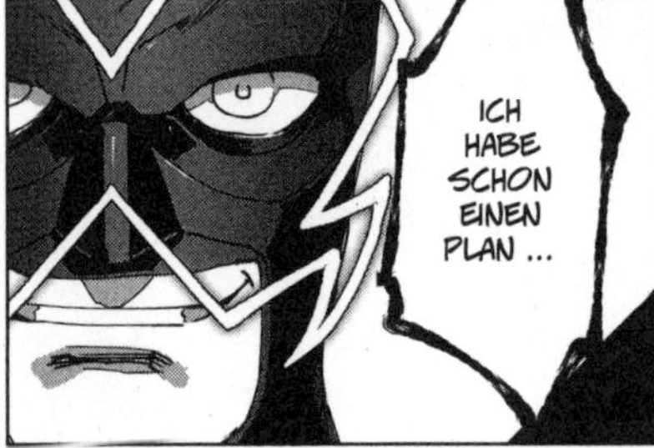

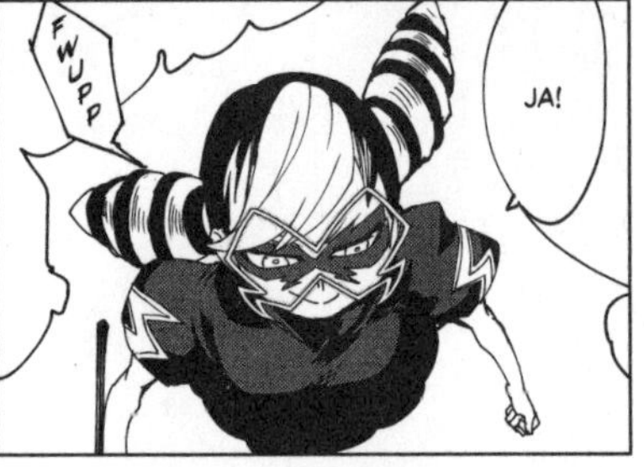

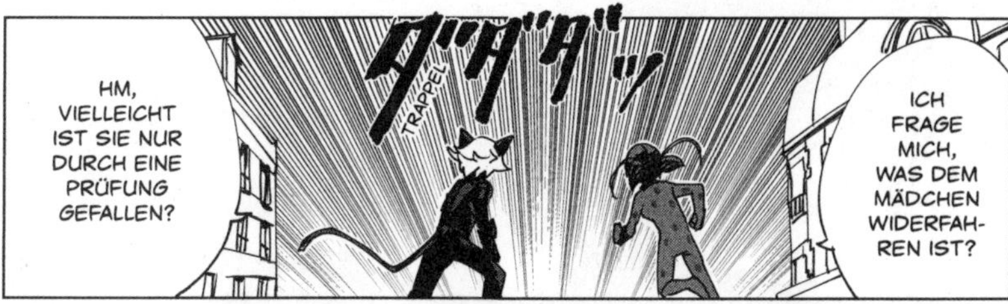
ICH FRAGE MICH, WAS DEM MÄDCHEN WIDERFAHREN IST?
TRAPPEL
HM, VIELLEICHT IST SIE NUR DURCH EINE PRÜFUNG GEFALLEN?

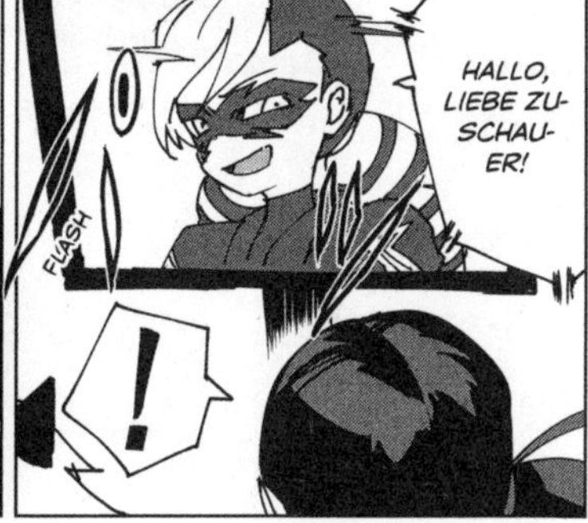
HALLO, LIEBE ZUSCHAUER!
FLASH
!

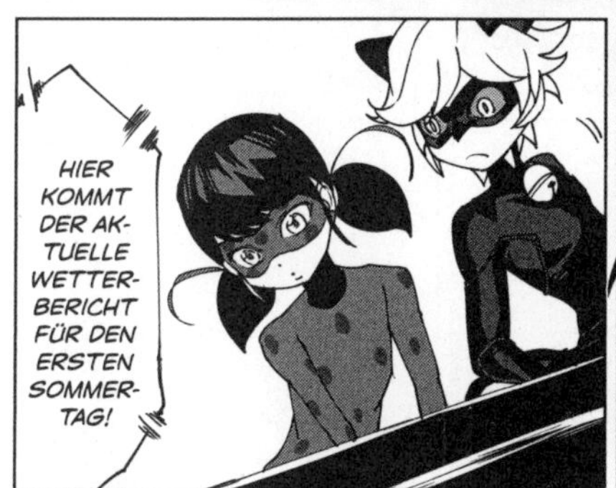
HIER KOMMT DER AKTUELLE WETTERBERICHT FÜR DEN ERSTEN SOMMERTAG!

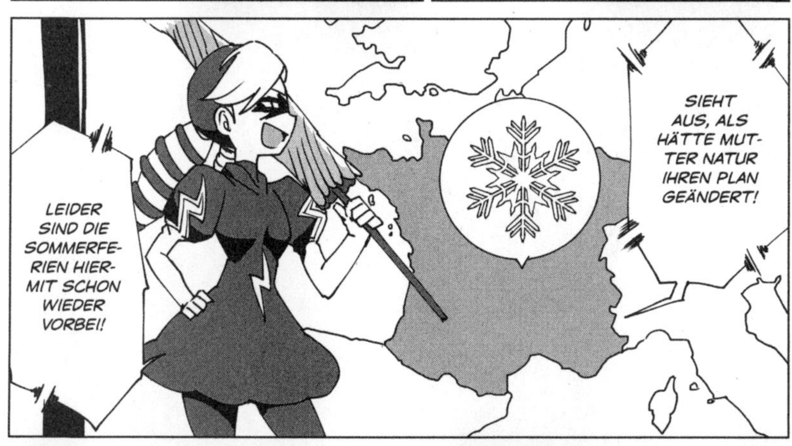
SIEHT AUS, ALS HÄTTE MUTTER NATUR IHREN PLAN GEÄNDERT!
LEIDER SIND DIE SOMMERFERIEN HIERMIT SCHON WIEDER VORBEI!

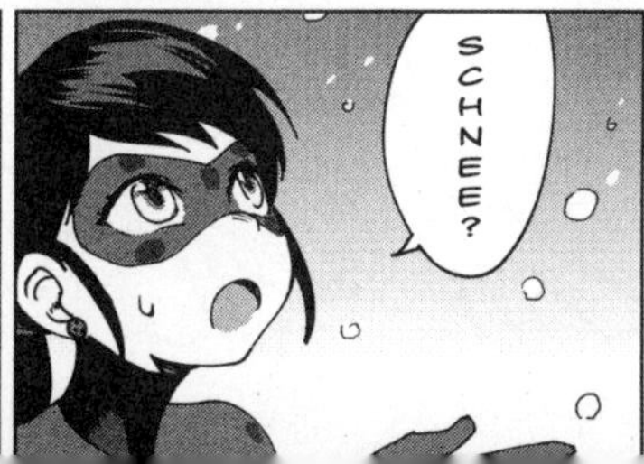
SCHNEE?

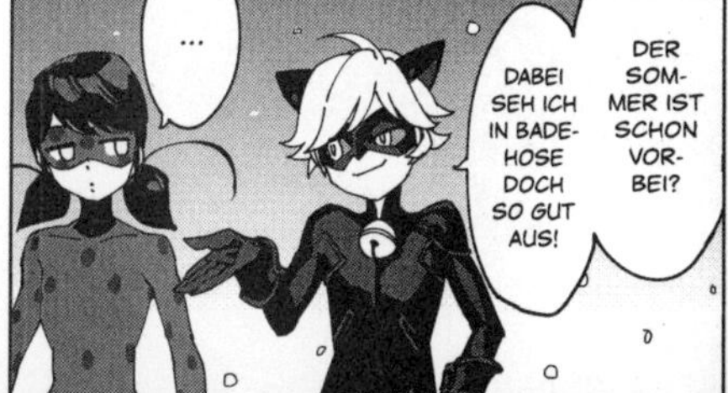
DER SOMMER IST SCHON VORBEI?
DABEI SEH ICH IN BADEHOSE DOCH SO GUT AUS!
...

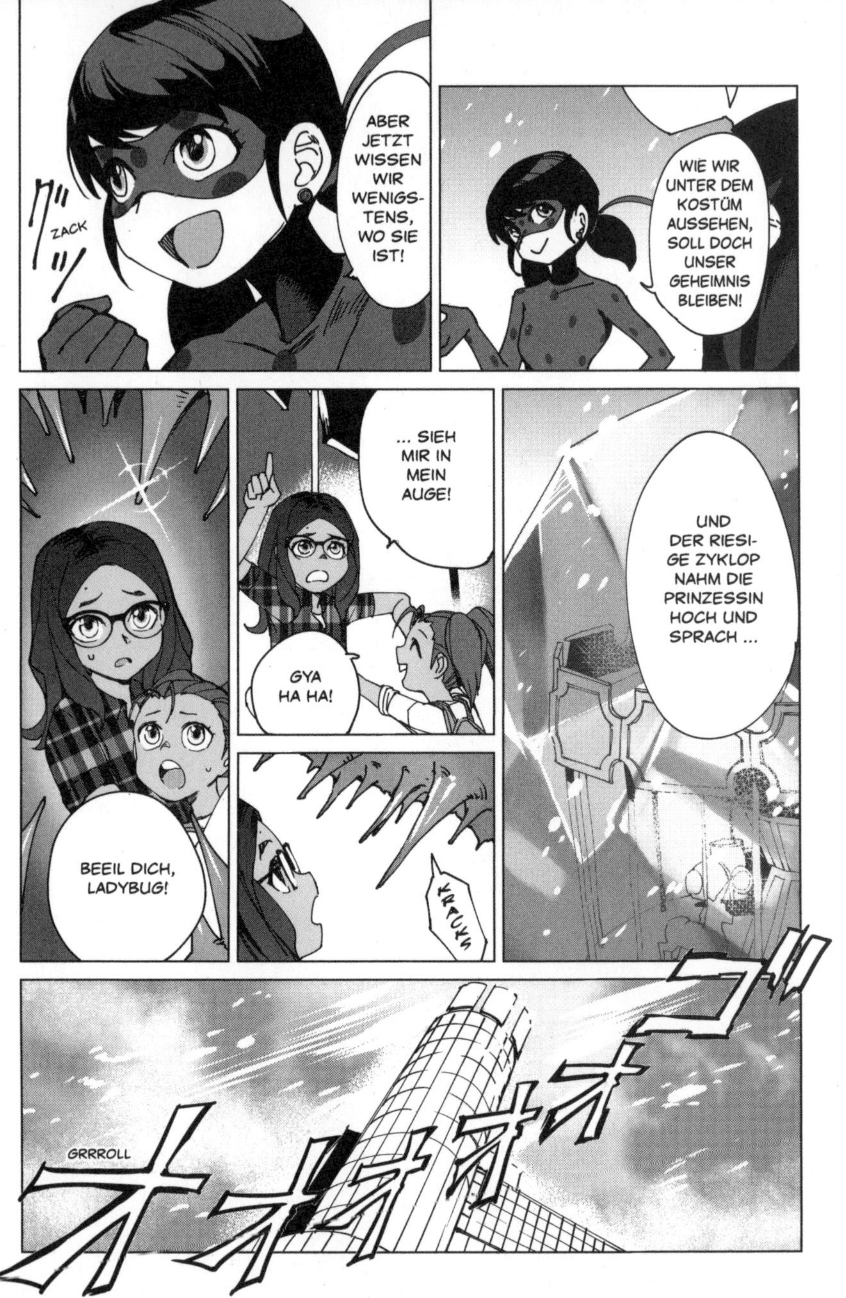
ABER JETZT WISSEN WIR WENIGS-TENS, WO SIE IST!
ZACK
WIE WIR UNTER DEM KOSTÜM AUSSEHEN, SOLL DOCH UNSER GEHEIMNIS BLEIBEN!
BEEIL DICH, LADYBUG!
... SIEH MIR IN MEIN AUGE!
GYA HA HA!
KRACKS
UND DER RIESI-GE ZYKLOP NAHM DIE PRINZESSIN HOCH UND SPRACH ...
GRRROLL

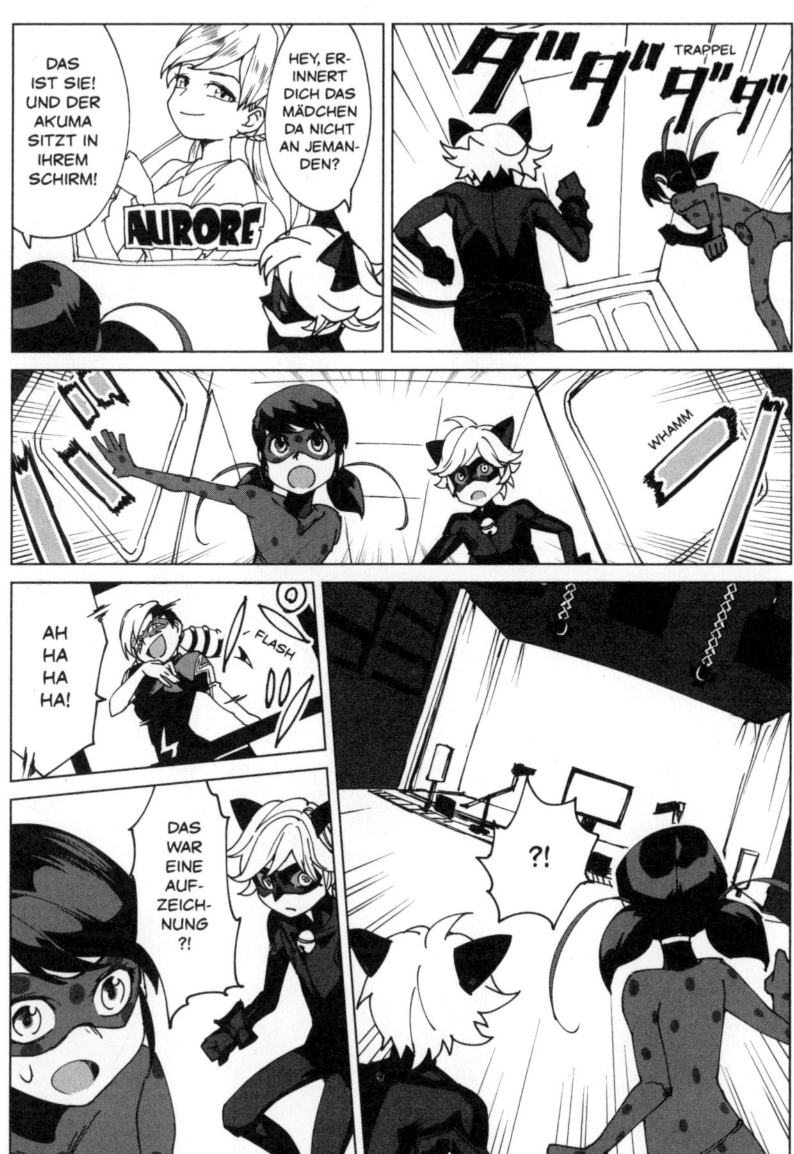
HEY, ER-INNERT DICH DAS MÄDCHEN DA NICHT AN JEMANDEN?
DAS IST SIE! UND DER AKUMA SITZT IN IHREM SCHIRM!
AURORE
TRAPPEL
WHAMM
AH HA HA HA!
FLASH
?!
DAS WAR EINE AUF-ZEICH-NUNG ?!

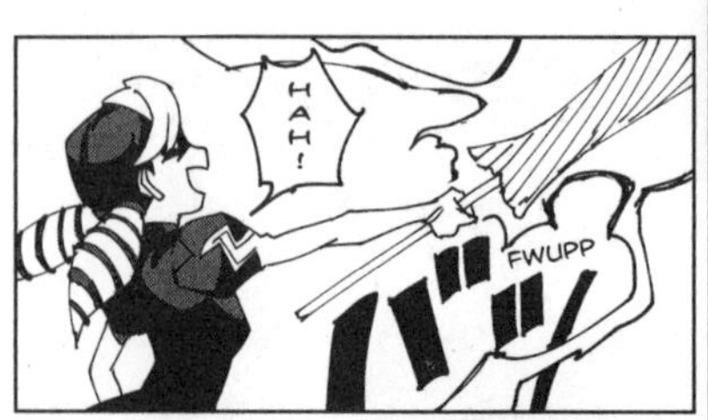
HAH!
FWUPP

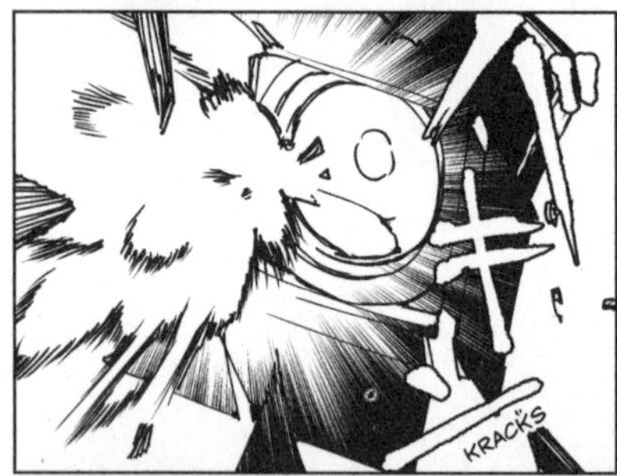
KRACKS

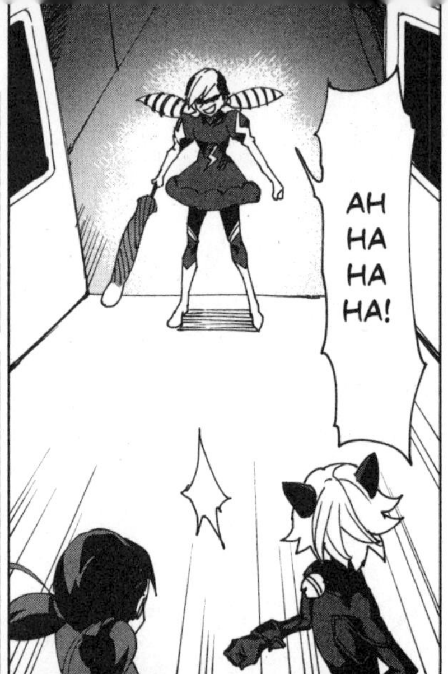
AH HA HA HA!

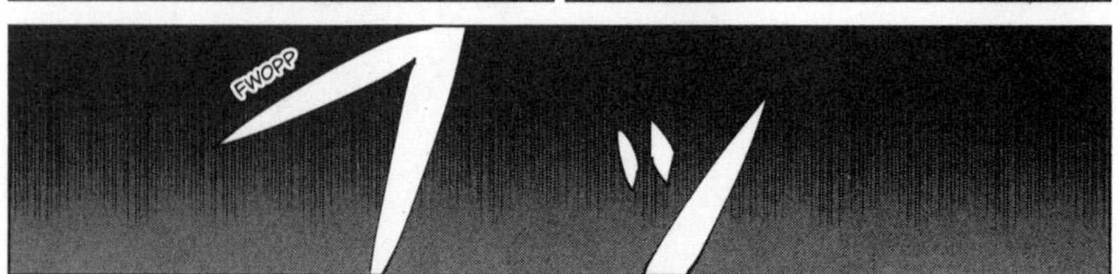
FWOPP

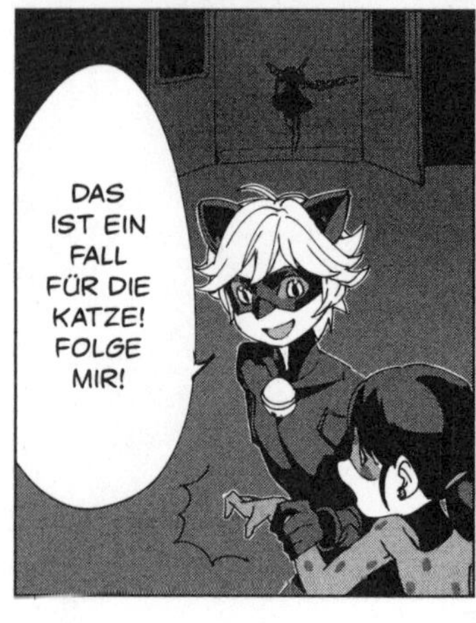
DAS IST EIN FALL FÜR DIE KATZE! FOLGE MIR!

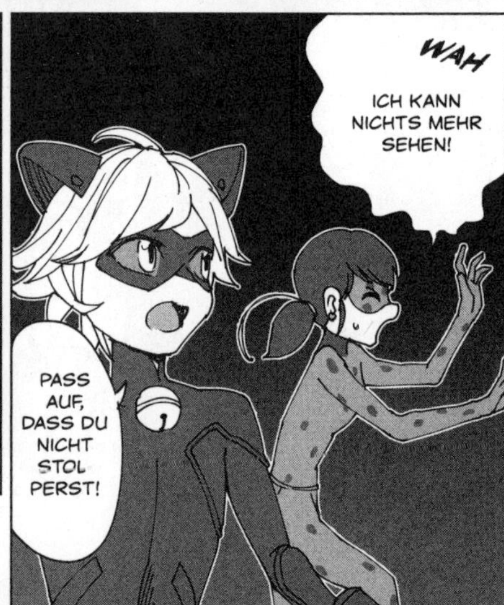
WAH
ICH KANN NICHTS MEHR SEHEN!
PASS AUF, DASS DU NICHT STOL PERST!

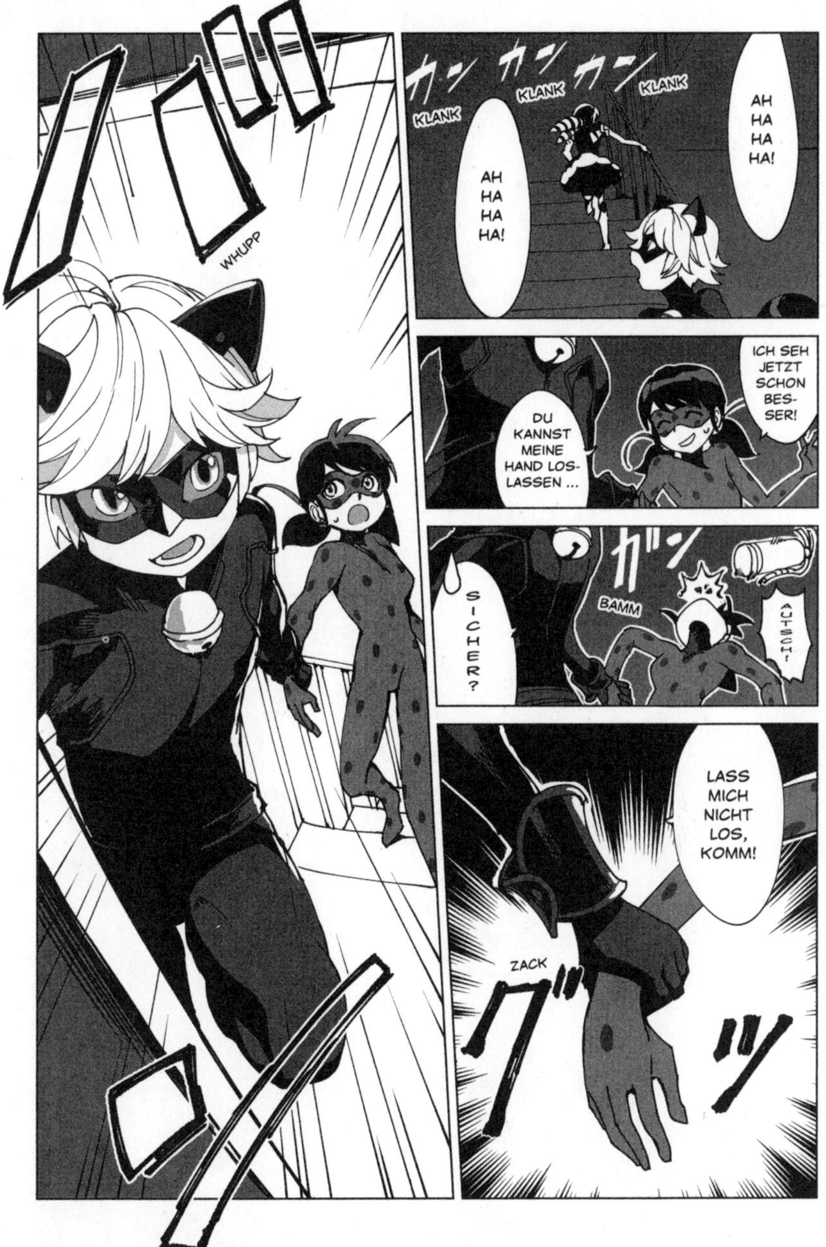

AH HA HA HA!
KLANK
KLANK
KLANK
AH HA HA HA!
ICH SEH JETZT SCHON BES-SER!
DU KANNST MEINE HAND LOS-LASSEN ...
AUTSCH!
BAMM
SICHER?
LASS MICH NICHT LOS, KOMM!
ZACK
WHUPP

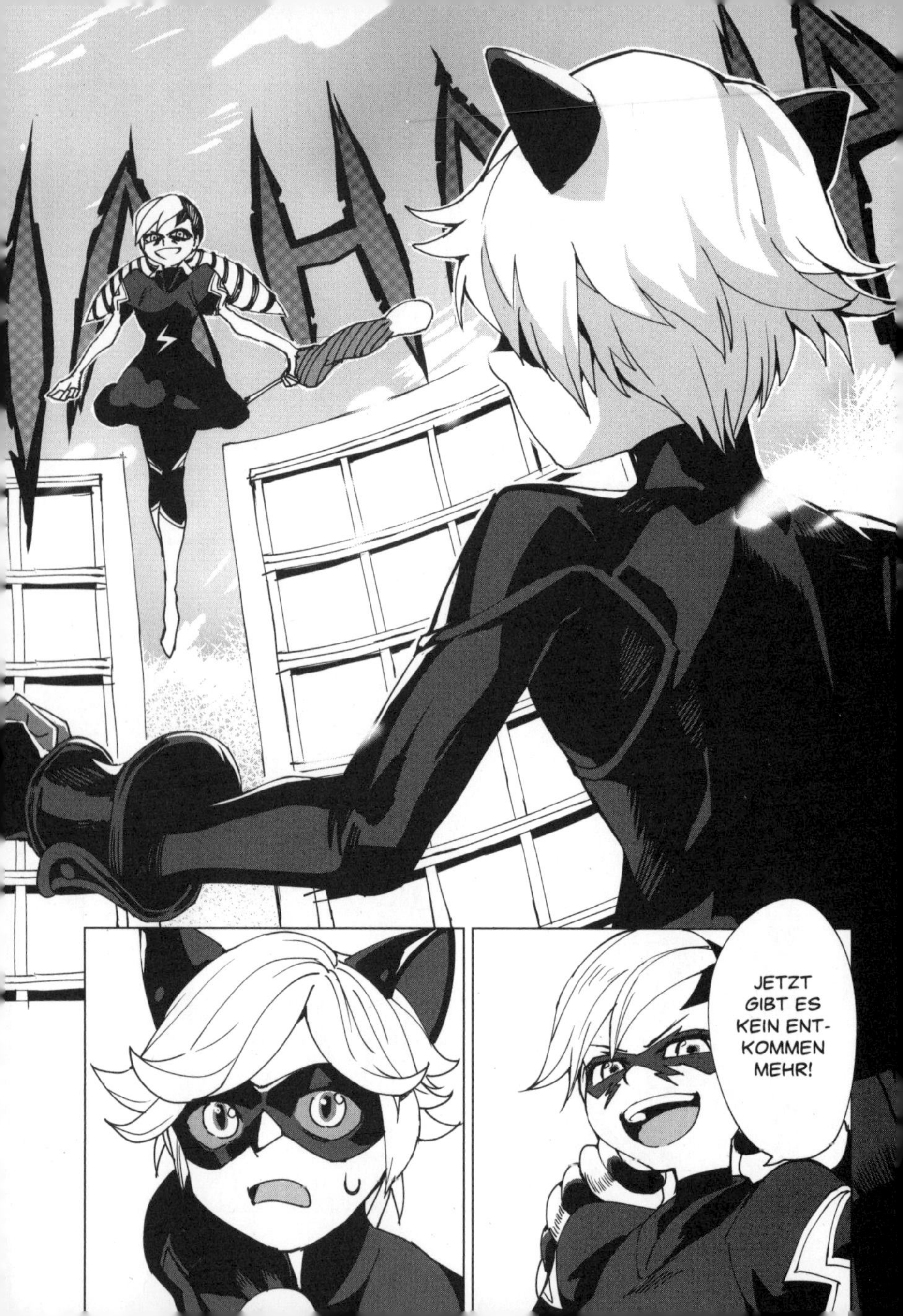
JETZT GIBT ES KEIN ENT-KOMMEN MEHR!

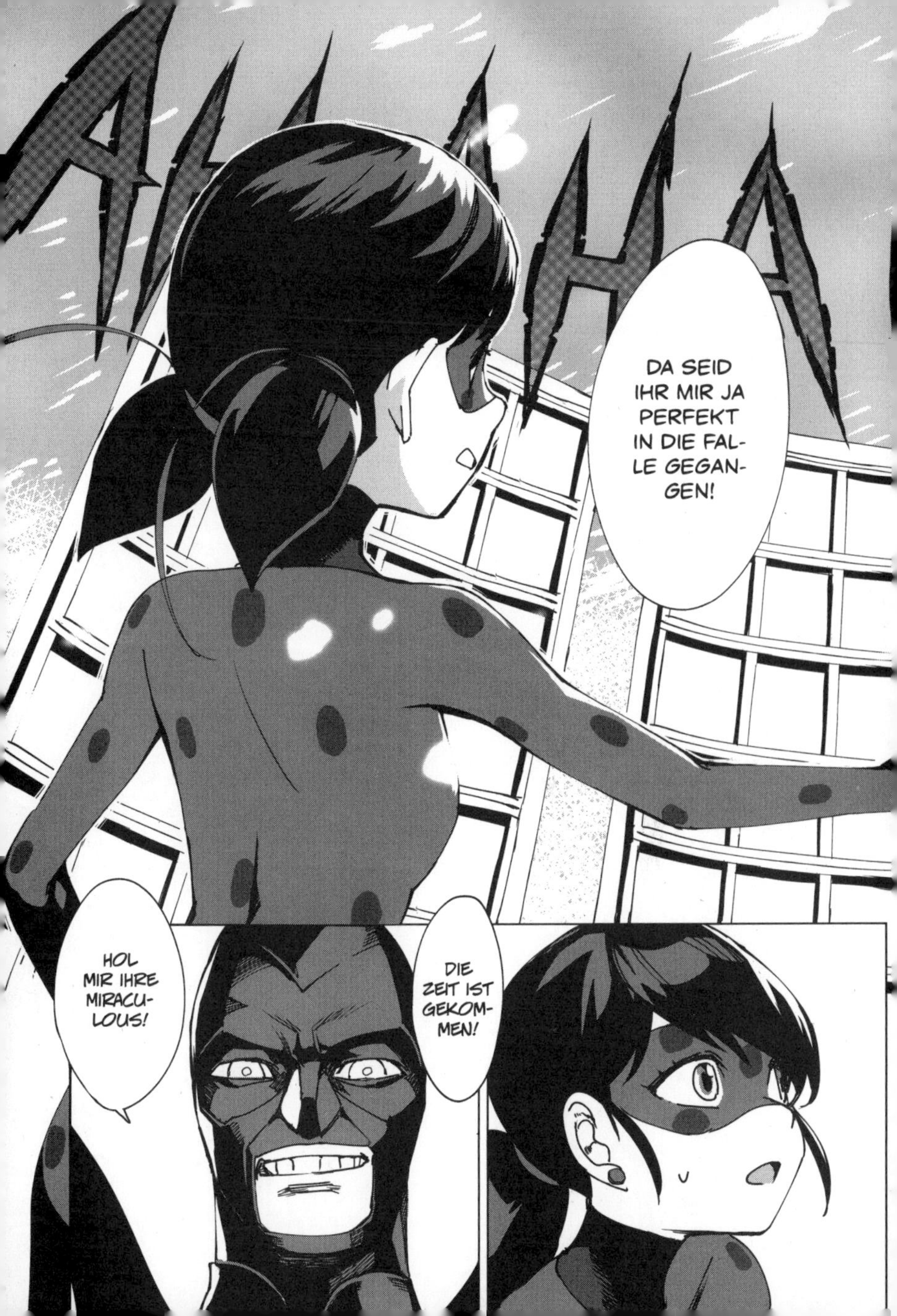
AHAHAHA
DA SEID IHR MIR JA PERFEKT IN DIE FALLE GEGANGEN!
DIE ZEIT IST GEKOMMEN!
HOL MIR IHRE MIRACULOUS!

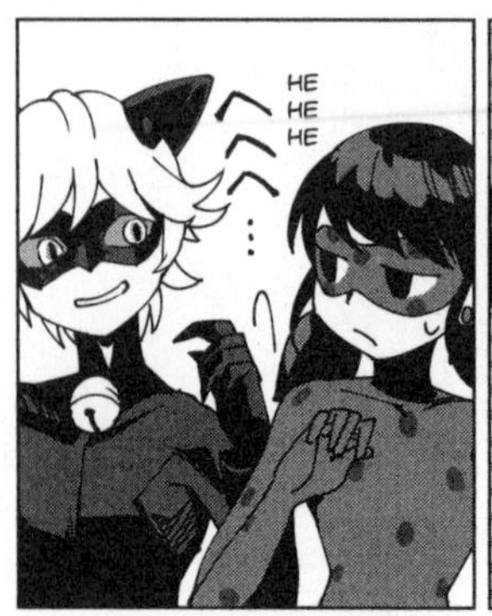

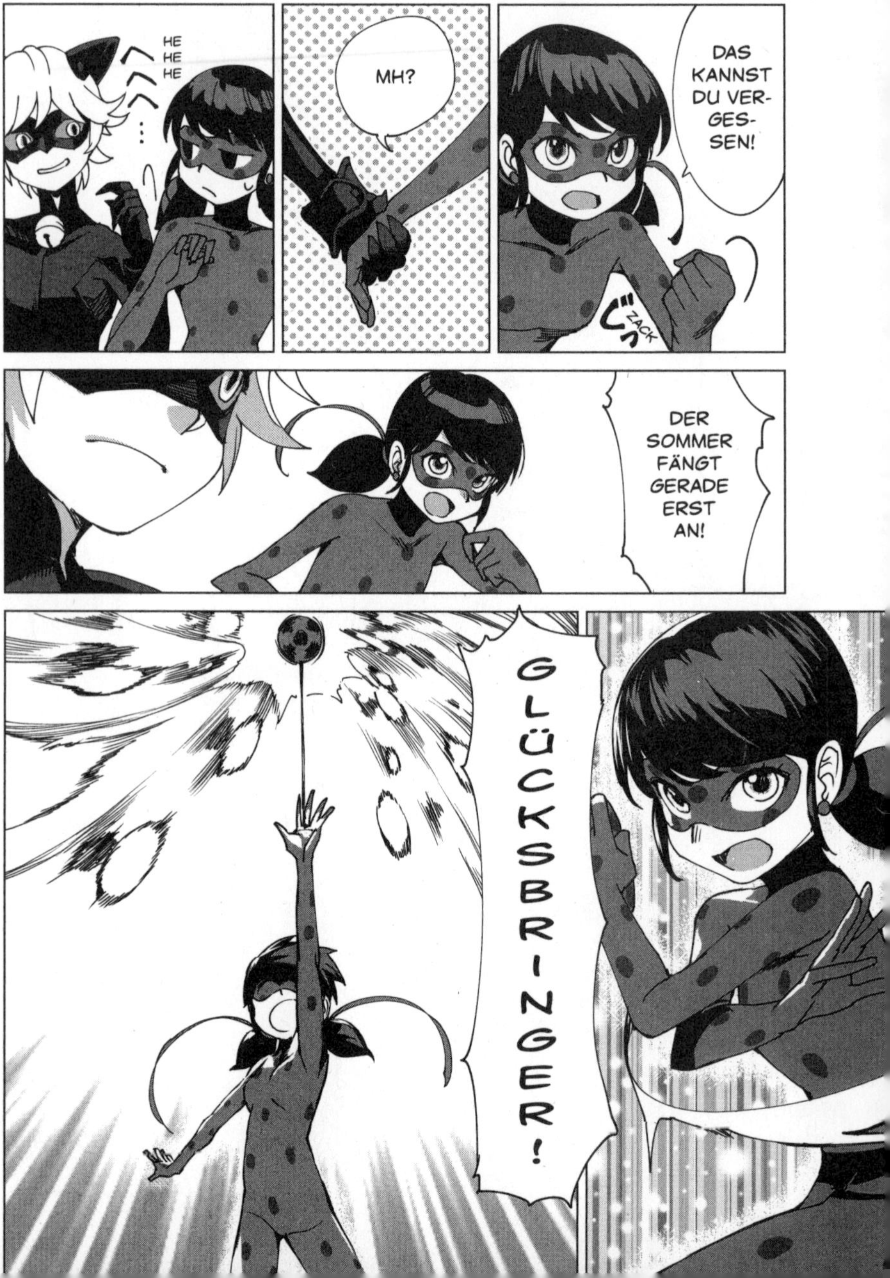

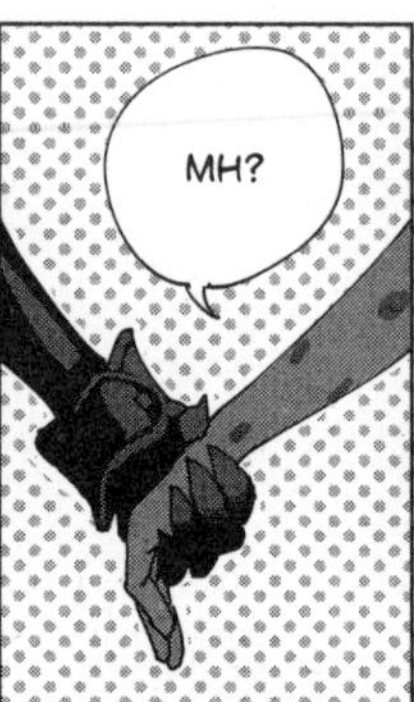

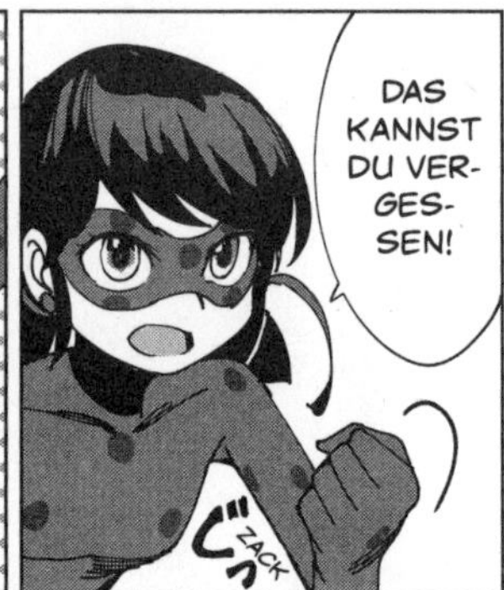

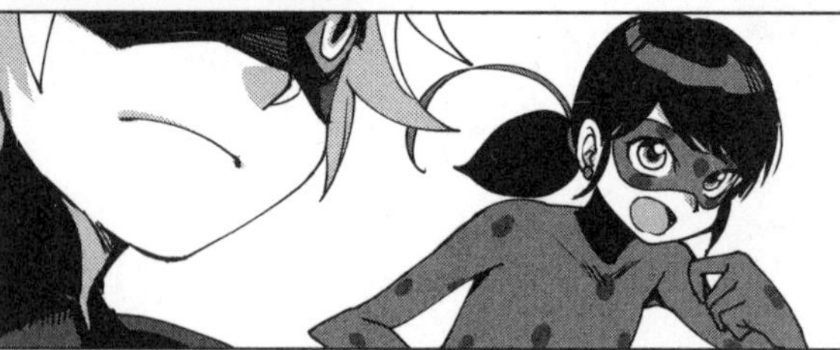

GLÜCKSBRINGER!

SWURRRL

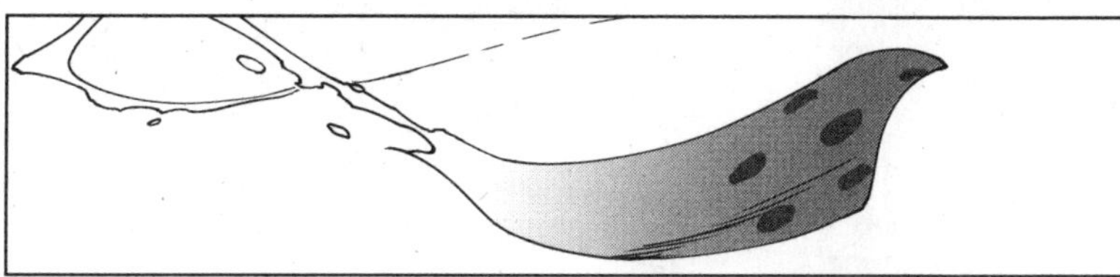

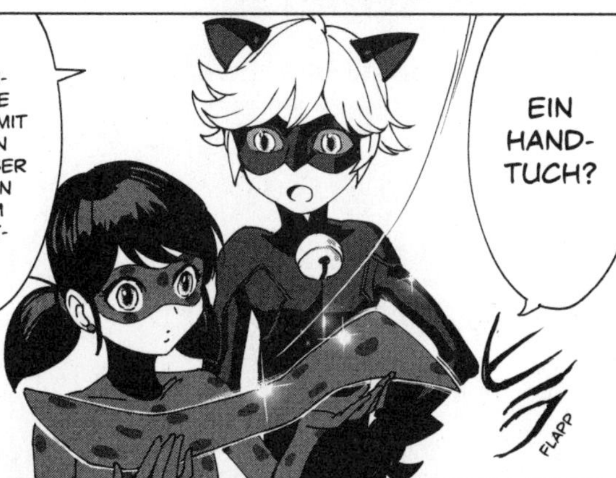
EIN HANDTUCH?
TOLL! KEINE AHNUNG, WIE WIR SIE DAMIT BESIEGEN SOLLEN, ABER WIR HABEN WAS ZUM ABTROCKNEN!
FLAPP

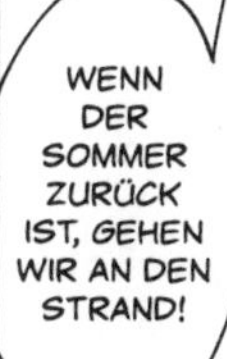
WENN DER SOMMER ZURÜCK IST, GEHEN WIR AN DEN STRAND!
FÄNGST DU SCHON WIEDER MIT DER BADEHOSE AN?

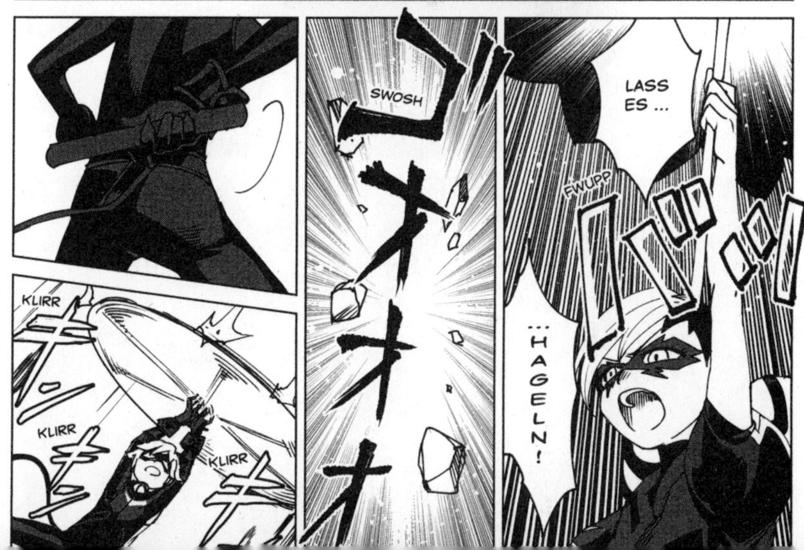
LASS ES ...
FWUPP
...HAGELN!
SWOSH
KLIRR
KLIRR
KLIRR

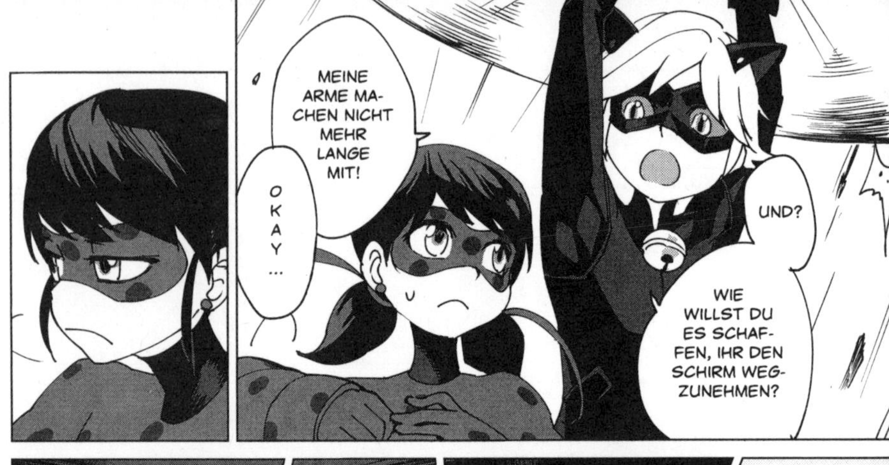
MEINE ARME MACHEN NICHT MEHR LANGE MIT!
OKAY ...
UND?
WIE WILLST DU ES SCHAFFEN, IHR DEN SCHIRM WEGZUNEHMEN?

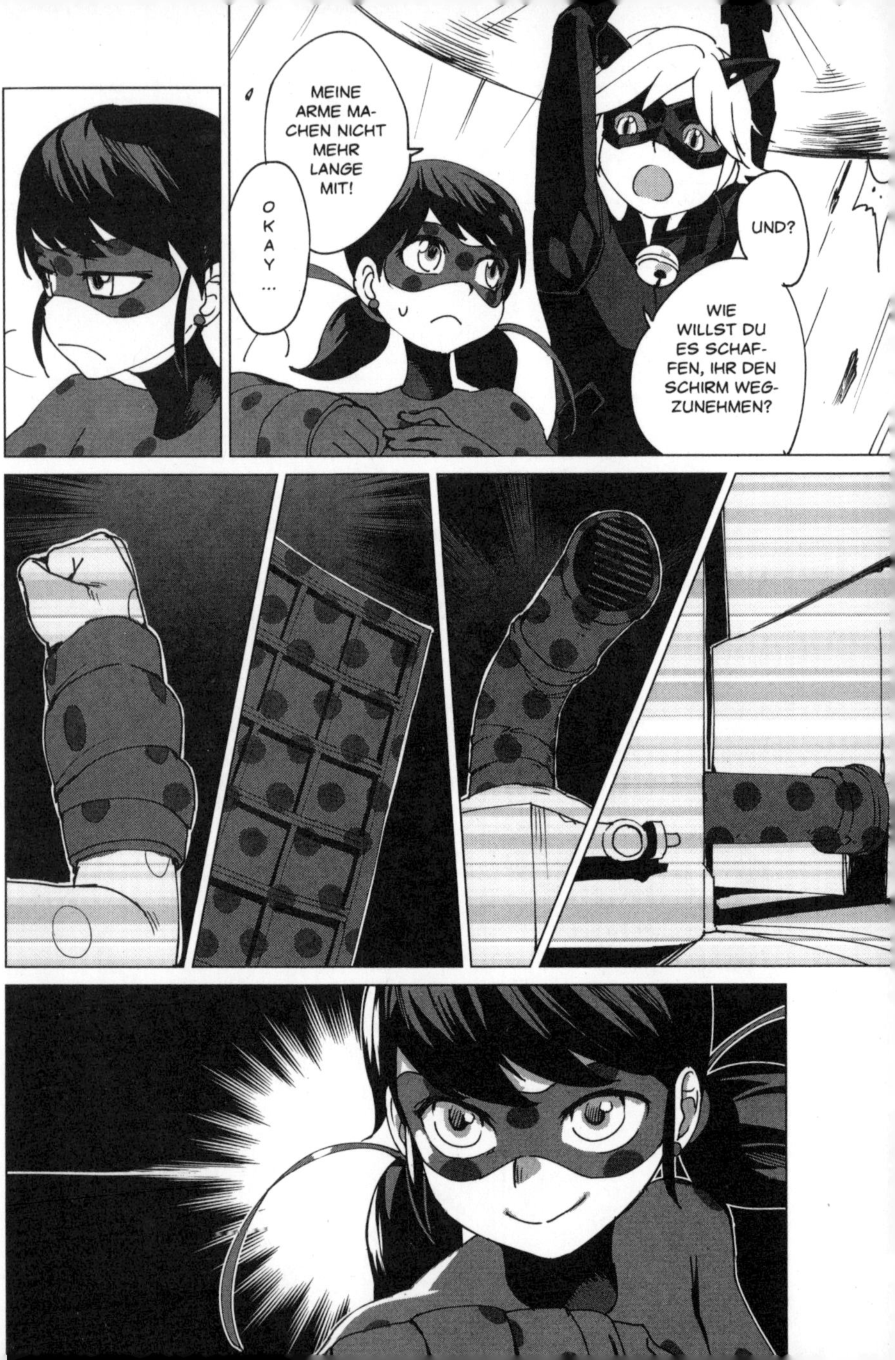

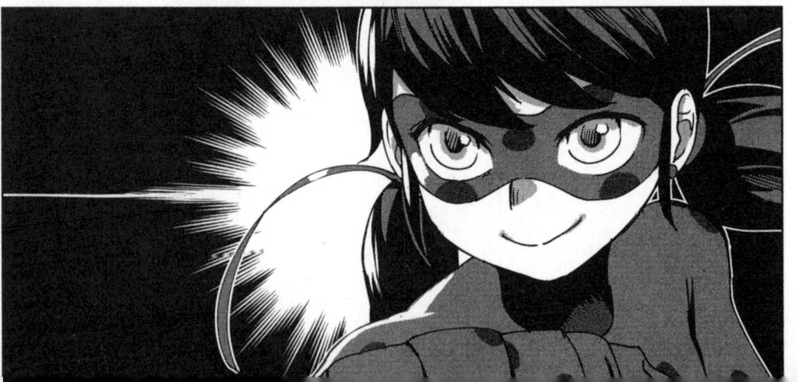

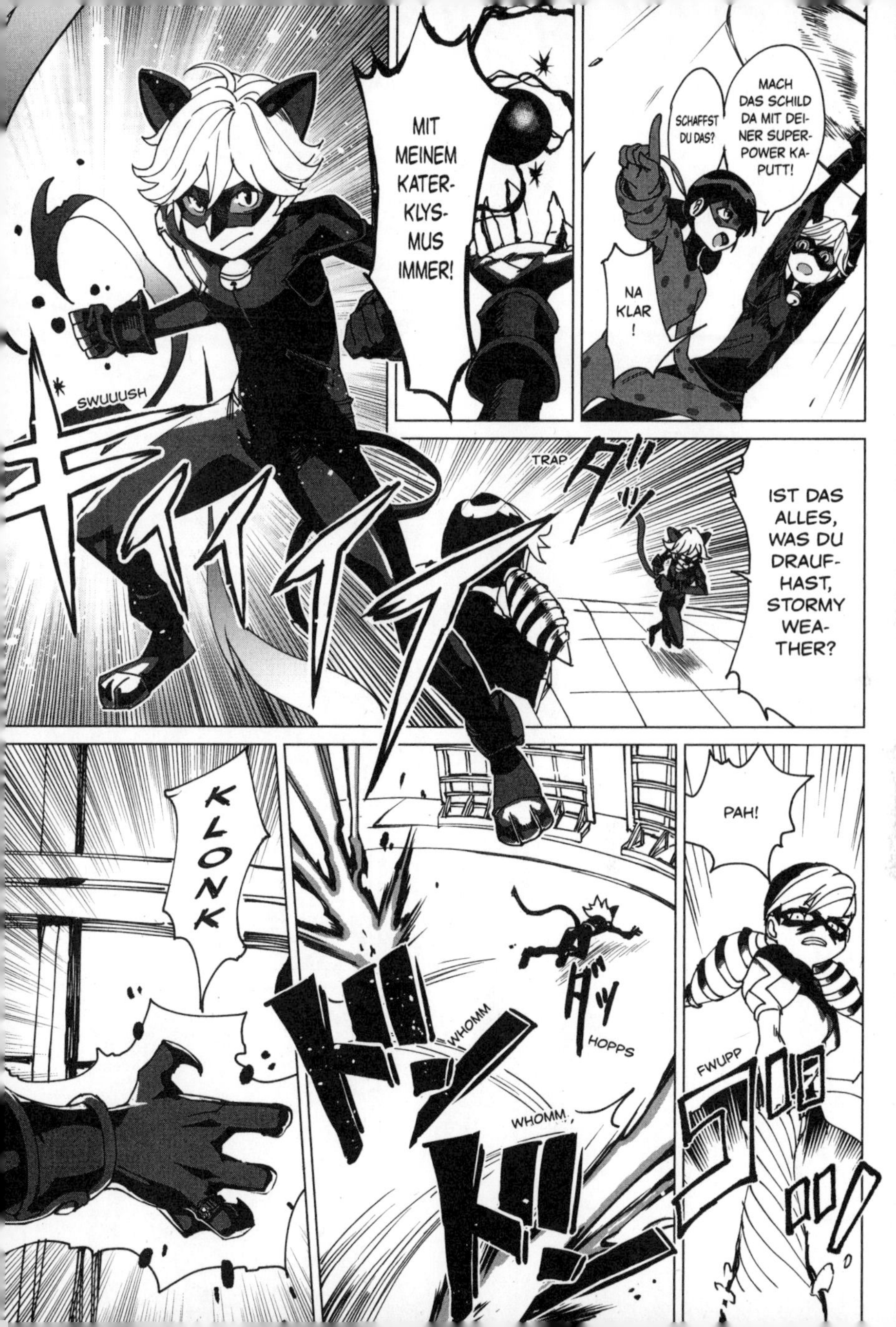

MACH DAS SCHILD DA MIT DEINER SUPERPOWER KAPUTT!
SCHAFFST DU DAS?
NA KLAR!
MIT MEINEM KATERKLYSMUS IMMER!
IST DAS ALLES, WAS DU DRAUFHAST, STORMY WEATHER?
TRAP
SWUUUSH
PAH!
FWUPP
HOPPS
WHOMM
WHOMM
KLONK

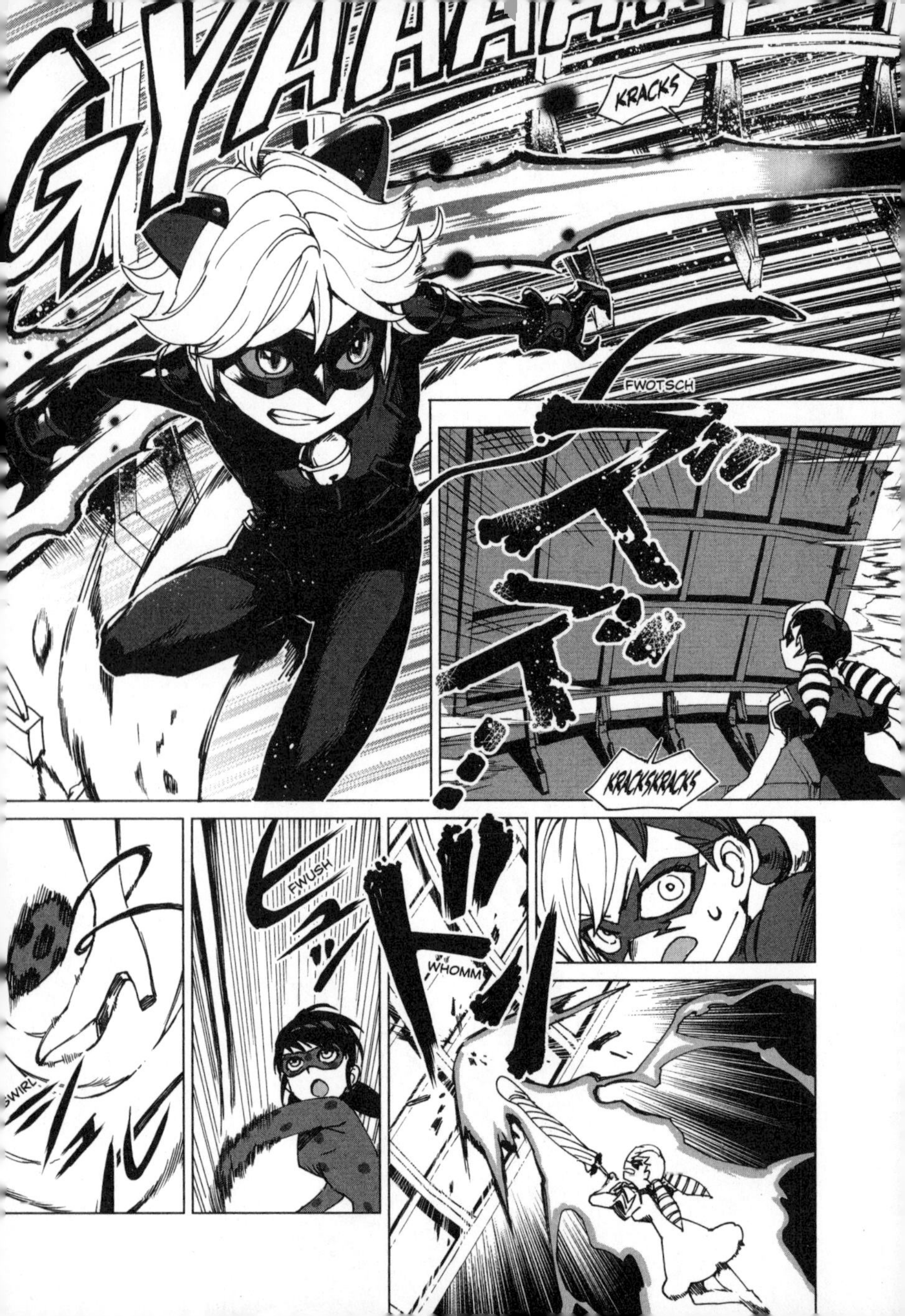

KRACKS
FWOTSCH
KRACKSKRACKS
FWUSH
WHOMM
SWIRL

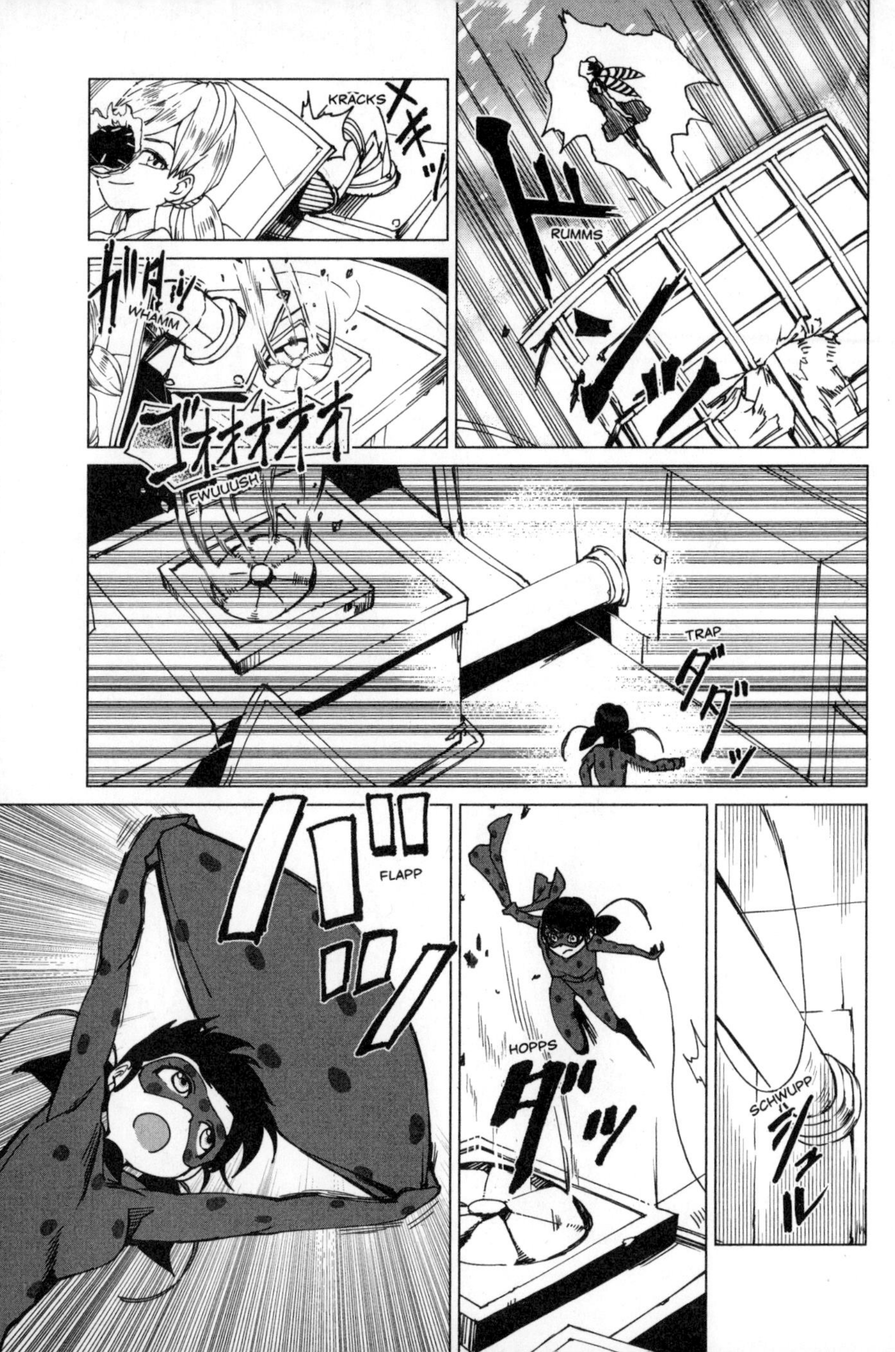

RUMMS
メキッ
KRACKS
WHAMM
ゴオオオオオ
FWUUUSH
ダダッ
TRAP
シュル
SCHWUPP
ダッ
HOPPS
FLAPP

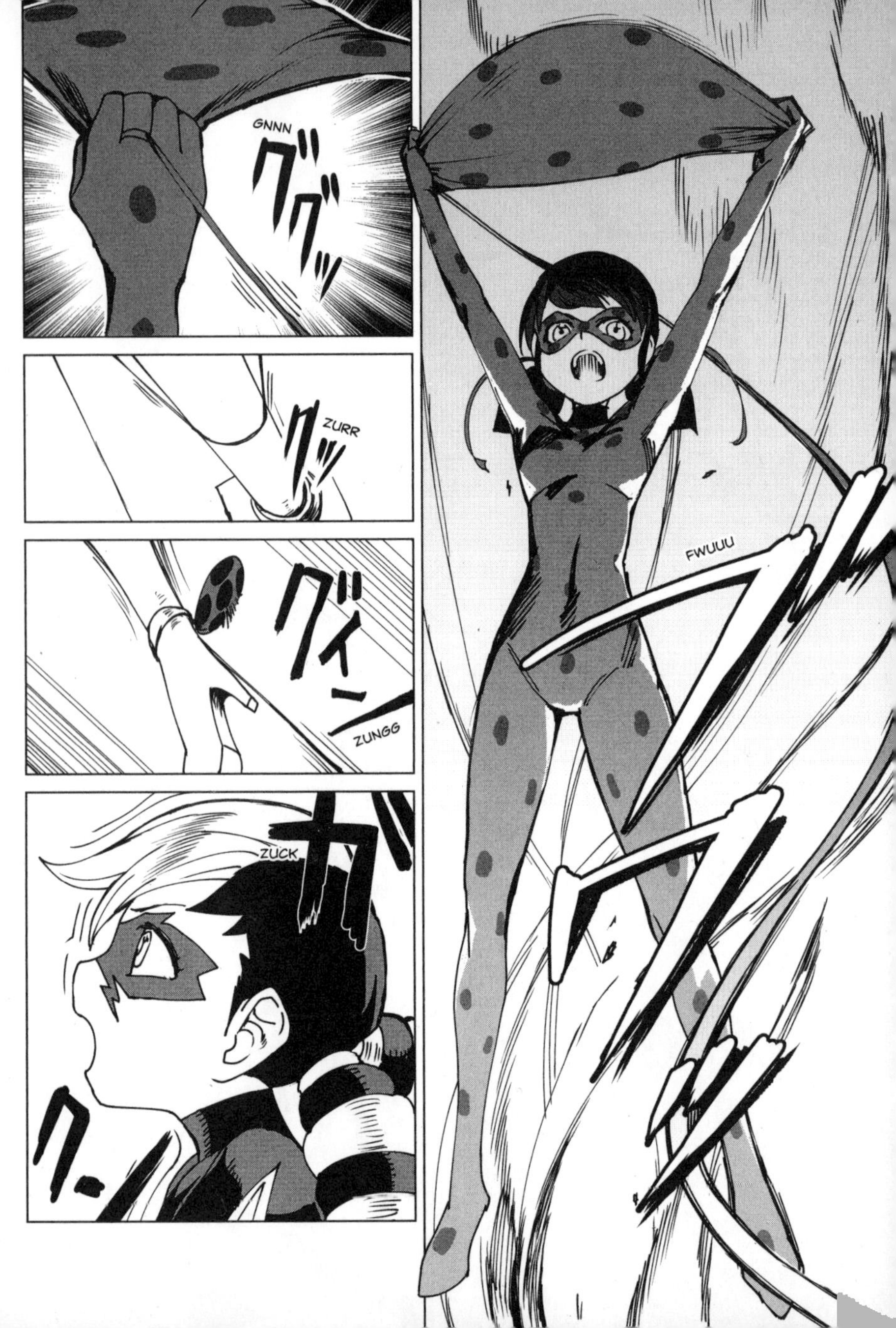
FWUUU
GNNN
ZURR
ZUNGG
ZUCK

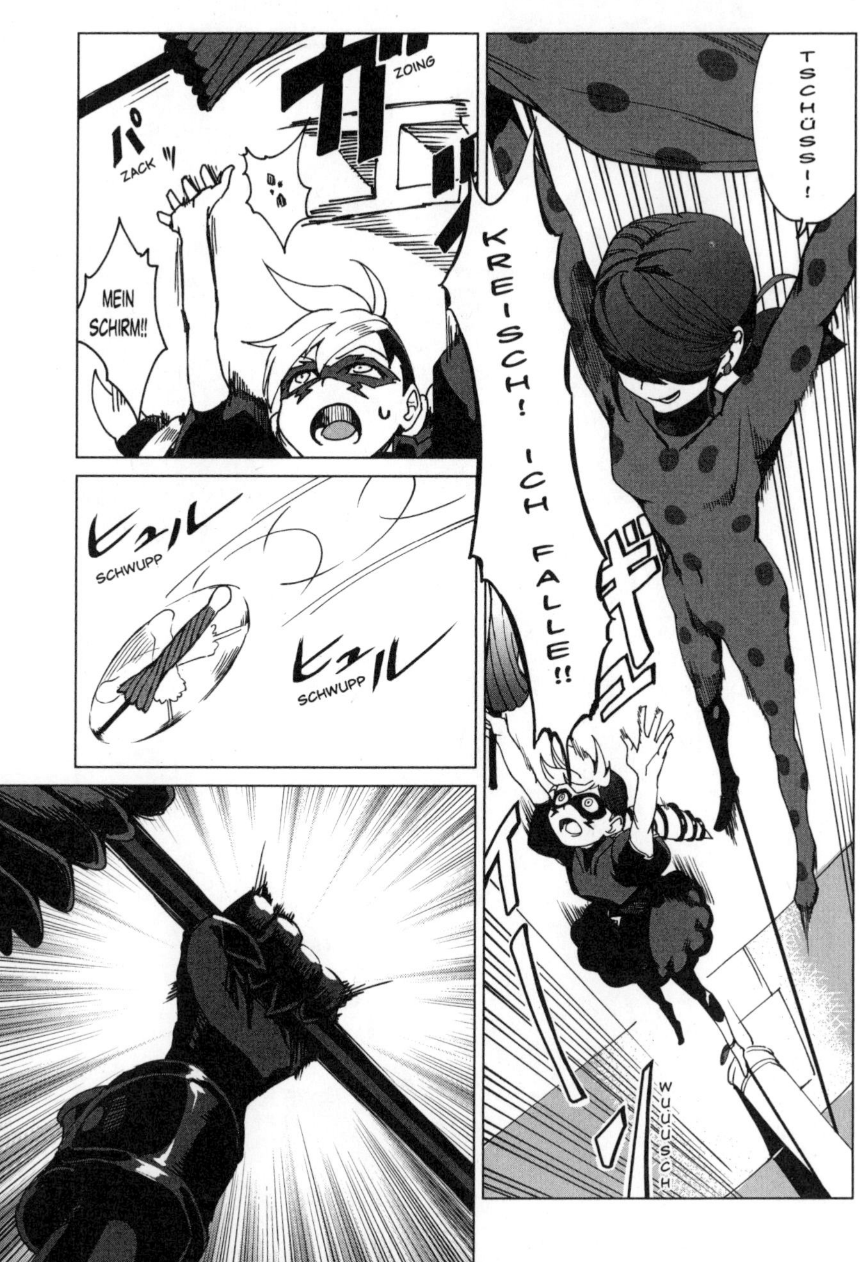

ZOING
ZACK
MEIN SCHIRM!!
SCHWUPP
SCHWUPP
TSCHÜSSI!
KREISCH! ICH FALLE!!
WUUUSCH

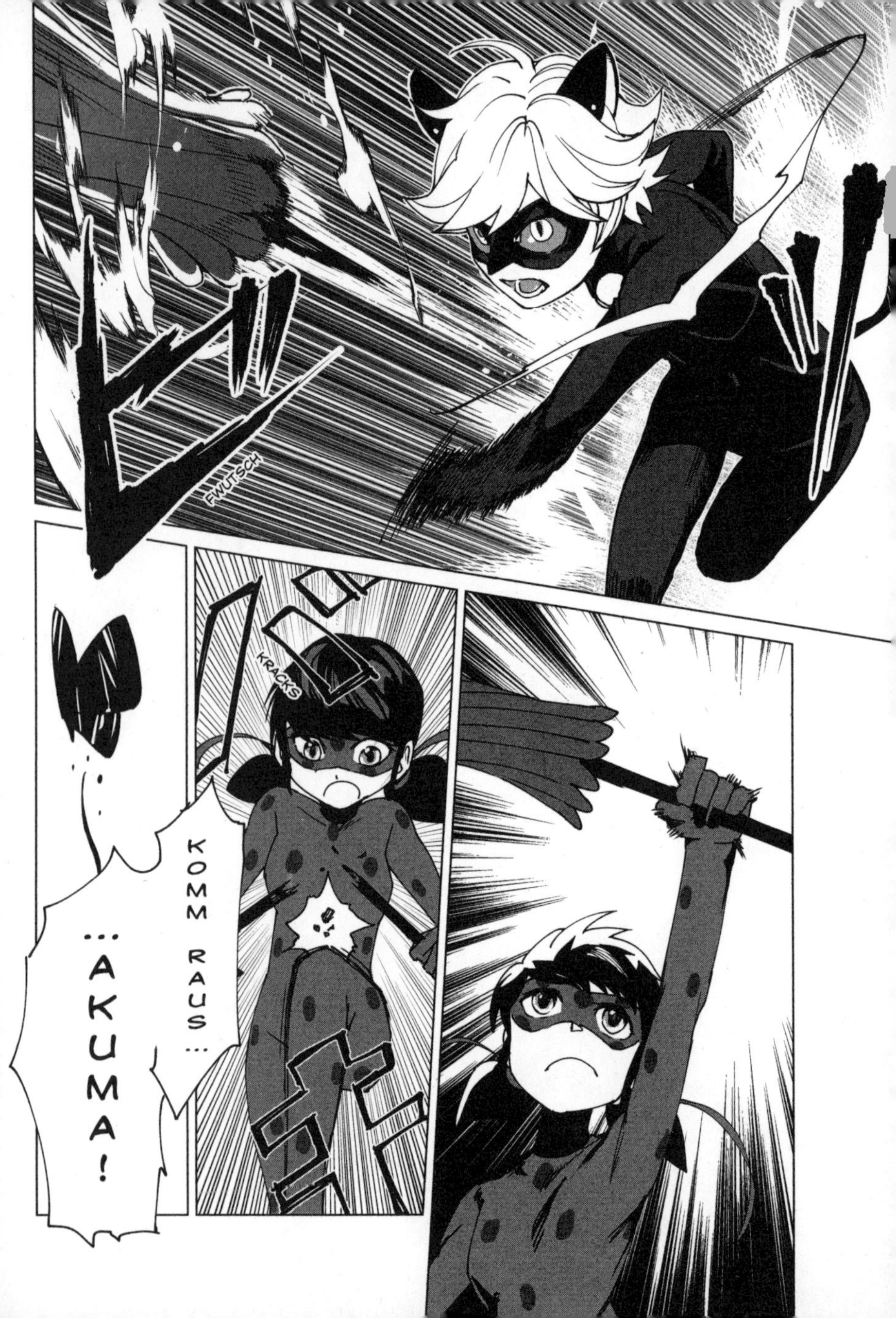
FWUTSCH
KRACKS
KOMM RAUS...
...AKUMA!

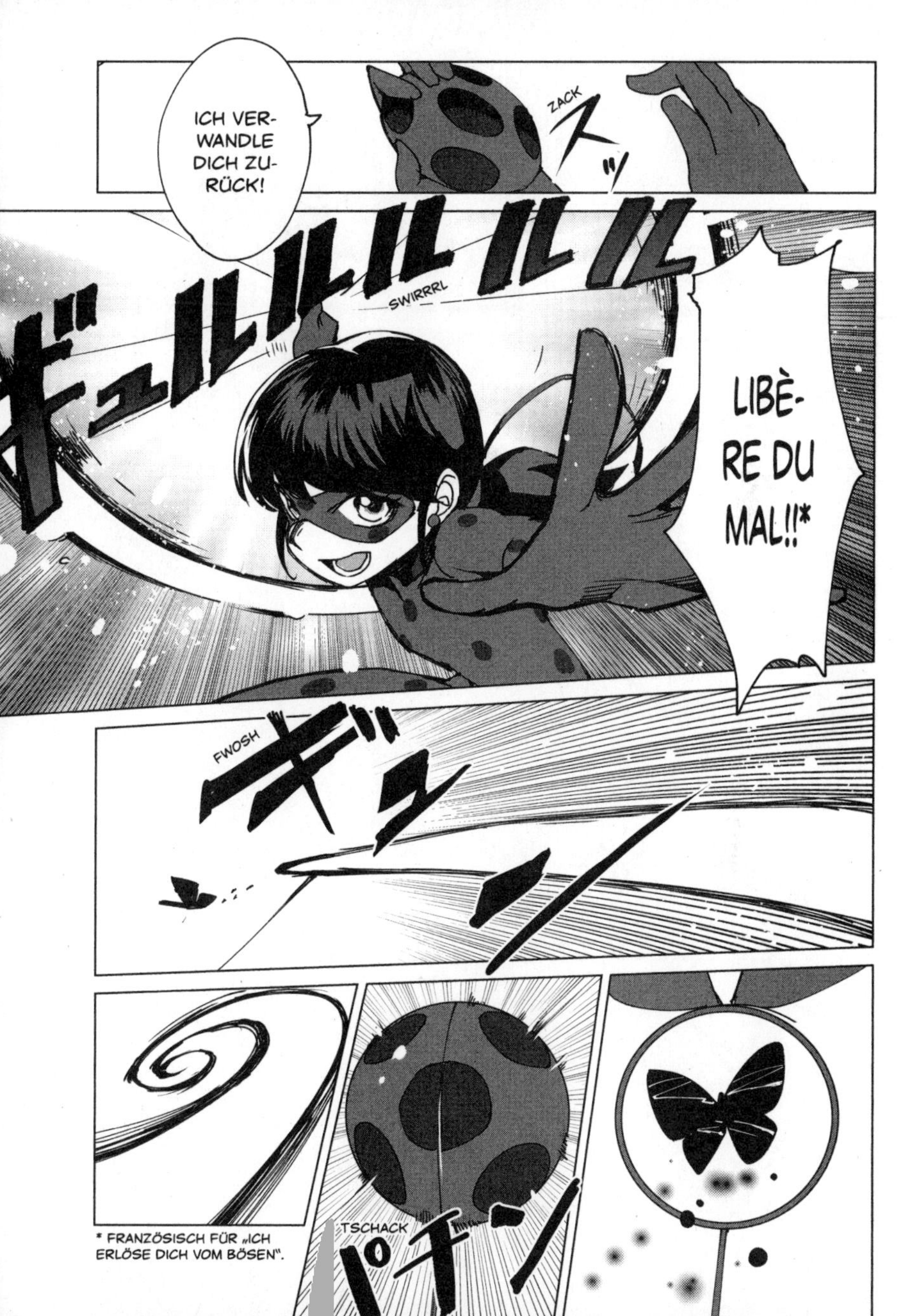

* FRANZÖSISCH FÜR „ICH ERLÖSE DICH VOM BÖSEN“.

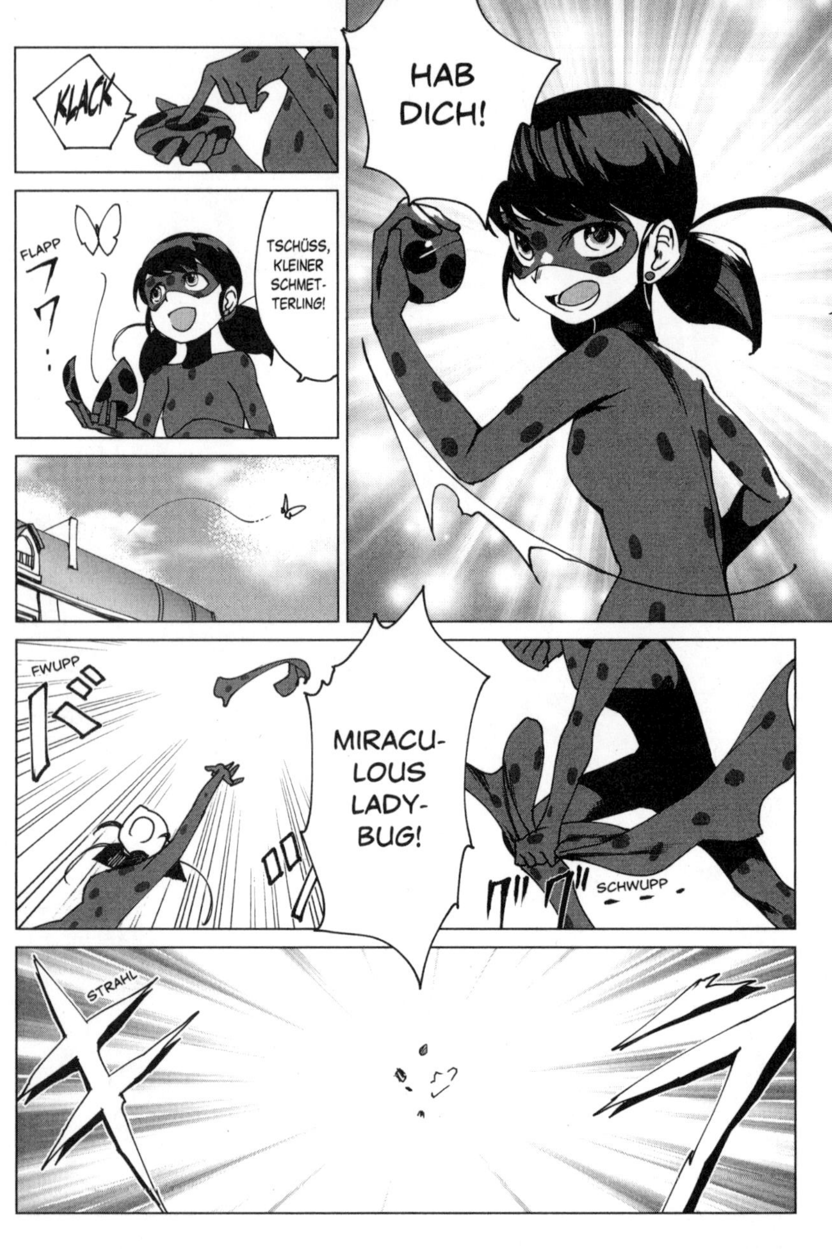
HAB DICH!
KLACK
TSCHÜSS, KLEINER SCHMET-TERLING!
FLAPP
MIRACU-LOUS LADY-BUG!
SCHWUPP
FWUPP
STRAHL

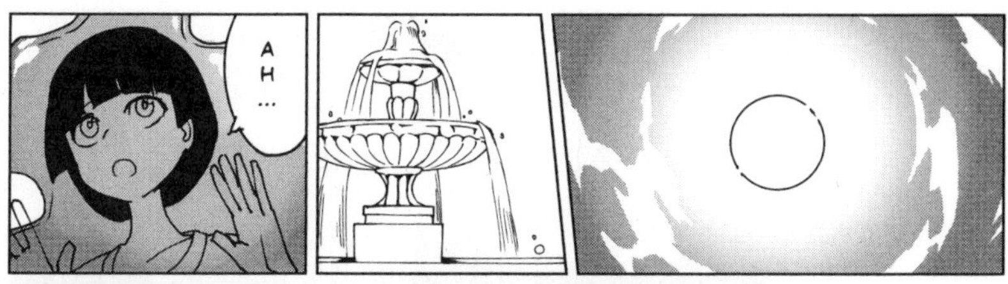
AH ...

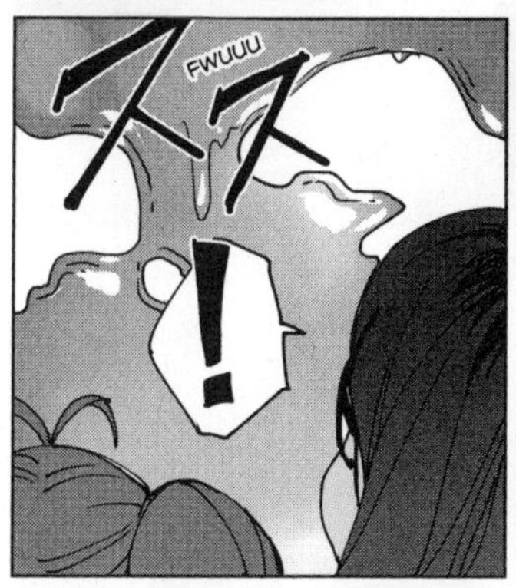
FWUUU
!

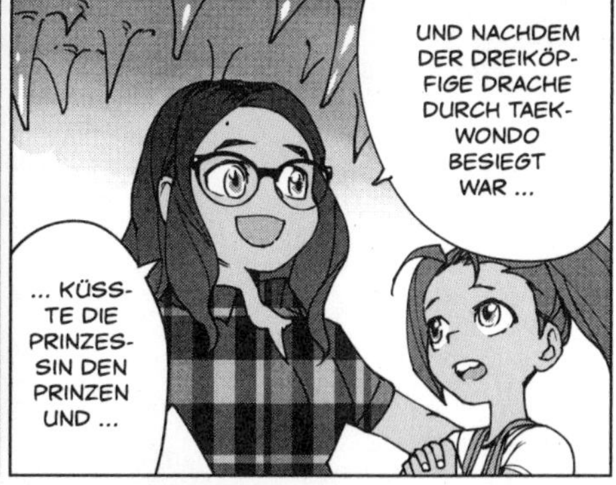
UND NACHDEM DER DREIKÖPFIGE DRACHE DURCH TAEKWONDO BESIEGT WAR ...
... KÜSSTE DIE PRINZESSIN DEN PRINZEN UND ...

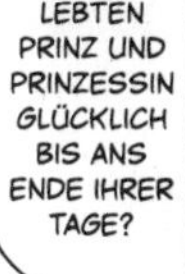
UND DANN LEBTEN PRINZ UND PRINZESSIN GLÜCKLICH BIS ANS ENDE IHRER TAGE?

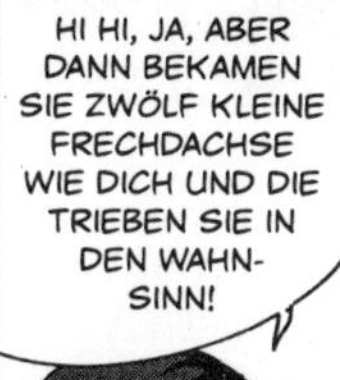
HI HI, JA, ABER DANN BEKAMEN SIE ZWÖLF KLEINE FRECHDACHSE WIE DICH UND DIE TRIEBEN SIE IN DEN WAHNSINN!

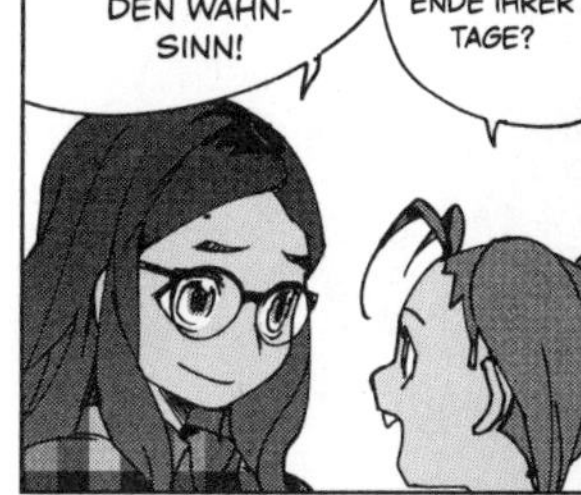

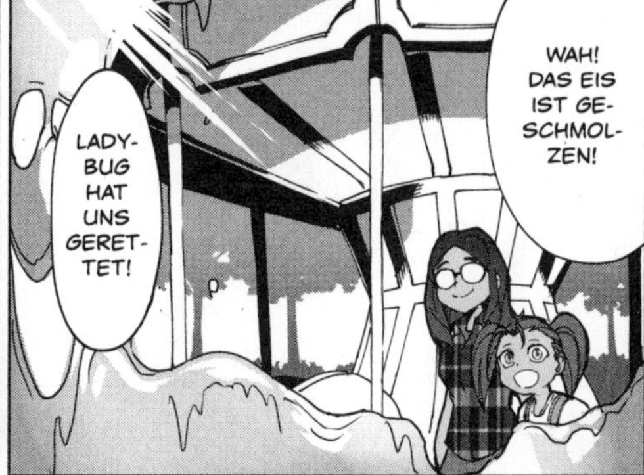
WAH! DAS EIS IST GESCHMOLZEN!
LADYBUG HAT UNS GERETTET!

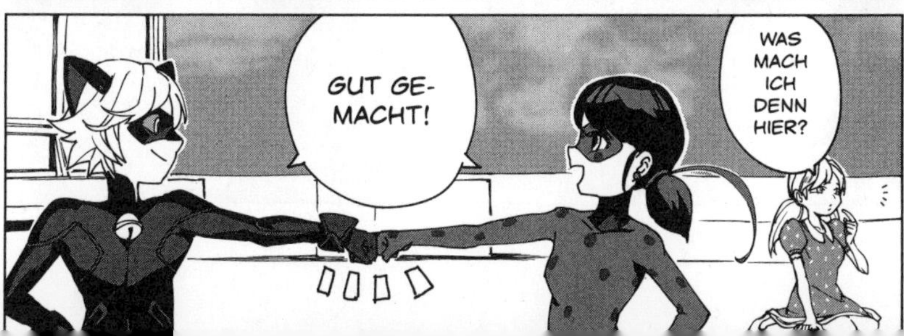
GUT GEMACHT!
WAS MACH ICH DENN HIER?

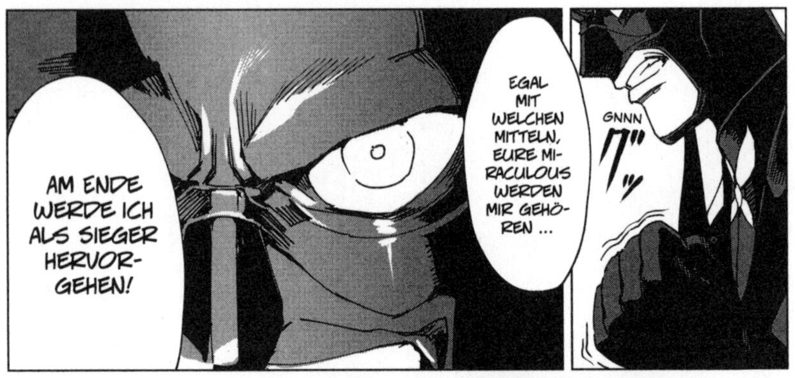
AM ENDE WERDE ICH ALS SIEGER HERVORGEHEN!
EGAL MIT WELCHEN MITTELN, EURE MIRACULOUS WERDEN MIR GEHÖREN ...
GNNN

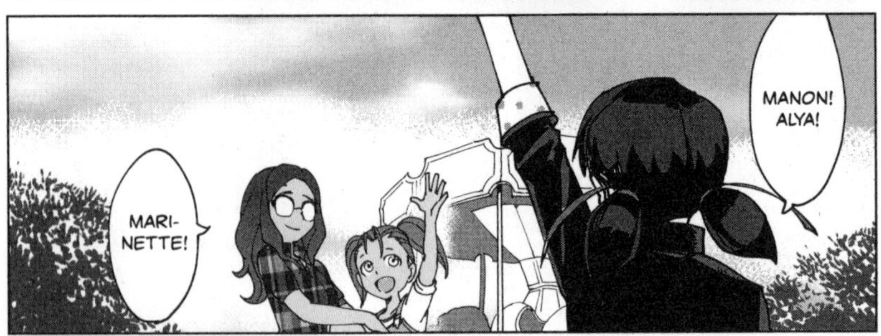
MARINETTE!
MANON! ALYA!

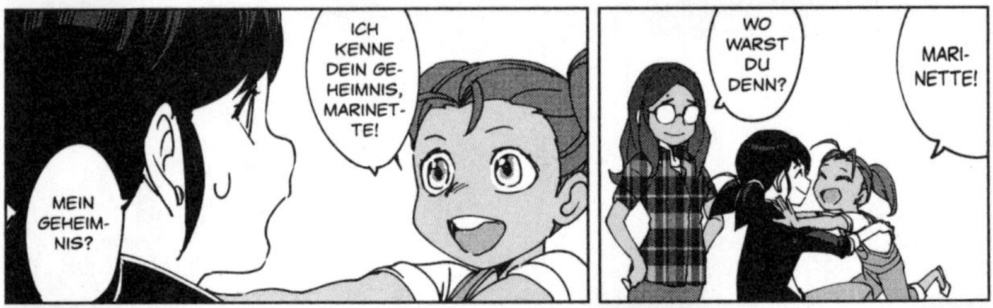
MEIN GEHEIMNIS?
ICH KENNE DEIN GEHEIMNIS, MARINETTE!
WO WARST DU DENN?
MARINETTE!

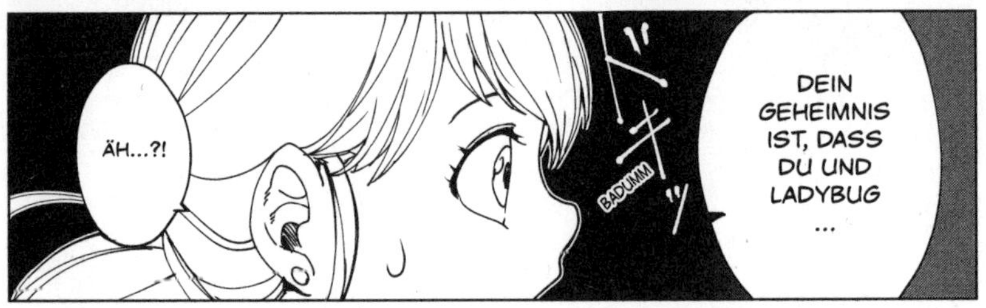
ÄH...?!
BADUMM
DEIN GEHEIMNIS IST, DASS DU UND LADYBUG ...

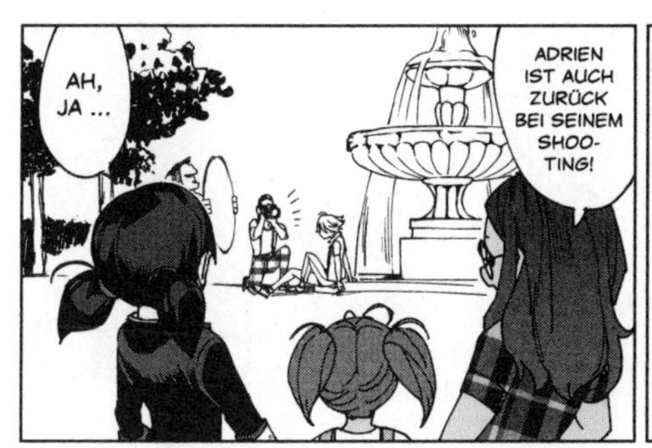
AH, JA ...
ADRIEN IST AUCH ZURÜCK BEI SEINEM SHOOTING!

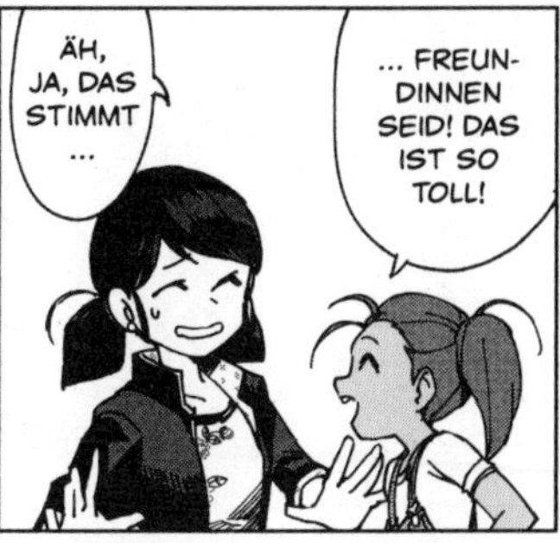
ÄH, JA, DAS STIMMT ...
... FREUNDINNEN SEID! DAS IST SO TOLL!

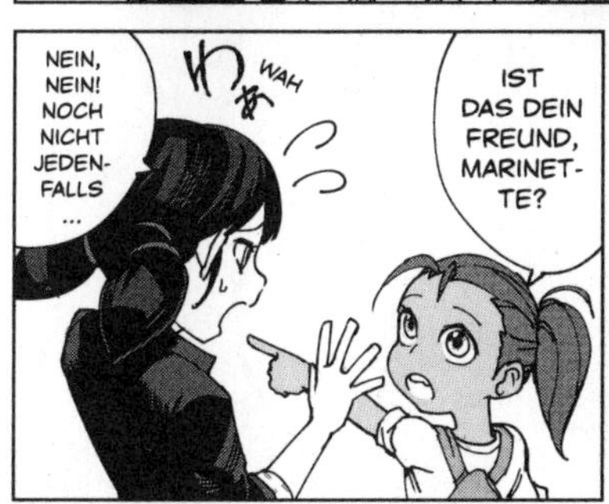
NEIN, NEIN! NOCH NICHT JEDENFALLS ...
WAH
IST DAS DEIN FREUND, MARINETTE?

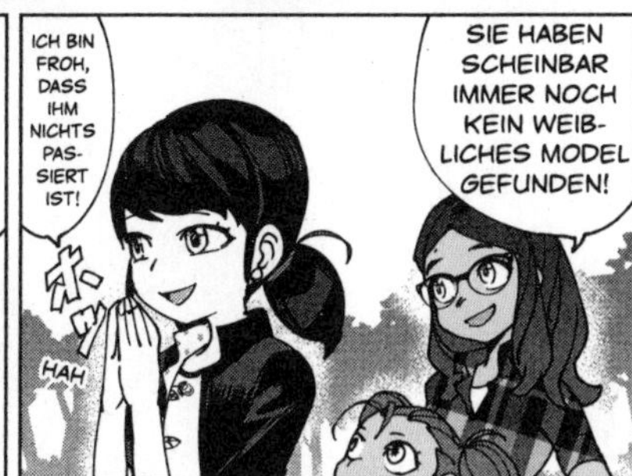
ICH BIN FROH, DASS IHM NICHTS PASSIERT IST!
HAH
SIE HABEN SCHEINBAR IMMER NOCH KEIN WEIBLICHES MODEL GEFUNDEN!

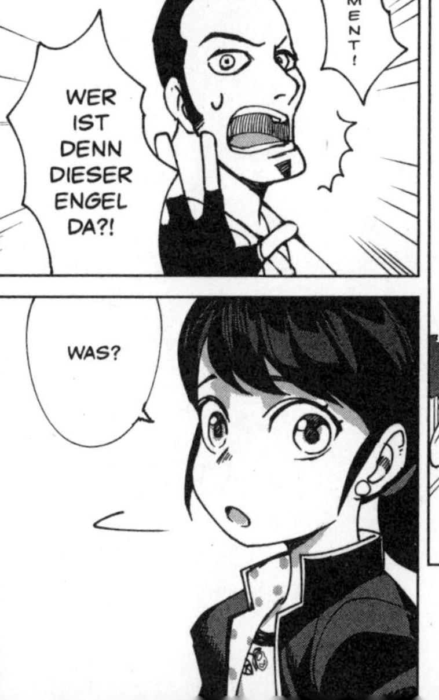
MOMENT!
WER IST DENN DIESER ENGEL DA?!
WAS?

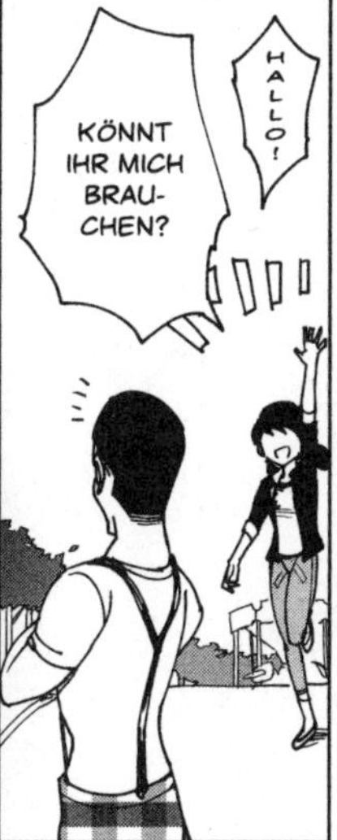
HALLO!
KÖNNT IHR MICH BRAUCHEN?

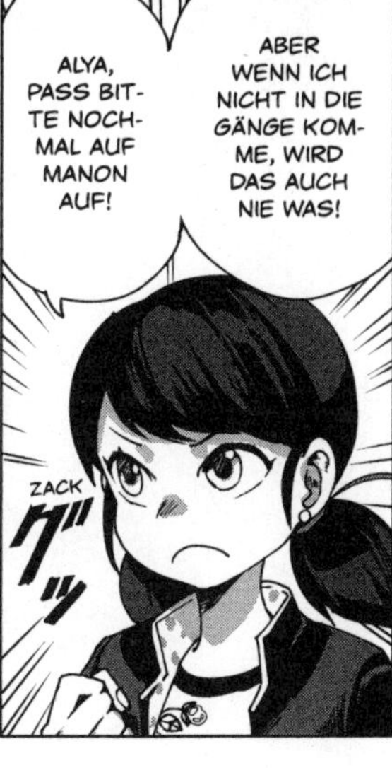
ALYA, PASS BITTE NOCHMAL AUF MANON AUF!
ABER WENN ICH NICHT IN DIE GÄNGE KOMME, WIRD DAS AUCH NIE WAS!
ZACK

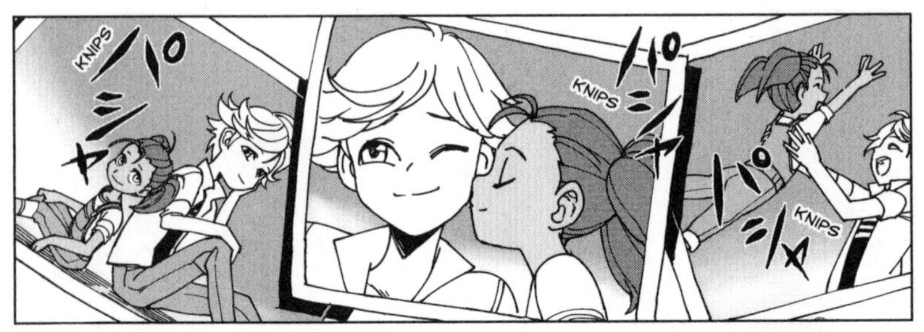
KNIPS
KNIPS
KNIPS

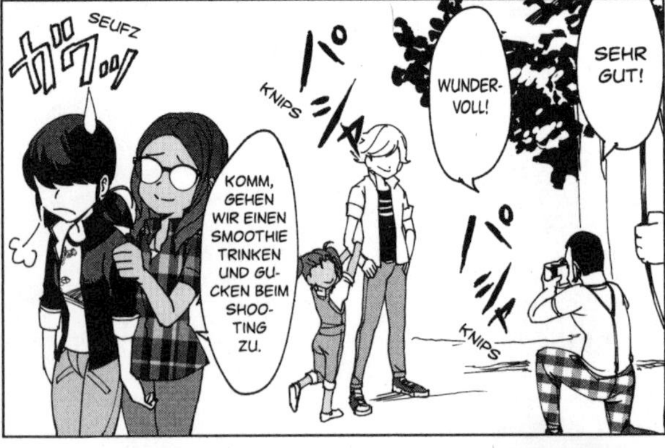
SEHR GUT!
WUNDER-VOLL!
KNIPS
KNIPS
SEUFZ
KOMM, GEHEN WIR EINEN SMOOTHIE TRINKEN UND GU-CKEN BEIM SHOO-TING ZU.

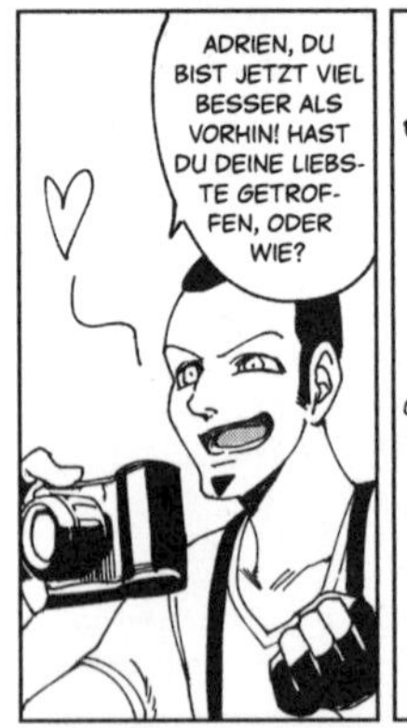
ADRIEN, DU BIST JETZT VIEL BESSER ALS VORHIN! HAST DU DEINE LIEBS-TE GETROF-FEN, ODER WIE?

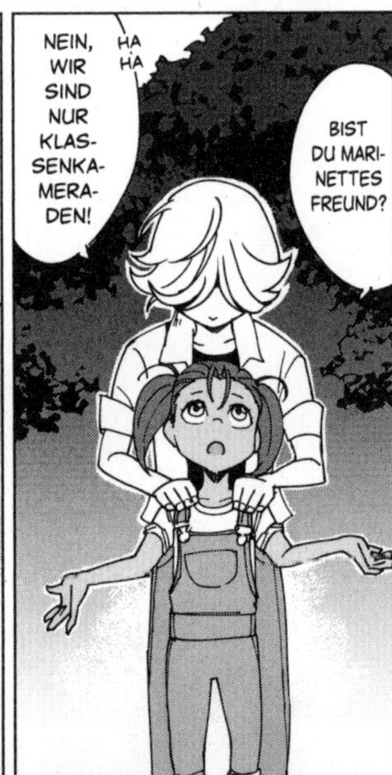
BIST DU MARI-NETTES FREUND?
HA HA
NEIN, WIR SIND NUR KLAS-SENKA-MERA-DEN!

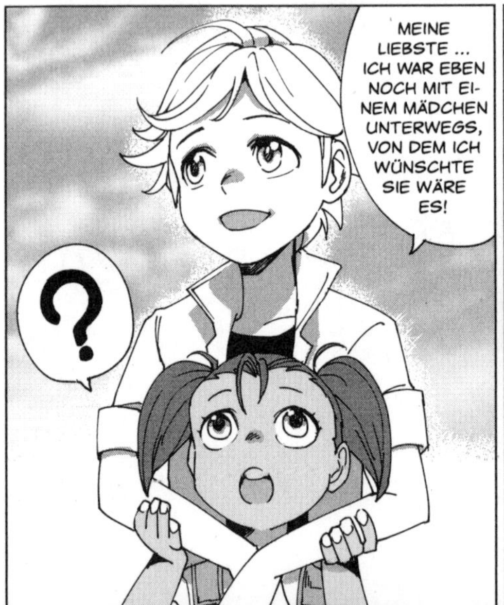
MEINE LIEBSTE ... ICH WAR EBEN NOCH MIT EI-NEM MÄDCHEN UNTERWEGS, VON DEM ICH WÜNSCHTE SIE WÄRE ES!
?

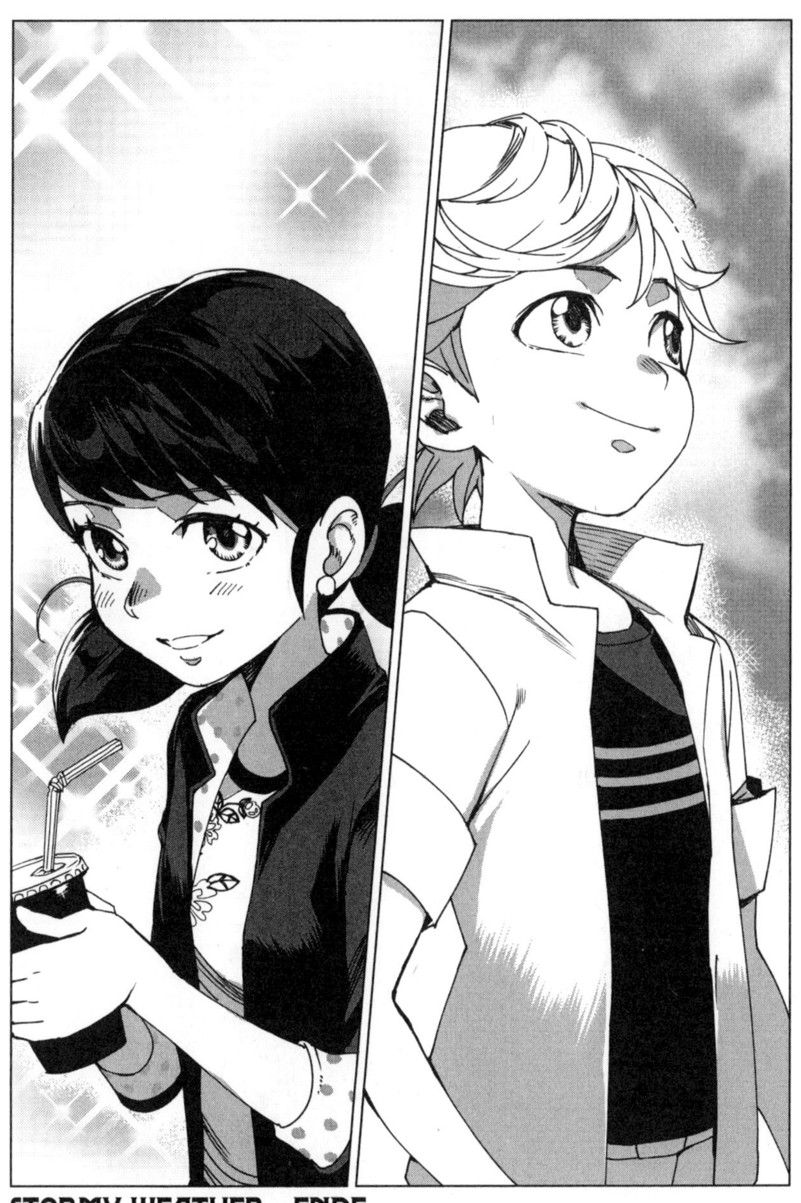

STORMY WEATHER – ENDE

WAS DANACH GESCHAH

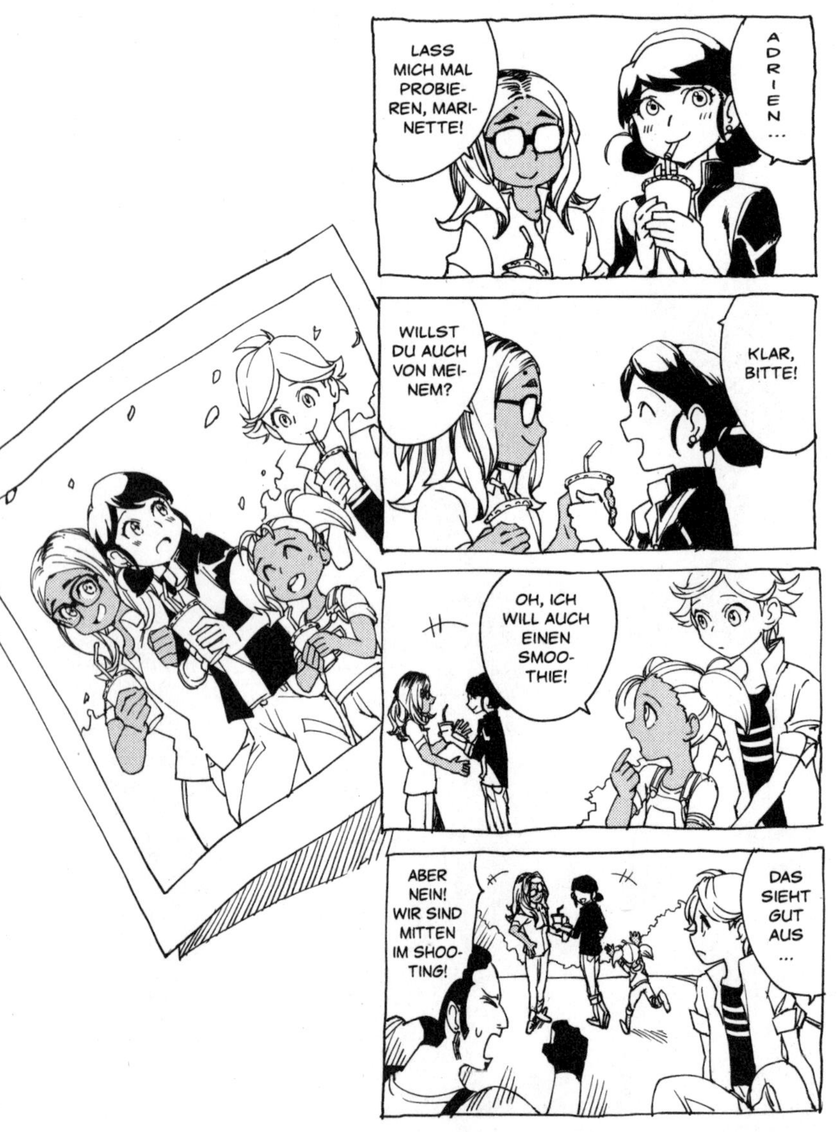

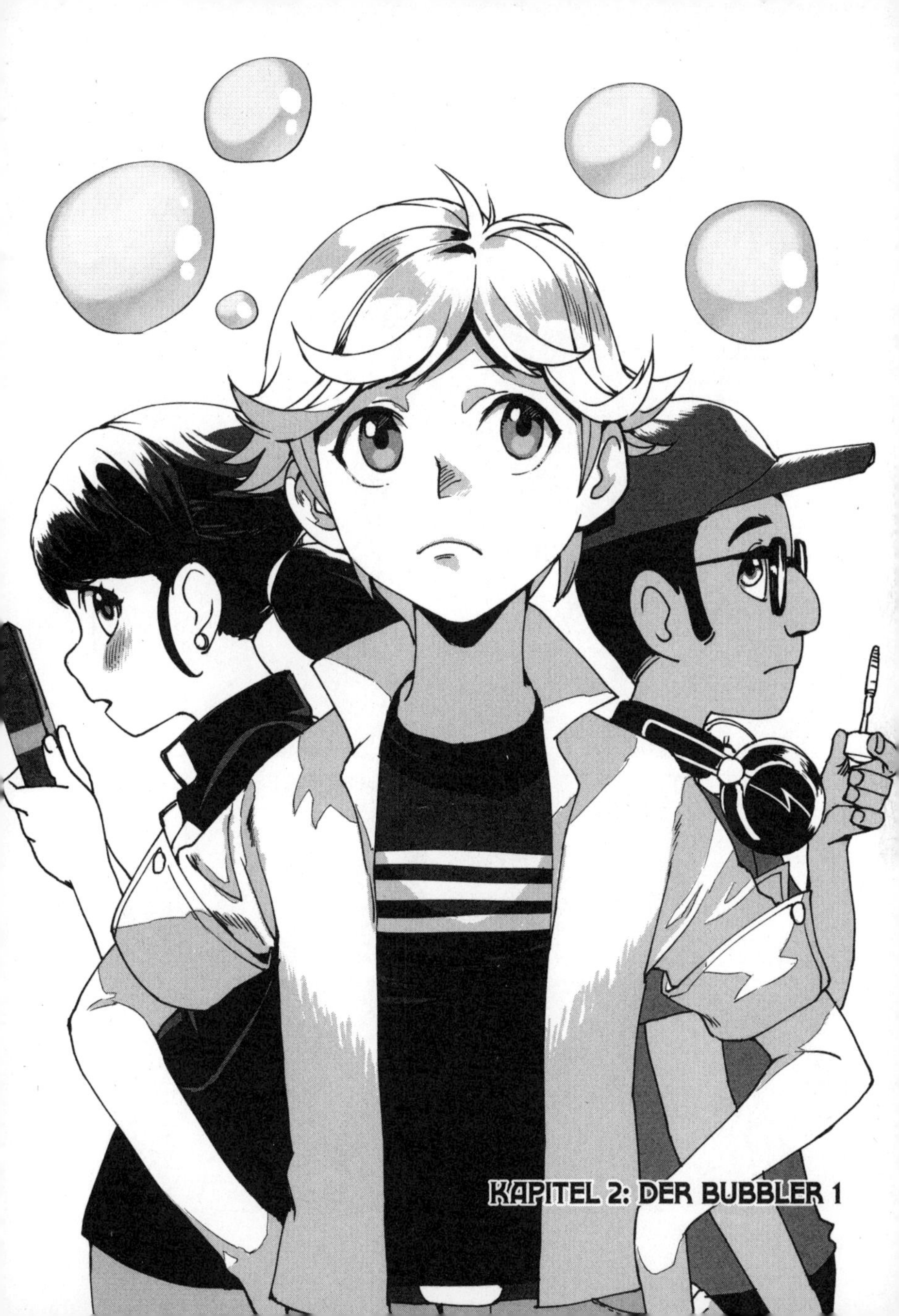
KAPITEL 2: DER BUBBLER 1

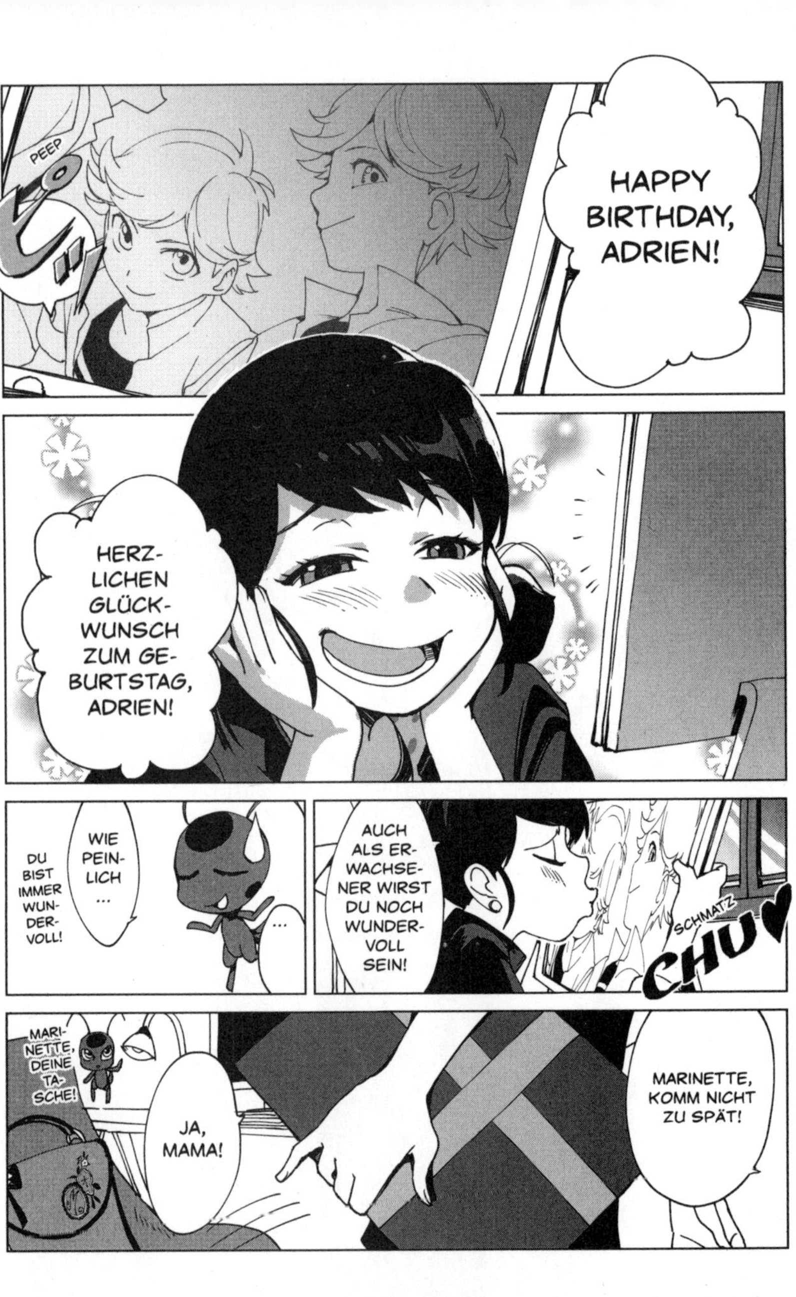

PEEP

HAPPY BIRTHDAY, ADRIEN!

HERZLICHEN GLÜCKWUNSCH ZUM GEBURTSTAG, ADRIEN!

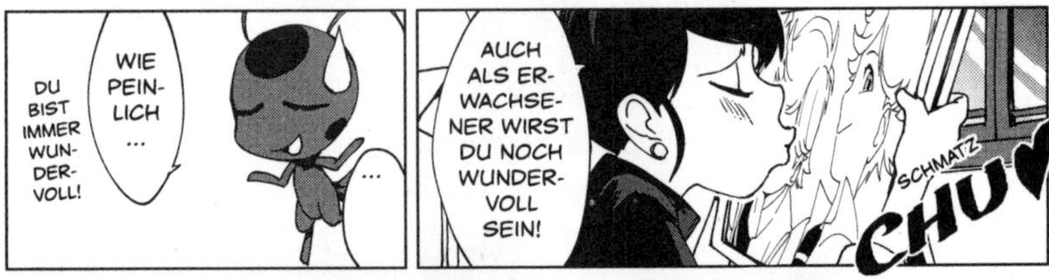

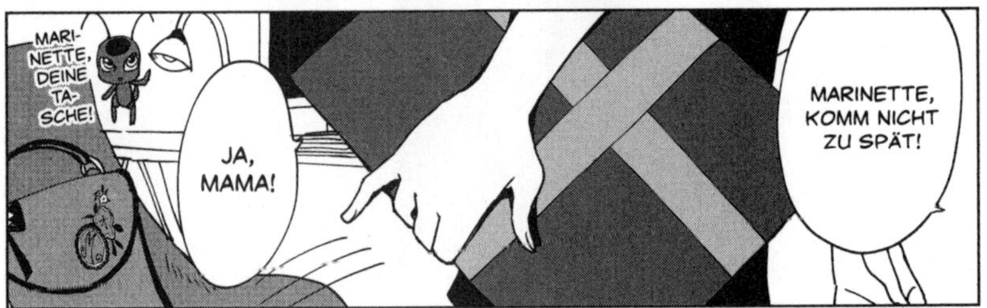

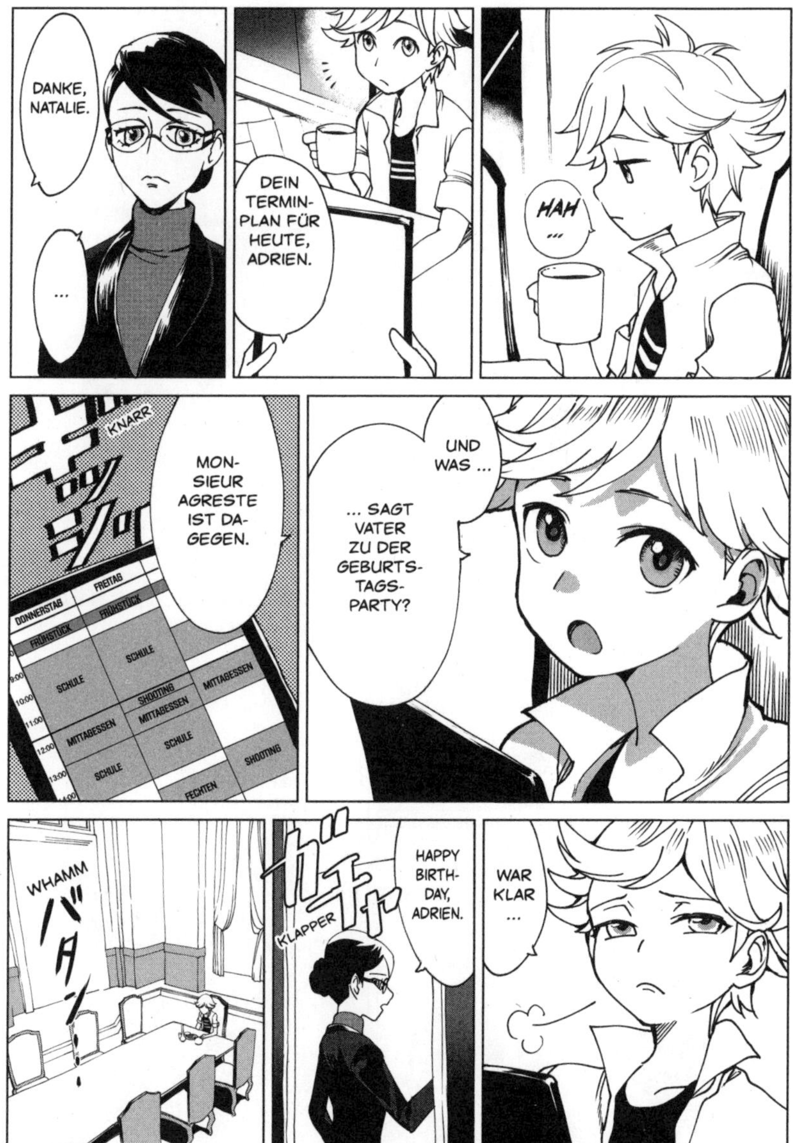
HAH ...
DEIN TERMIN-PLAN FÜR HEUTE, ADRIEN.
DANKE, NATALIE.
...
UND WAS ...
... SAGT VATER ZU DER GEBURTS-TAGS-PARTY?
KNARR
MON-SIEUR AGRESTE IST DA-GEGEN.
DONNERSTAG
FREITAG
FRÜHSTÜCK
FRÜHSTÜCK
SCHULE
SCHULE
MITTAGESSEN
SHOOTING
MITTAGESSEN
MITTAGESSEN
SCHULE
SHOOTING
SCHULE
FECHTEN
9:00
10:00
11:00
12:00
13:00
WAR KLAR ...
ガチャ
KLAPPER
HAPPY BIRTH-DAY, ADRIEN.
WHAMM
バタン

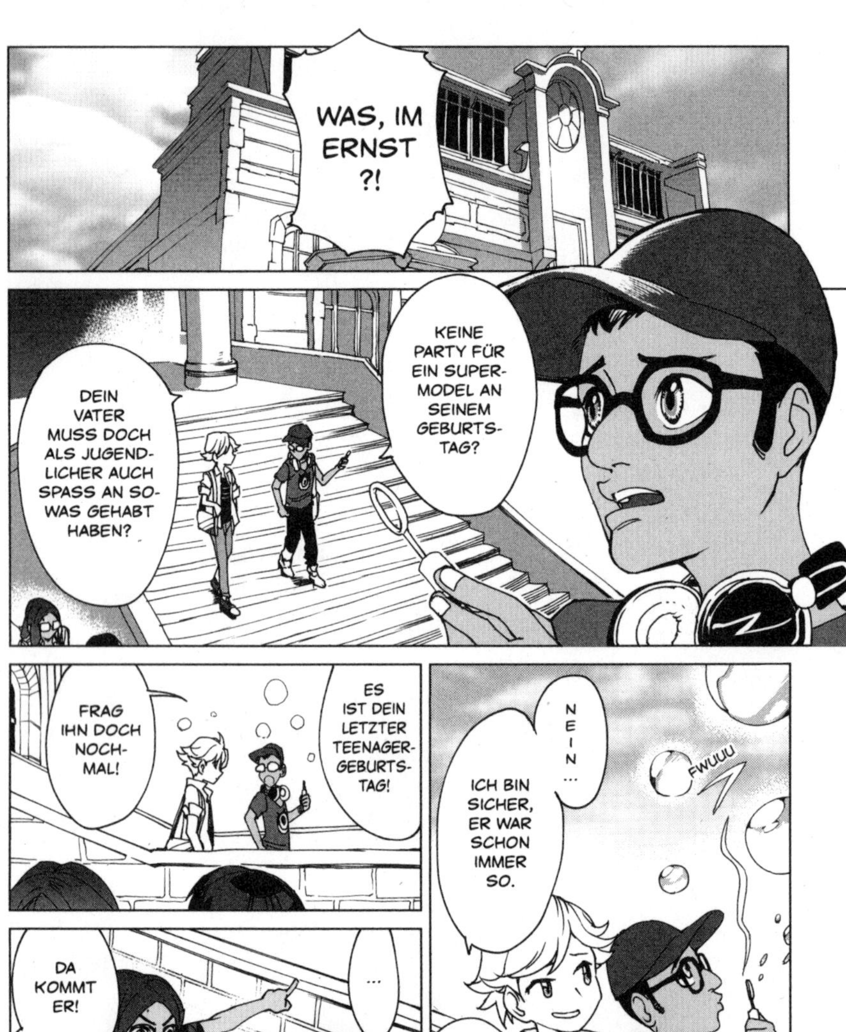
WAS, IM ERNST ?!
KEINE PARTY FÜR EIN SUPER-MODEL AN SEINEM GEBURTS-TAG?
DEIN VATER MUSS DOCH ALS JUGEND-LICHER AUCH SPASS AN SO-WAS GEHABT HABEN?
ES IST DEIN LETZTER TEENAGER-GEBURTS-TAG!
FRAG IHN DOCH NOCH-MAL!
NEIN...
FWUUU
ICH BIN SICHER, ER WAR SCHON IMMER SO.
IST SCHON GUT, NINO, DANKE.
...
DA KOMMT ER!
LOS, MACH SCHON!

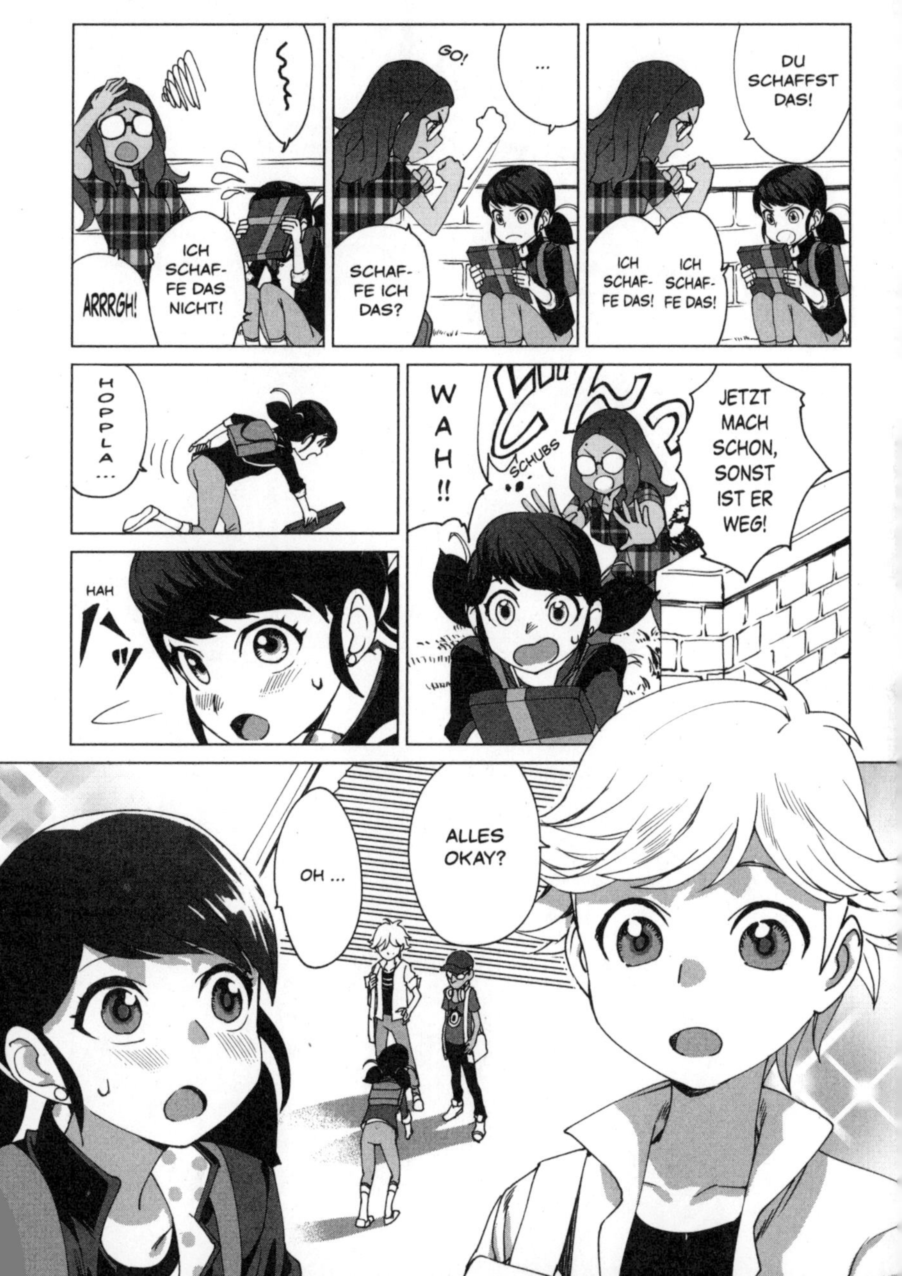
ICH SCHAFFE DAS NICHT!
ARRRGH!
GO!
...
SCHAFFE ICH DAS?
DU SCHAFFST DAS!
ICH SCHAFFE DAS!
ICH SCHAFFE DAS!
JETZT MACH SCHON, SONST IST ER WEG!
SCHUBS
WAH!!
HOPPLA ...
HAH
ALLES OKAY?
OH ...

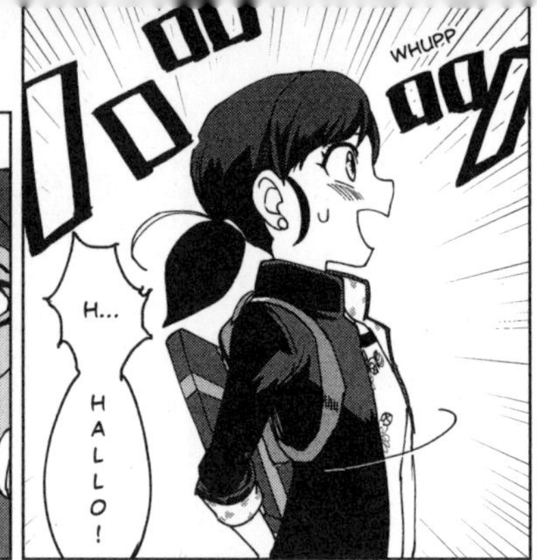
WHUPP
H... HALLO!

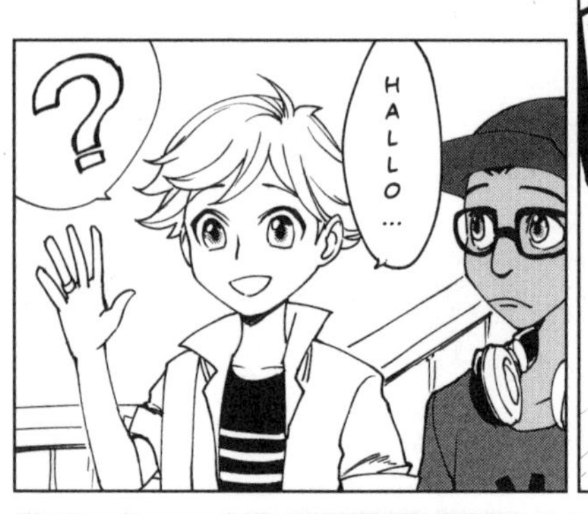
HALLO ...
?

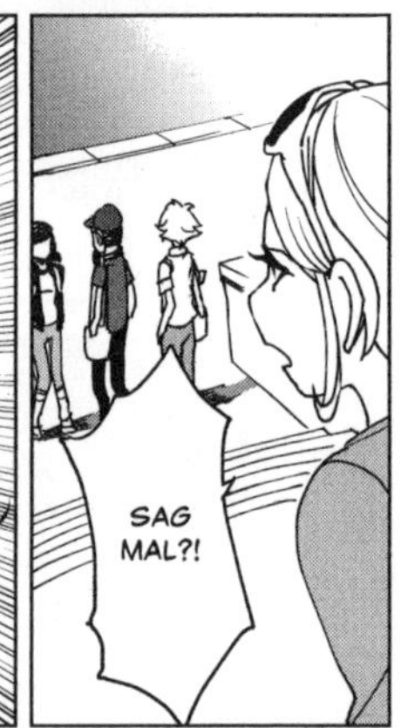
SAG MAL?!

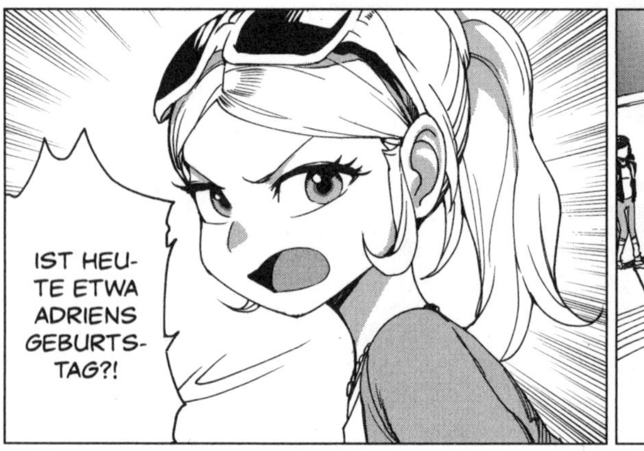
IST HEUTE ETWA ADRIENS GEBURTSTAG?!

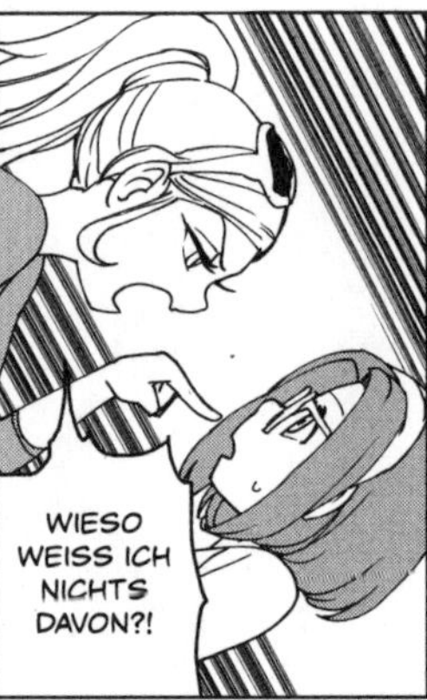
WIESO WEISS ICH NICHTS DAVON?!

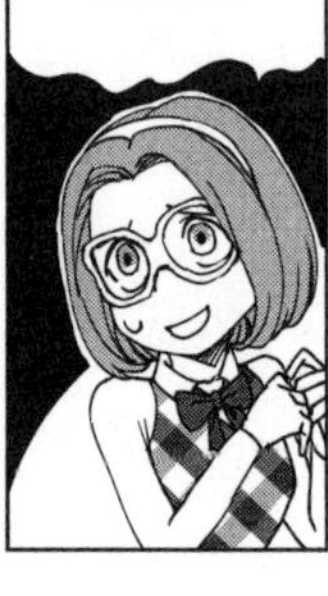
ICH DACHTE, ADRIENS GEBURTSTAG KENNST DU, CHLOE ...

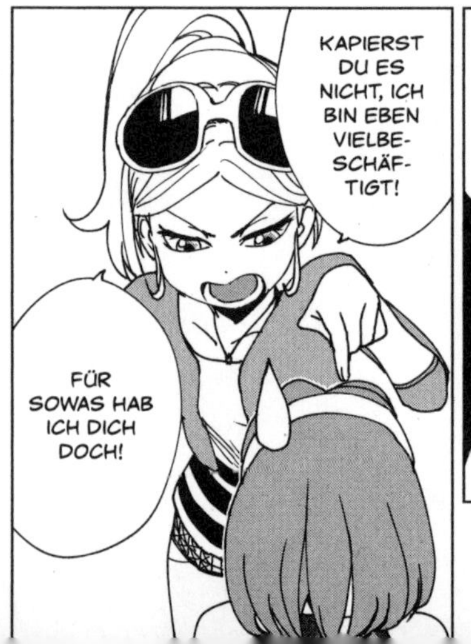
KAPIERST DU ES NICHT, ICH BIN EBEN VIELBESCHÄFTIGT!
FÜR SOWAS HAB ICH DICH DOCH!

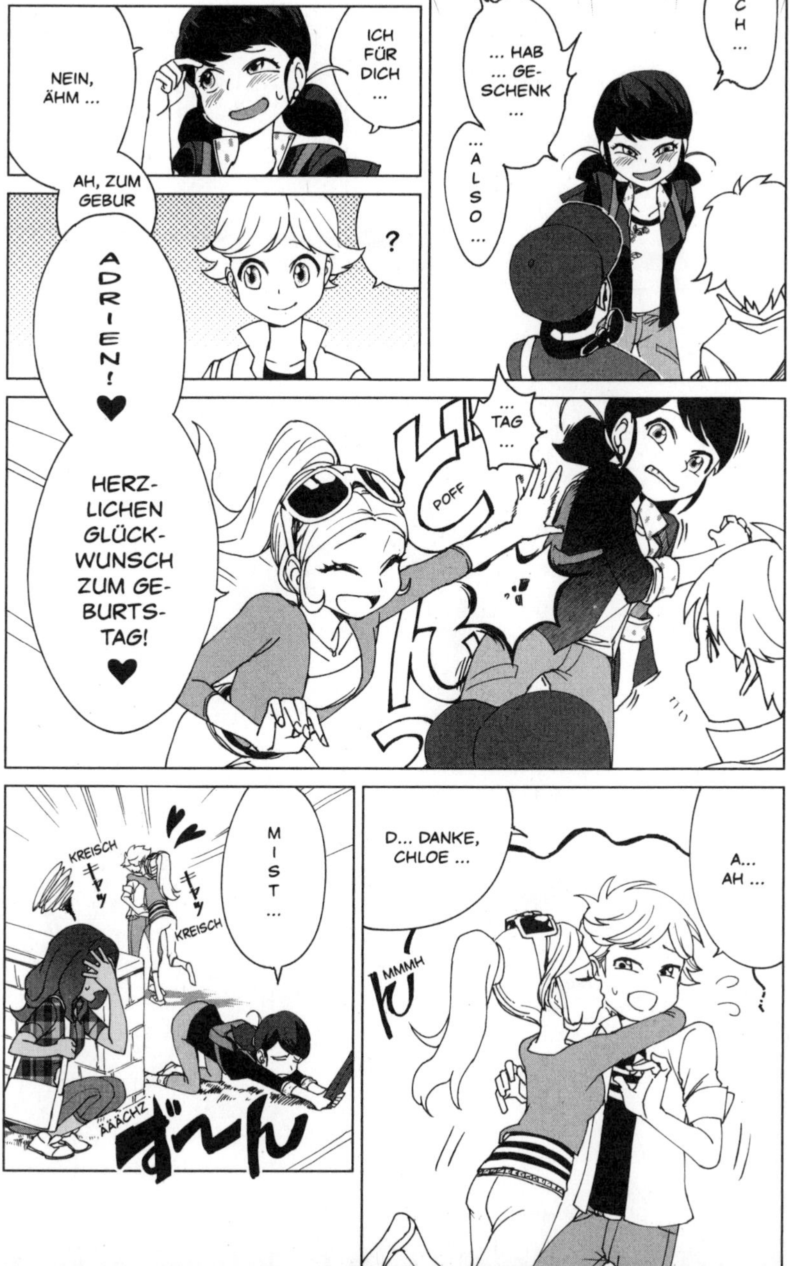

ICH ...

... HAB ... GESCHENK ...

... ALSO ...

ICH FÜR DICH ...

NEIN, ÄHM ...

?

AH, ZUM GEBUR

... TAG ...

ADRIEN! ♥

HERZLICHEN GLÜCKWUNSCH ZUM GEBURTSTAG! ♥

POFF

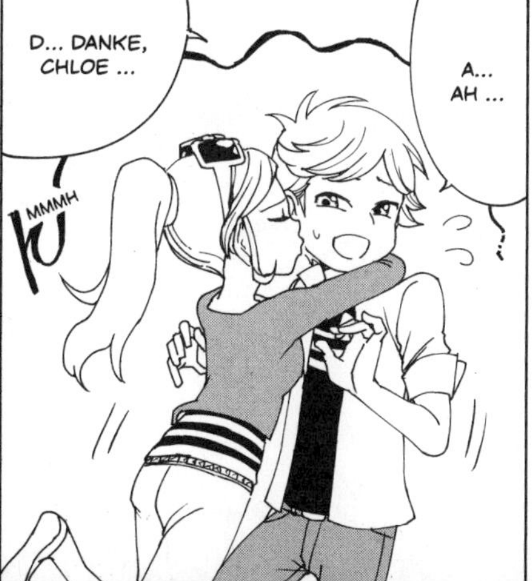

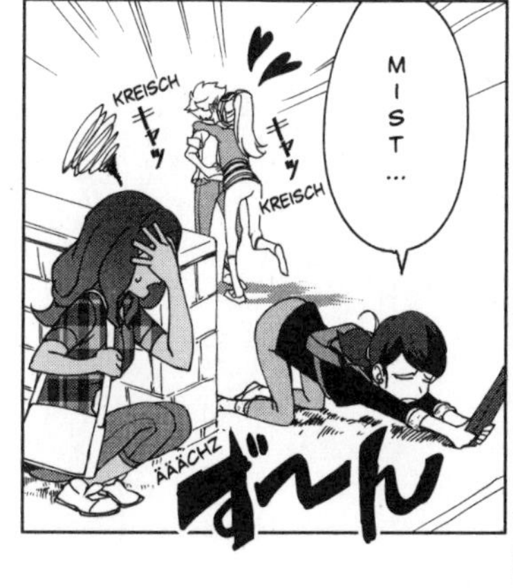

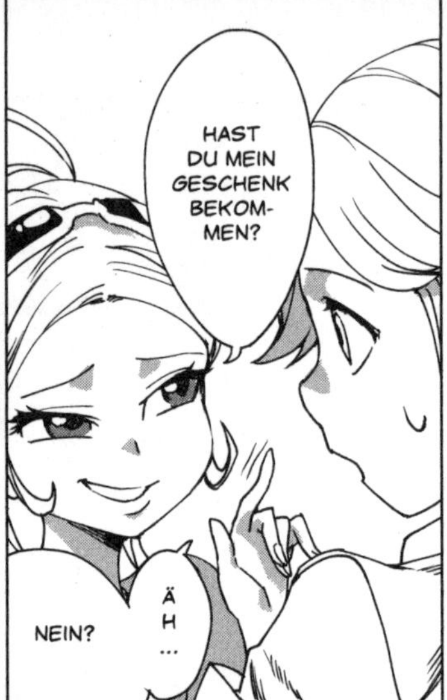
HAST DU MEIN GESCHENK BEKOMMEN?
ÄH ...
NEIN?

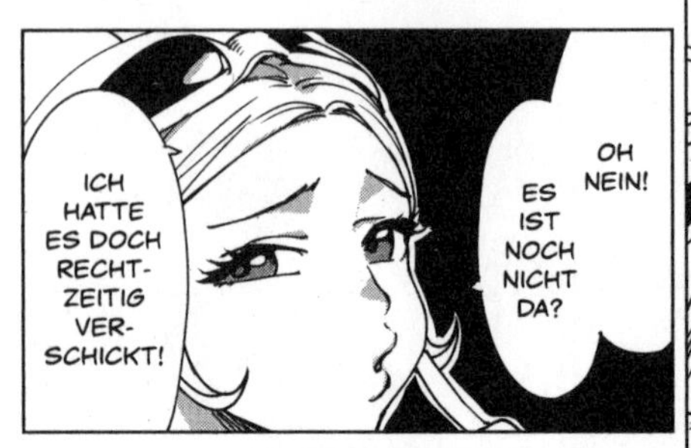
OH NEIN! ES IST NOCH NICHT DA?
ICH HATTE ES DOCH RECHTZEITIG VERSCHICKT!

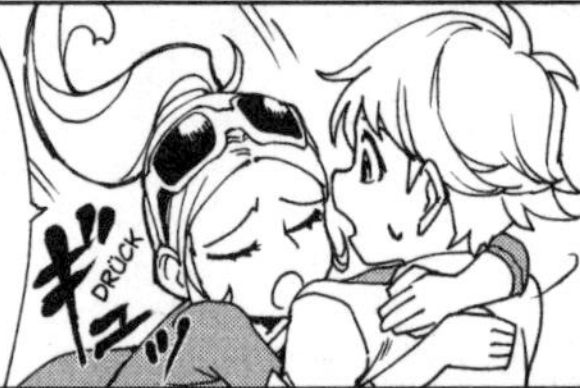
DRÜCK

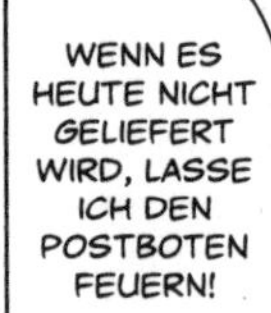
WENN ES HEUTE NICHT GELIEFERT WIRD, LASSE ICH DEN POSTBOTEN FEUERN!

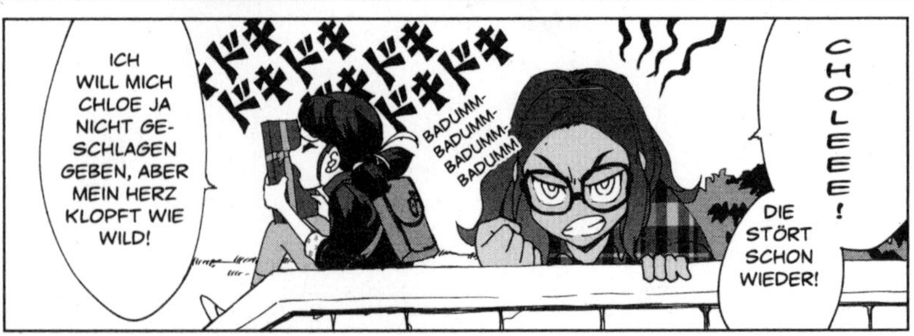
CHOLEEEE!
DIE STÖRT SCHON WIEDER!
BADUMM-BADUMM-BADUMM-BADUMM
ICH WILL MICH CHLOE JA NICHT GESCHLAGEN GEBEN, ABER MEIN HERZ KLOPFT WIE WILD!

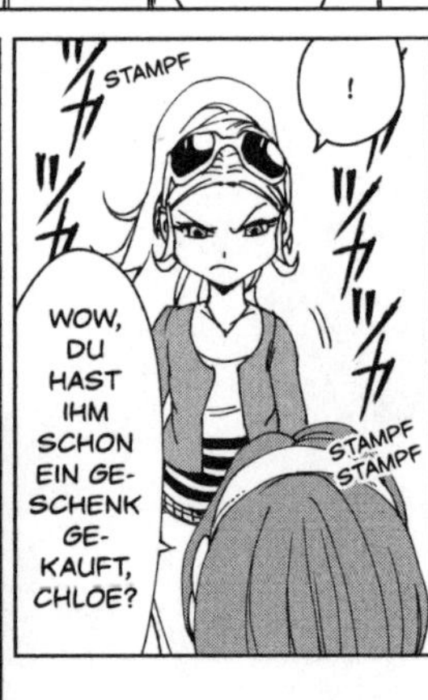
!
STAMPF
STAMPF STAMPF
WOW, DU HAST IHM SCHON EIN GESCHENK GEKAUFT, CHLOE?

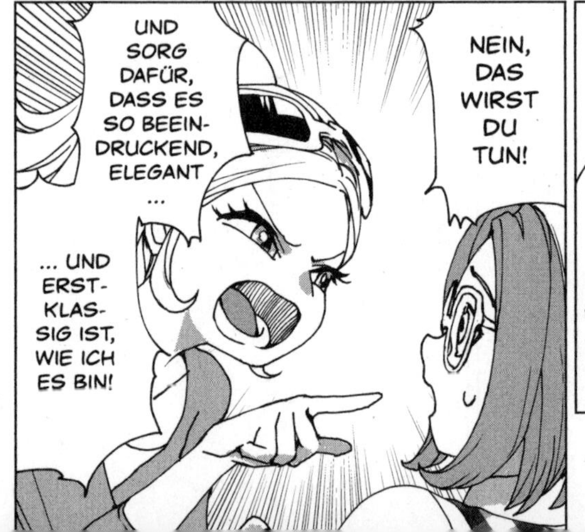
NEIN, DAS WIRST DU TUN!
UND SORG DAFÜR, DASS ES SO BEEINDRUCKEND, ELEGANT ...
... UND ERSTKLASSIG IST, WIE ICH ES BIN!

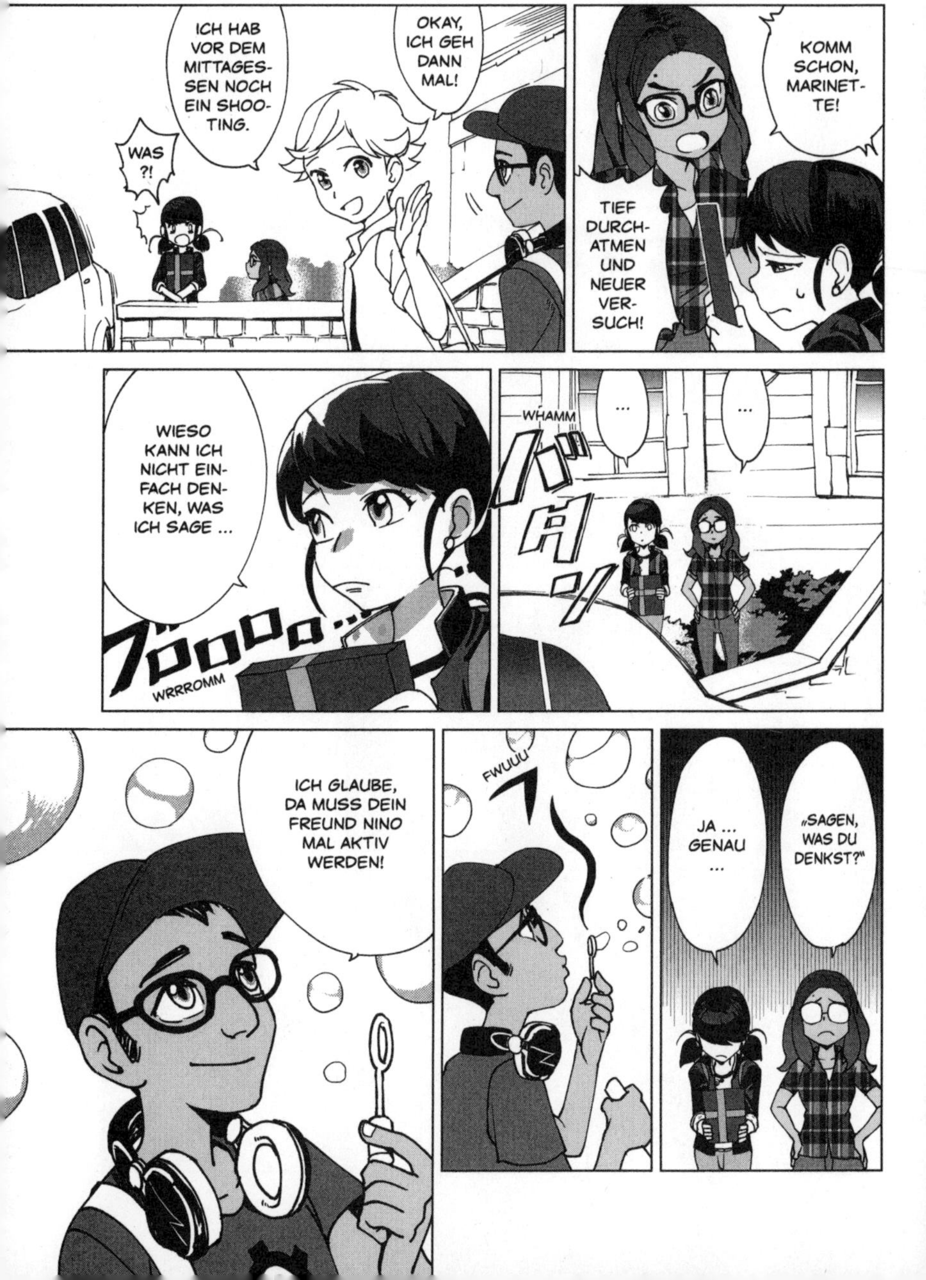

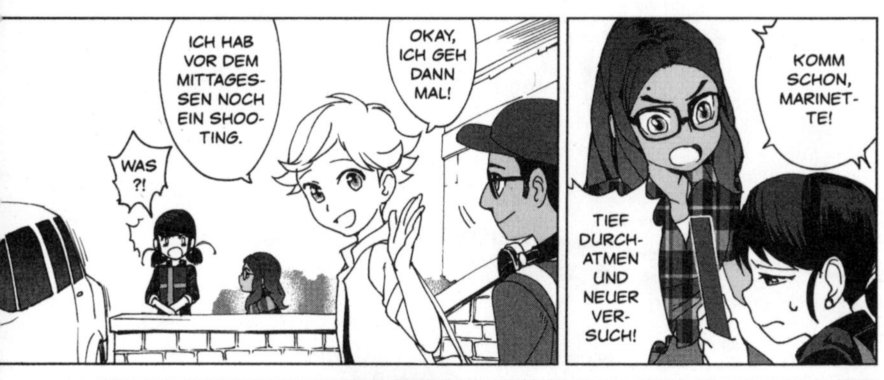

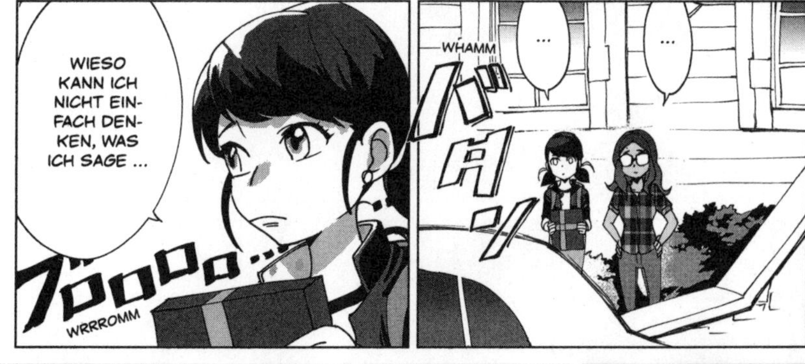

ICH GLAUBE, DA MUSS DEIN FREUND NINO MAL AKTIV WERDEN!

FWUUU

JA … GENAU …

„SAGEN, WAS DU DENKST?"

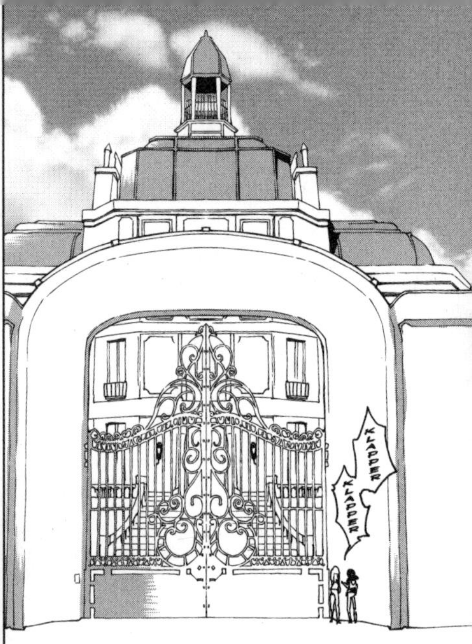
KLAPPER
KLAPPER

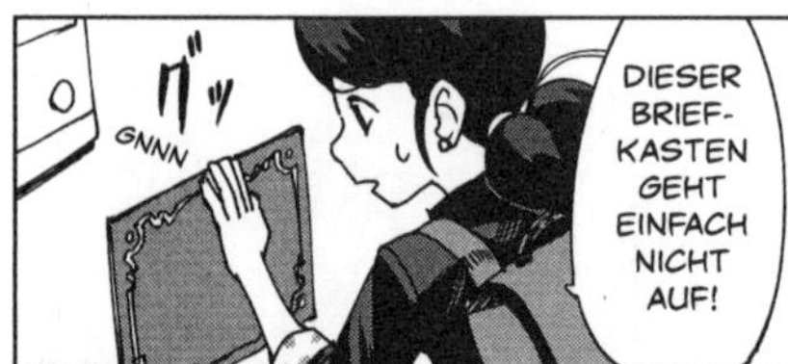
GNNN
DIESER BRIEF-KASTEN GEHT EINFACH NICHT AUF!

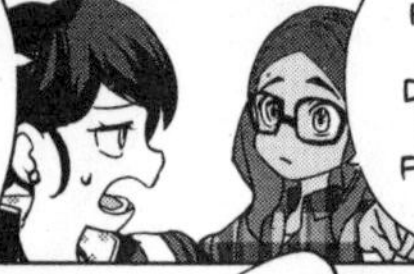
KLIN-GEL DOCH EIN-FACH?

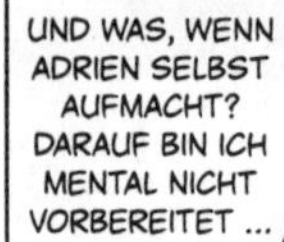
UND WAS, WENN ADRIEN SELBST AUFMACHT? DARAUF BIN ICH MENTAL NICHT VORBEREITET ...

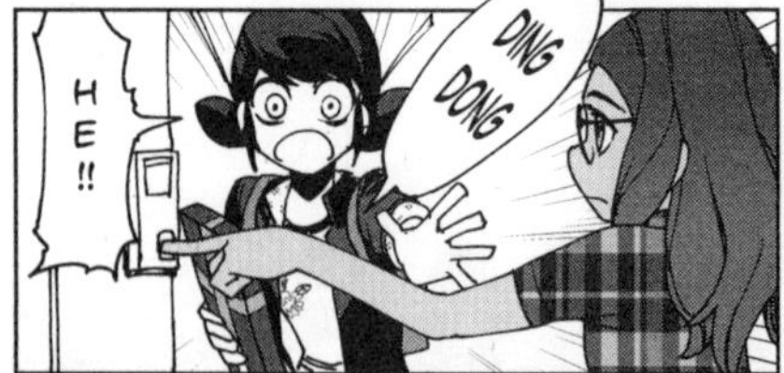
DING DONG
HE!!

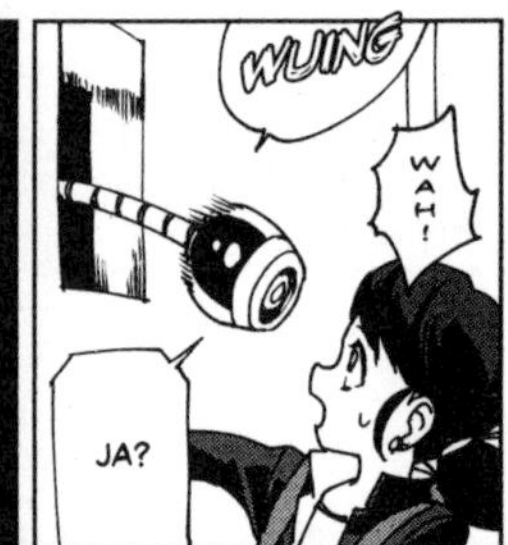
WUING
WAH!
JA?

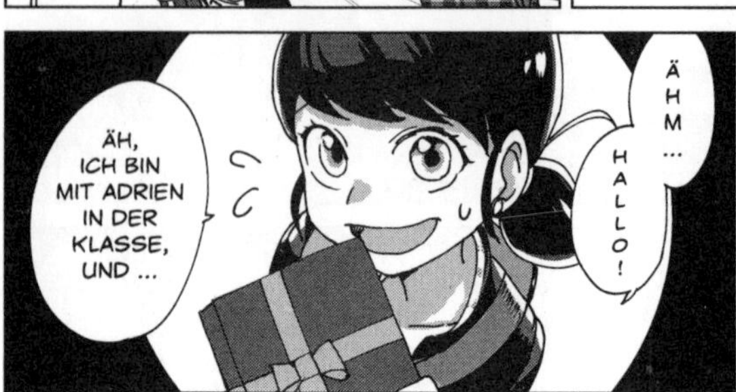
ÄHM ... HALLO!
ÄH, ICH BIN MIT ADRIEN IN DER KLASSE, UND ...

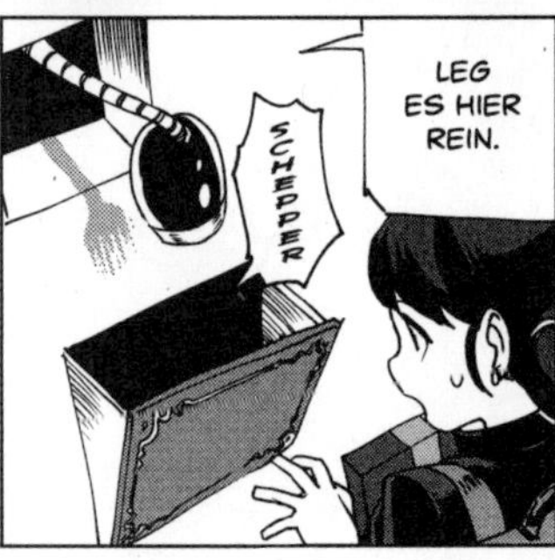
LEG ES HIER REIN.
SCHEPPER

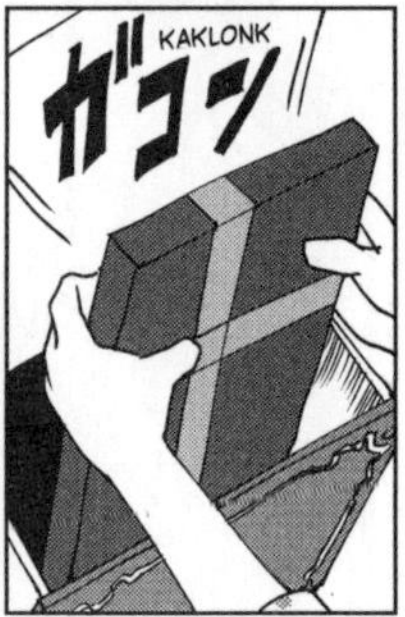
KAKLONK

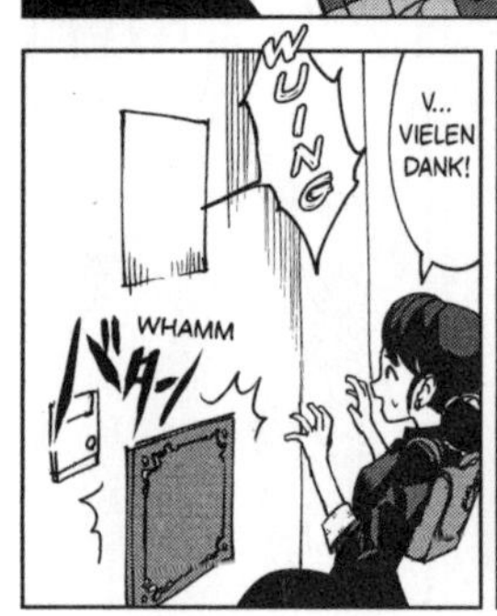
V... VIELEN DANK!
WUING
WHAMM

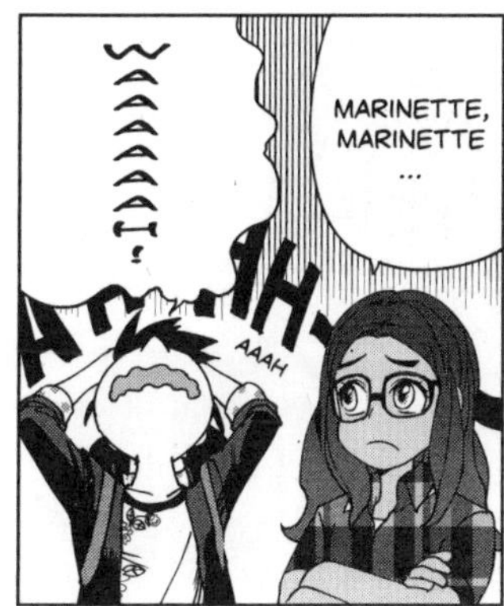
MARINETTE, MARINETTE ...
WAAAAAAAH!
AAAH

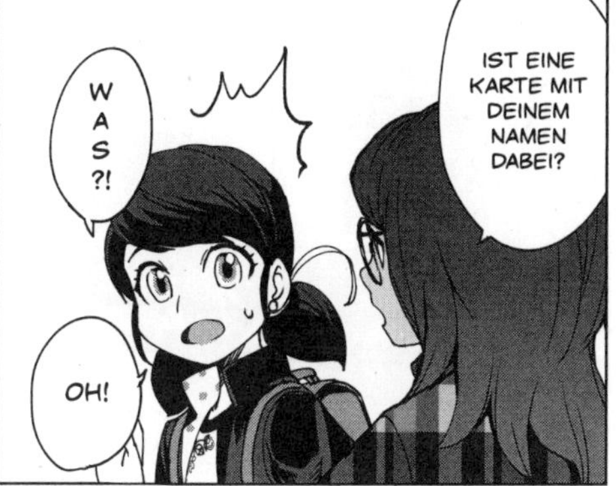
IST EINE KARTE MIT DEINEM NAMEN DABEI?
WAS ?!
OH!

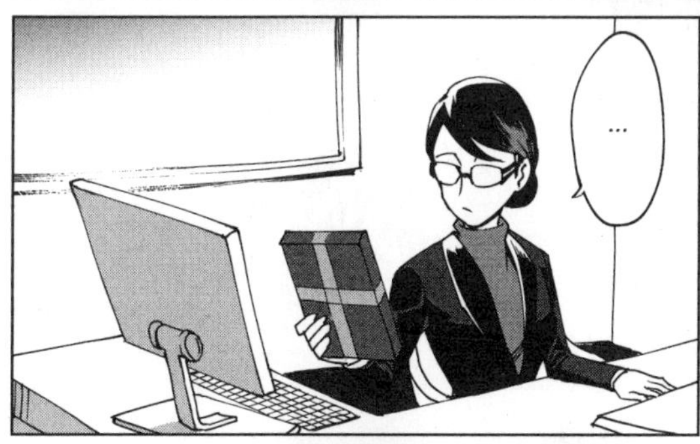
...

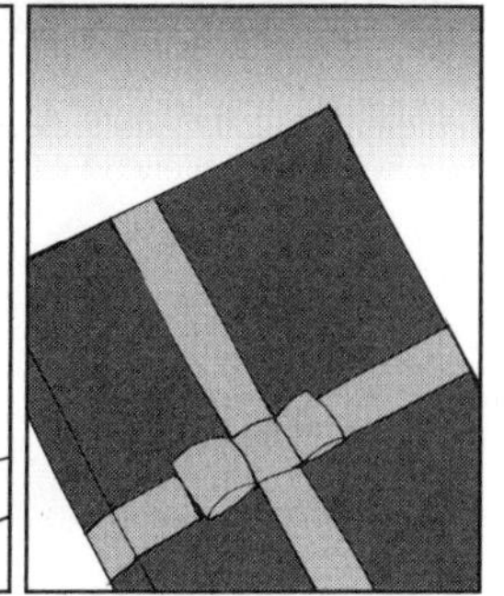

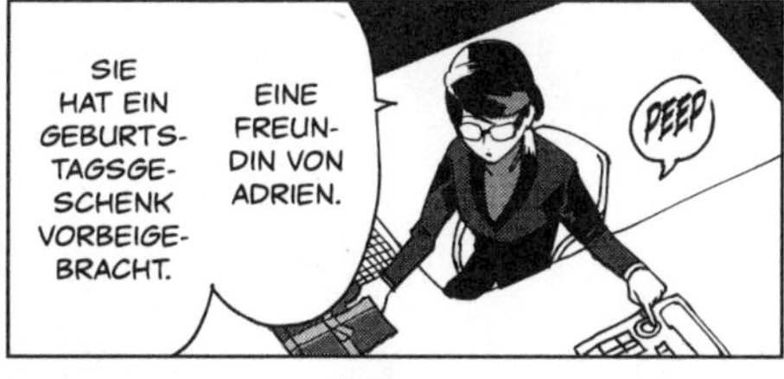
PEEP
EINE FREUNDIN VON ADRIEN.
SIE HAT EIN GEBURTSTAGSGESCHENK VORBEIGEBRACHT.

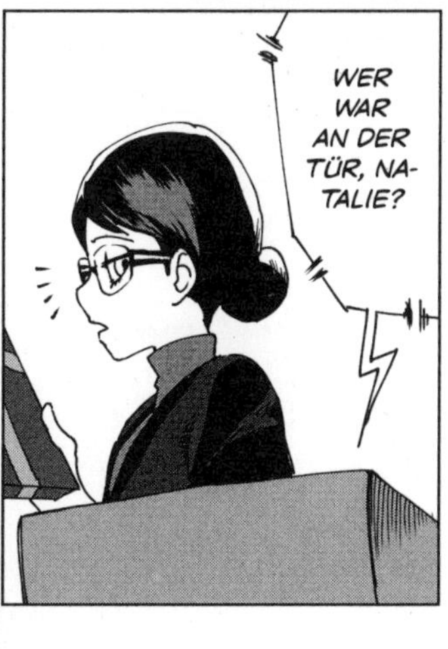
WER WAR AN DER TÜR, NATALIE?

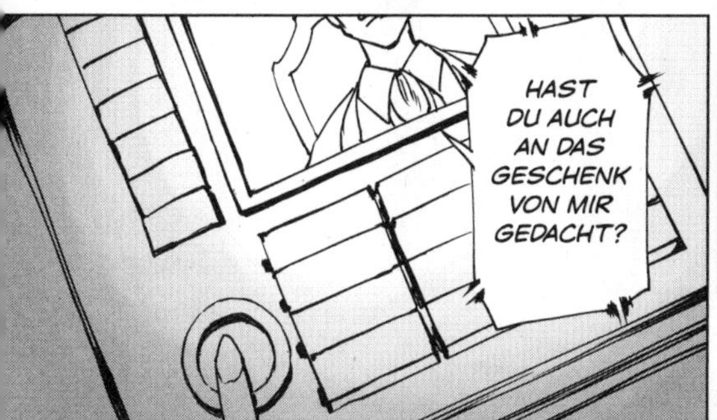
HAST DU AUCH AN DAS GESCHENK VON MIR GEDACHT?

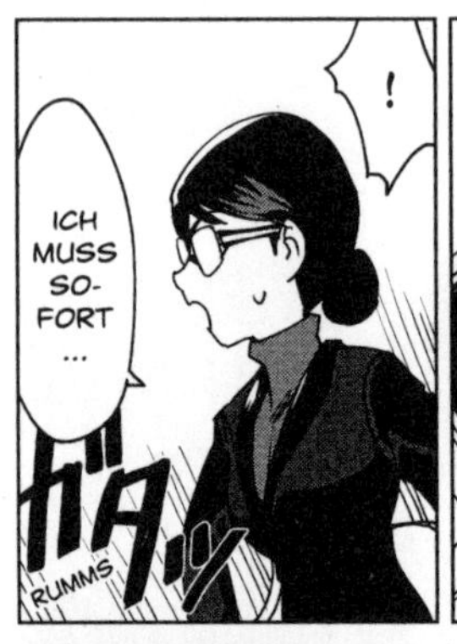
!
ICH MUSS SO-FORT ...
RUMMS

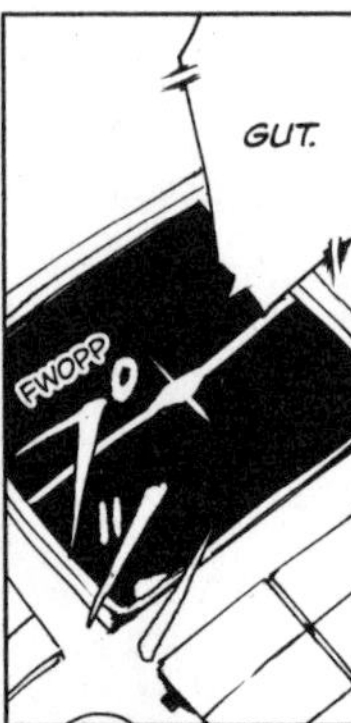
GUT.
FWOPP

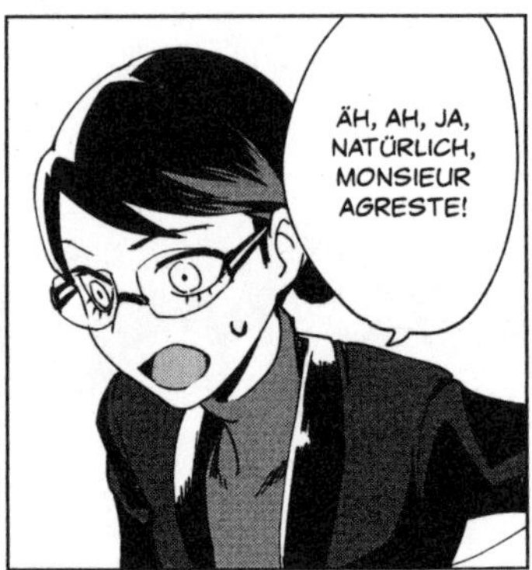
ÄH, AH, JA, NATÜRLICH, MONSIEUR AGRESTE!

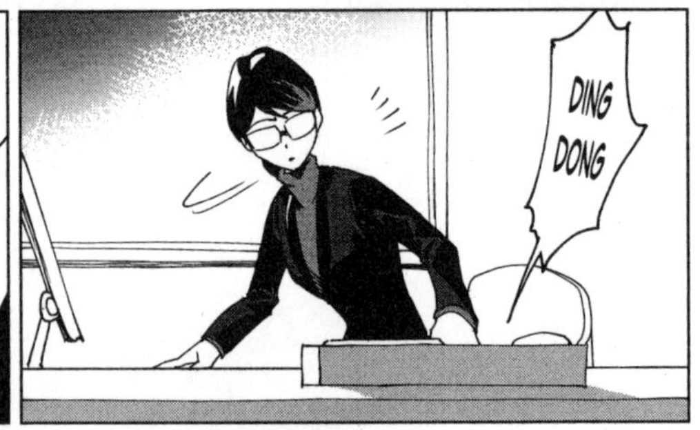
DING DONG

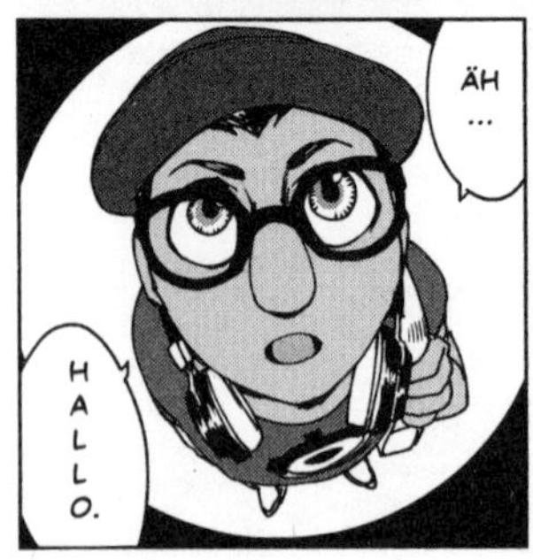
ÄH ...
HALLO.

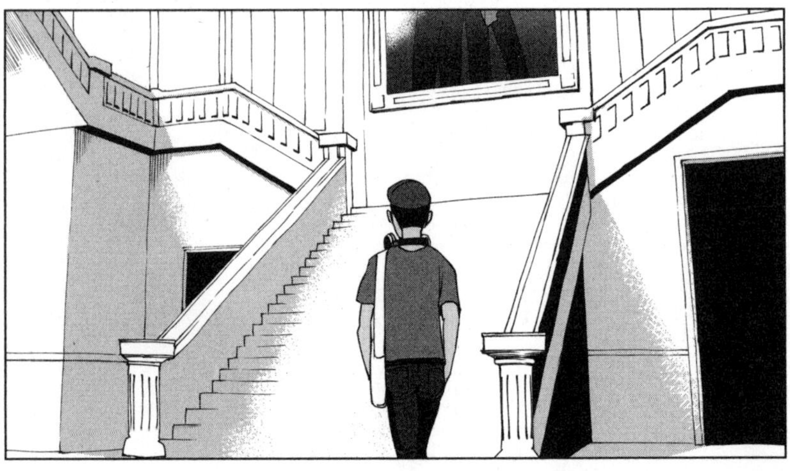

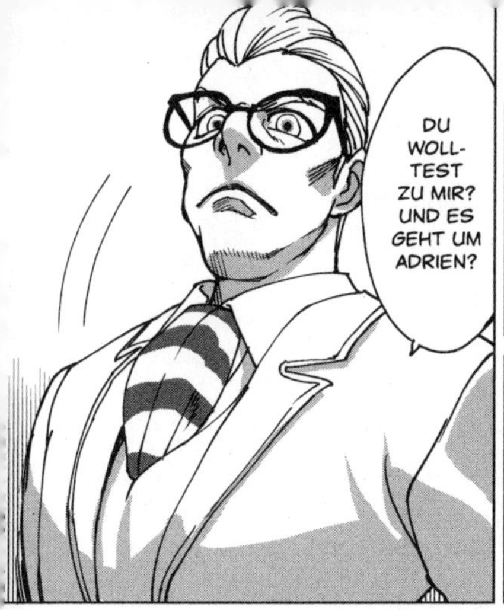
DU WOLL-TEST ZU MIR? UND ES GEHT UM ADRIEN?

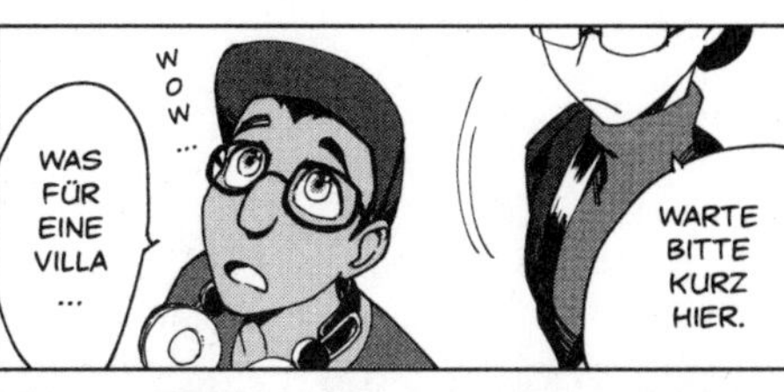
WOW ...
WAS FÜR EINE VILLA ...
WARTE BITTE KURZ HIER.

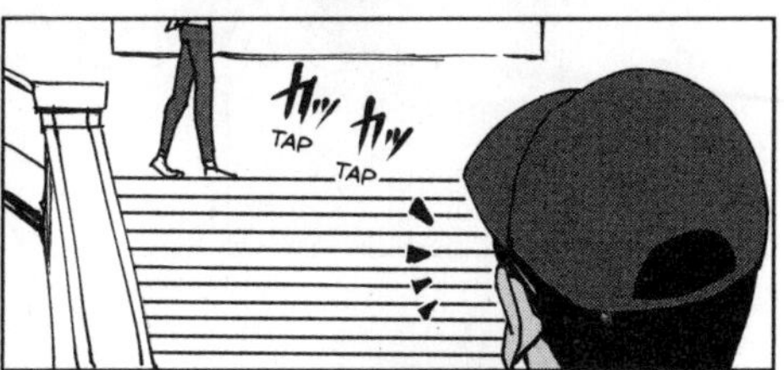
TAP
TAP

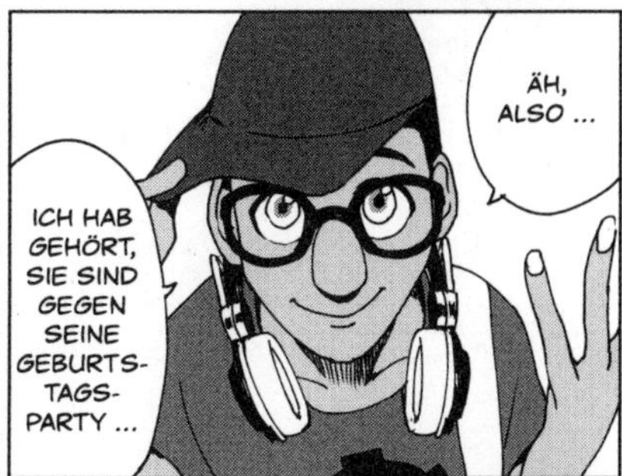
ÄH, ALSO ...
ICH HAB GEHÖRT, SIE SIND GEGEN SEINE GEBURTS-TAGS-PARTY ...

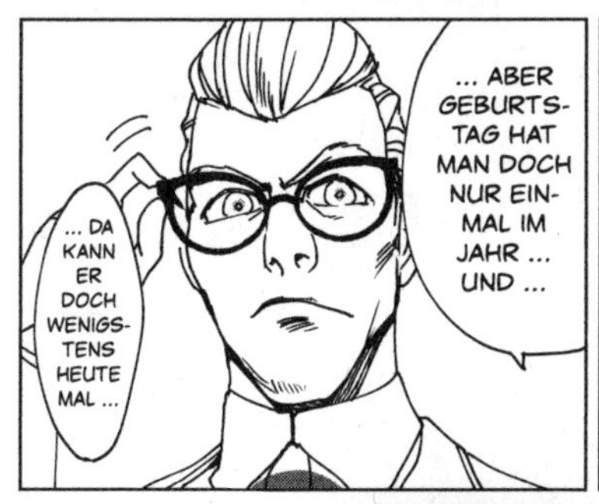
... ABER GEBURTS-TAG HAT MAN DOCH NUR EIN-MAL IM JAHR ... UND ...
... DA KANN ER DOCH WENIGS-TENS HEUTE MAL ...

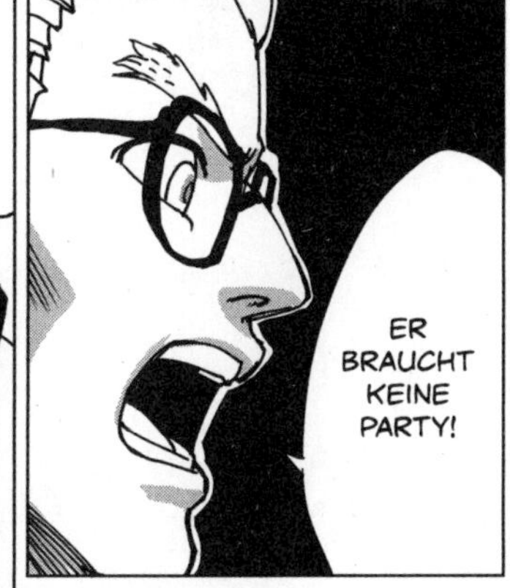
ER BRAUCHT KEINE PARTY!

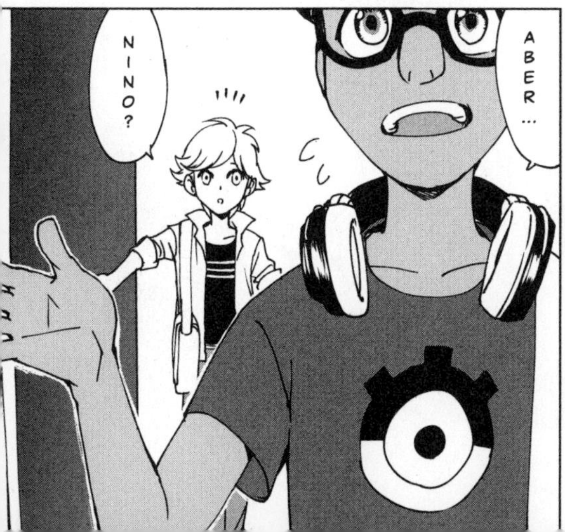
ABER ...
NINO?

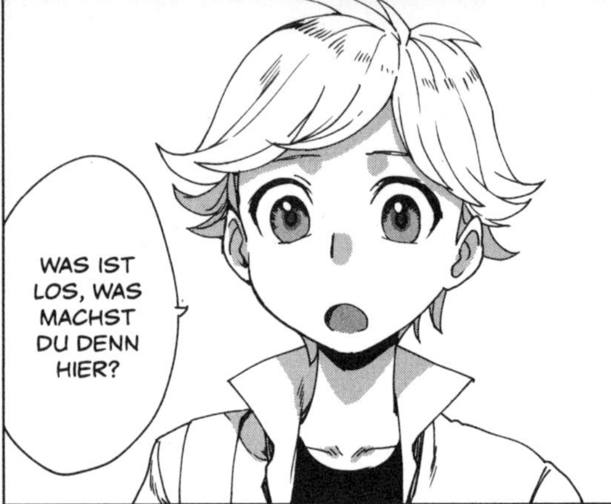
WAS IST LOS, WAS MACHST DU DENN HIER?

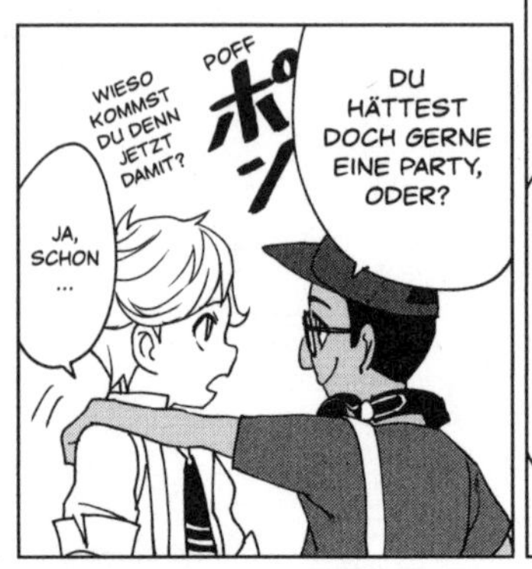
POFF
ポン
DU HÄTTEST DOCH GERNE EINE PARTY, ODER?
JA, SCHON ...
WIESO KOMMST DU DENN JETZT DAMIT?

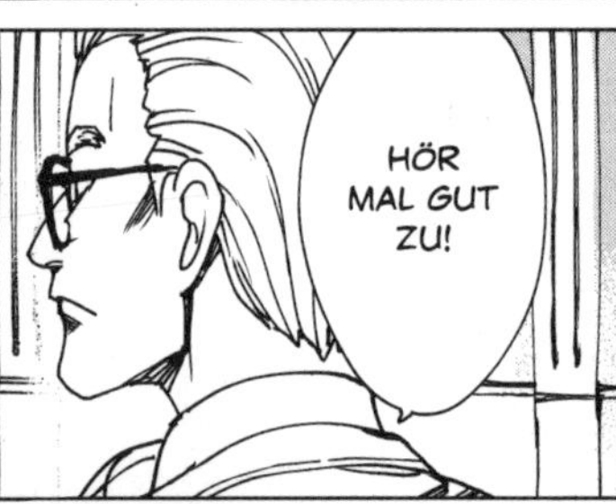
HÖR MAL GUT ZU!

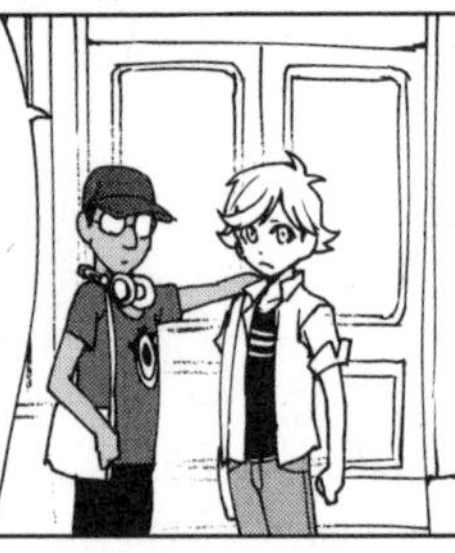
ES SIND IMMER DIE „FREUNDE“, DIE SCHLECHTEN EINFLUSS HABEN ODER EINEN IN GEFAHR BRINGEN!

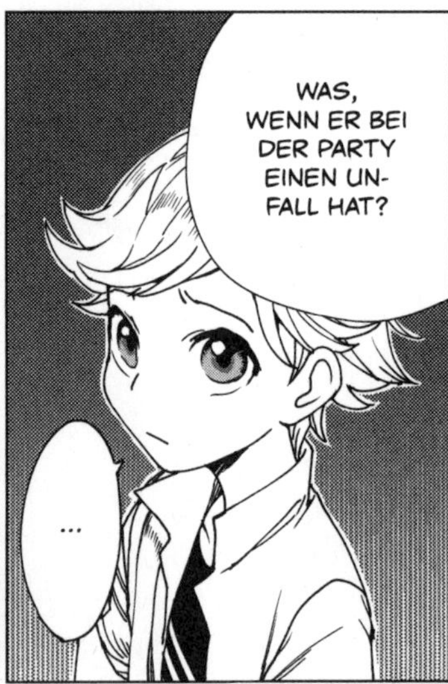
WAS, WENN ER BEI DER PARTY EINEN UNFALL HAT?
...

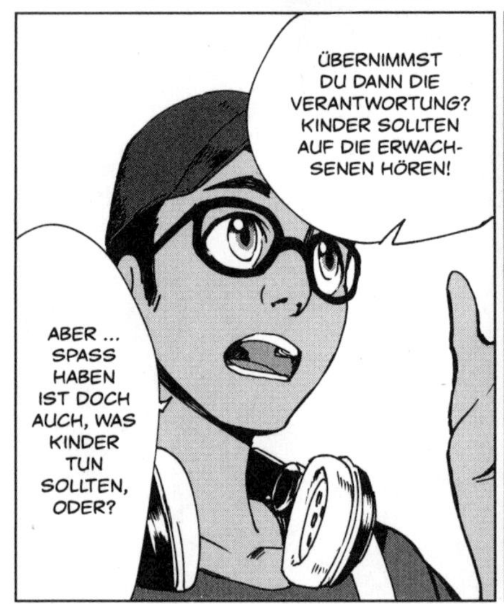
ÜBERNIMMST DU DANN DIE VERANTWORTUNG? KINDER SOLLTEN AUF DIE ERWACHSENEN HÖREN!
ABER ... SPASS HABEN IST DOCH AUCH, WAS KINDER TUN SOLLTEN, ODER?

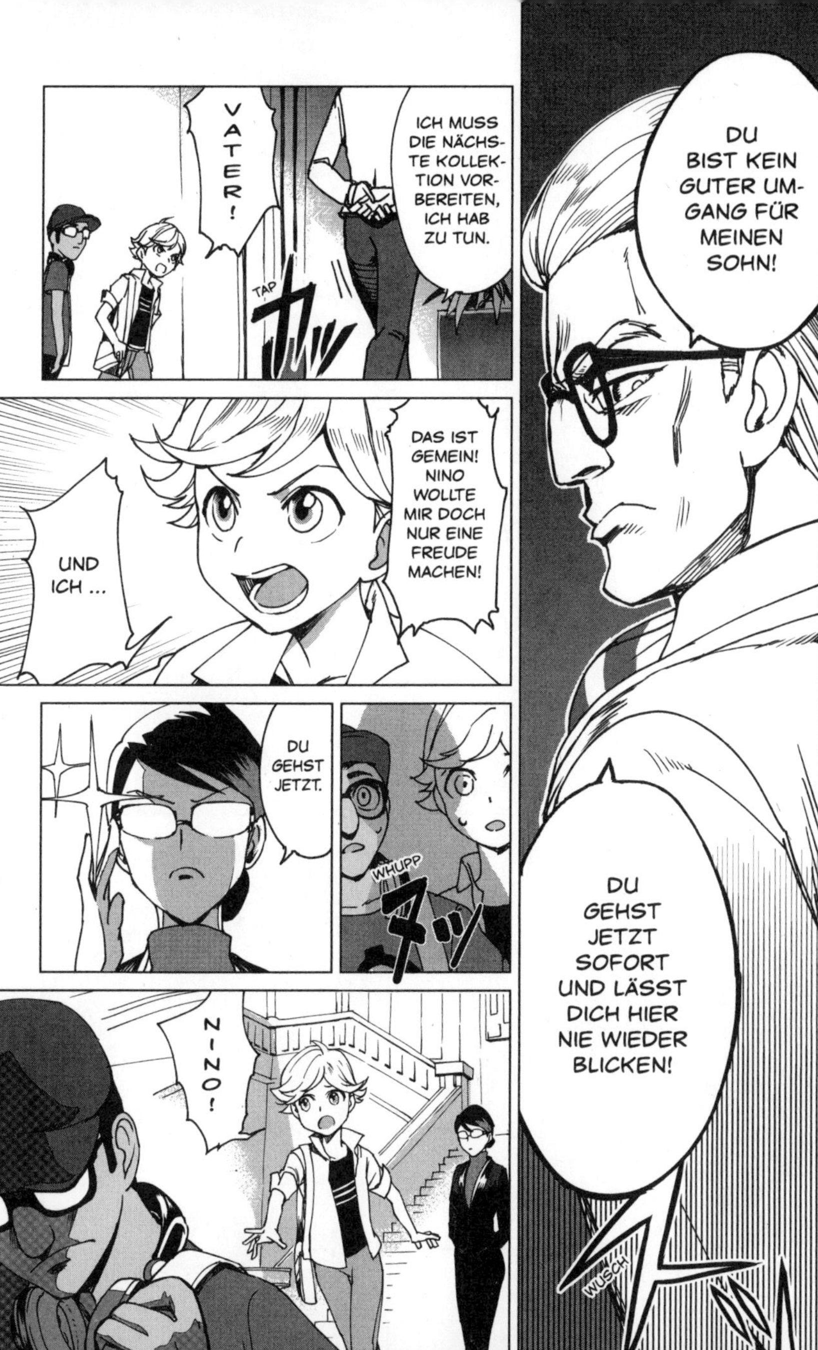
DU BIST KEIN GUTER UMGANG FÜR MEINEN SOHN!
DU GEHST JETZT SOFORT UND LÄSST DICH HIER NIE WIEDER BLICKEN!
WUSCH
ICH MUSS DIE NÄCHSTE KOLLEKTION VORBEREITEN, ICH HAB ZU TUN.
TAP
VATER!
DAS IST GEMEIN! NINO WOLLTE MIR DOCH NUR EINE FREUDE MACHEN!
UND ICH ...
DU GEHST JETZT.
WHUPP
NINO!

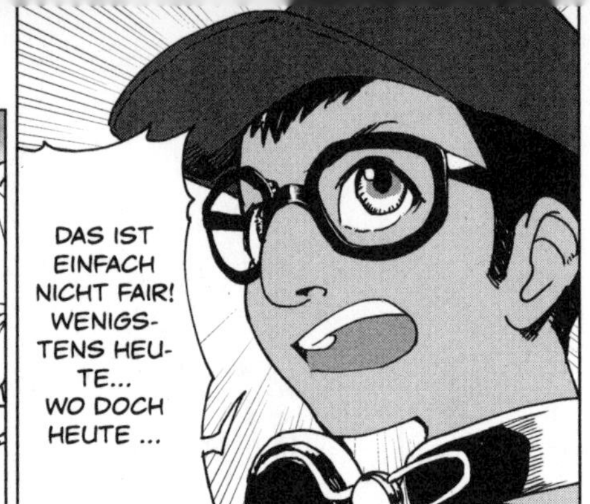
DAS IST EINFACH NICHT FAIR! WENIGSTENS HEUTE... WO DOCH HEUTE ...

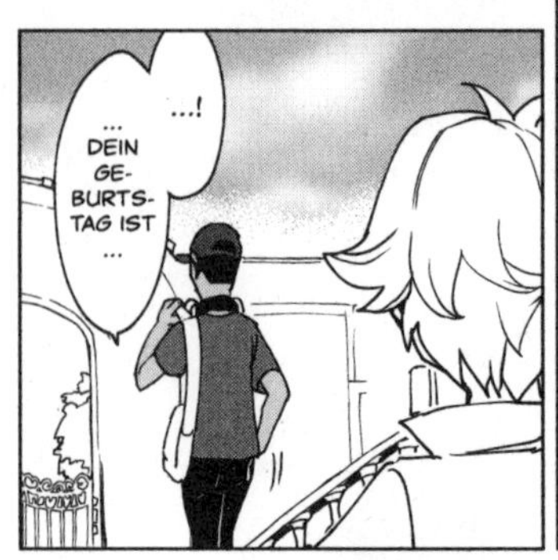
...!
... DEIN GEBURTSTAG IST ...

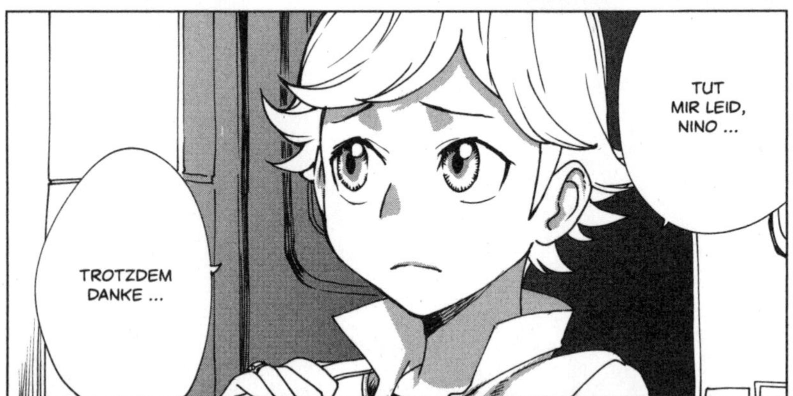
TUT MIR LEID, NINO ...
TROTZDEM DANKE ...

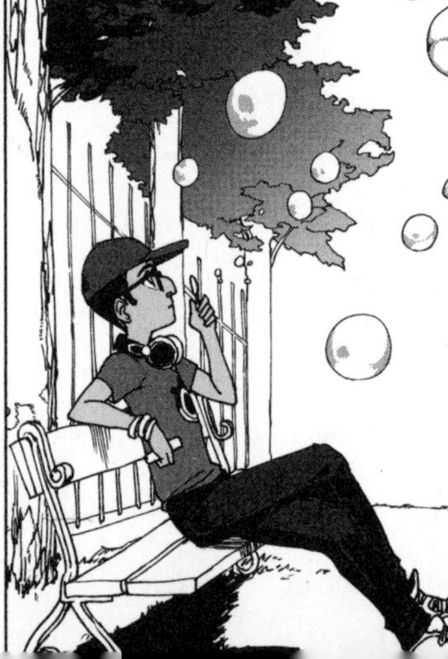

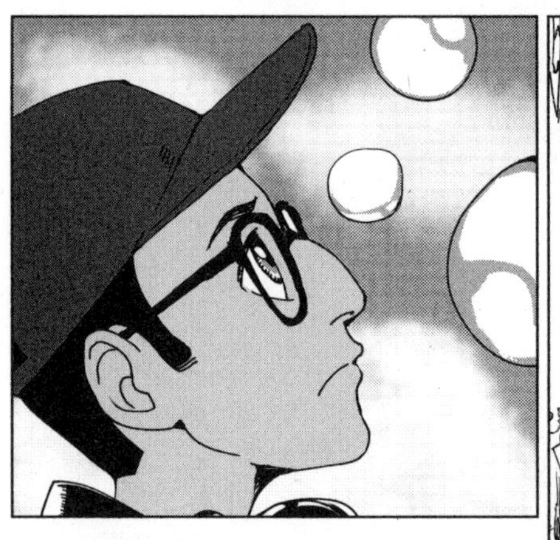

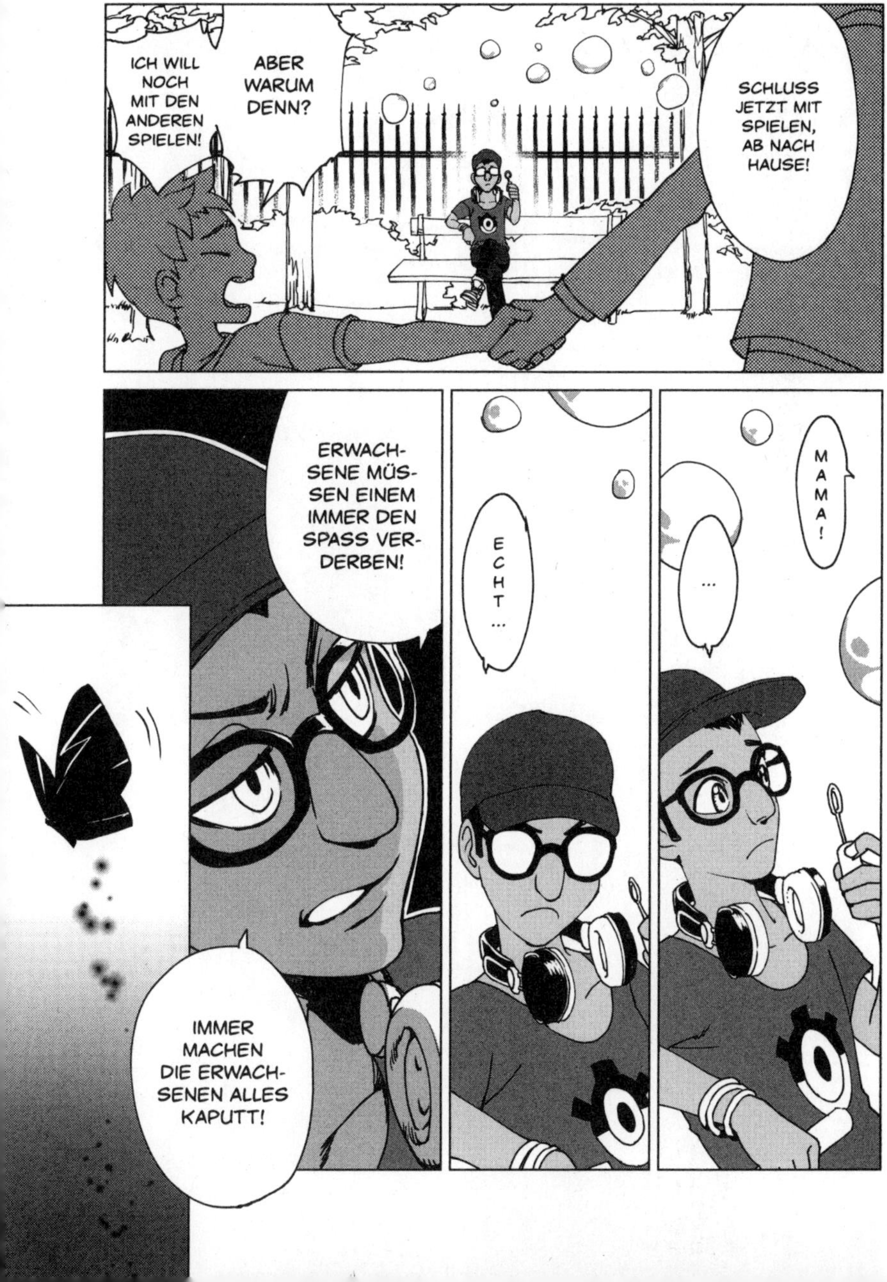

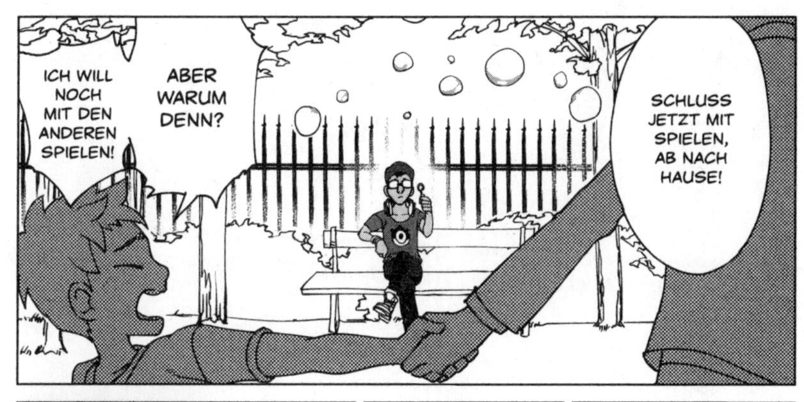
SCHLUSS JETZT MIT SPIELEN, AB NACH HAUSE!
ABER WARUM DENN?
ICH WILL NOCH MIT DEN ANDEREN SPIELEN!

MAMA!
...
ECHT ...
ERWACHSENE MÜSSEN EINEM IMMER DEN SPASS VERDERBEN!
IMMER MACHEN DIE ERWACHSENEN ALLES KAPUTT!

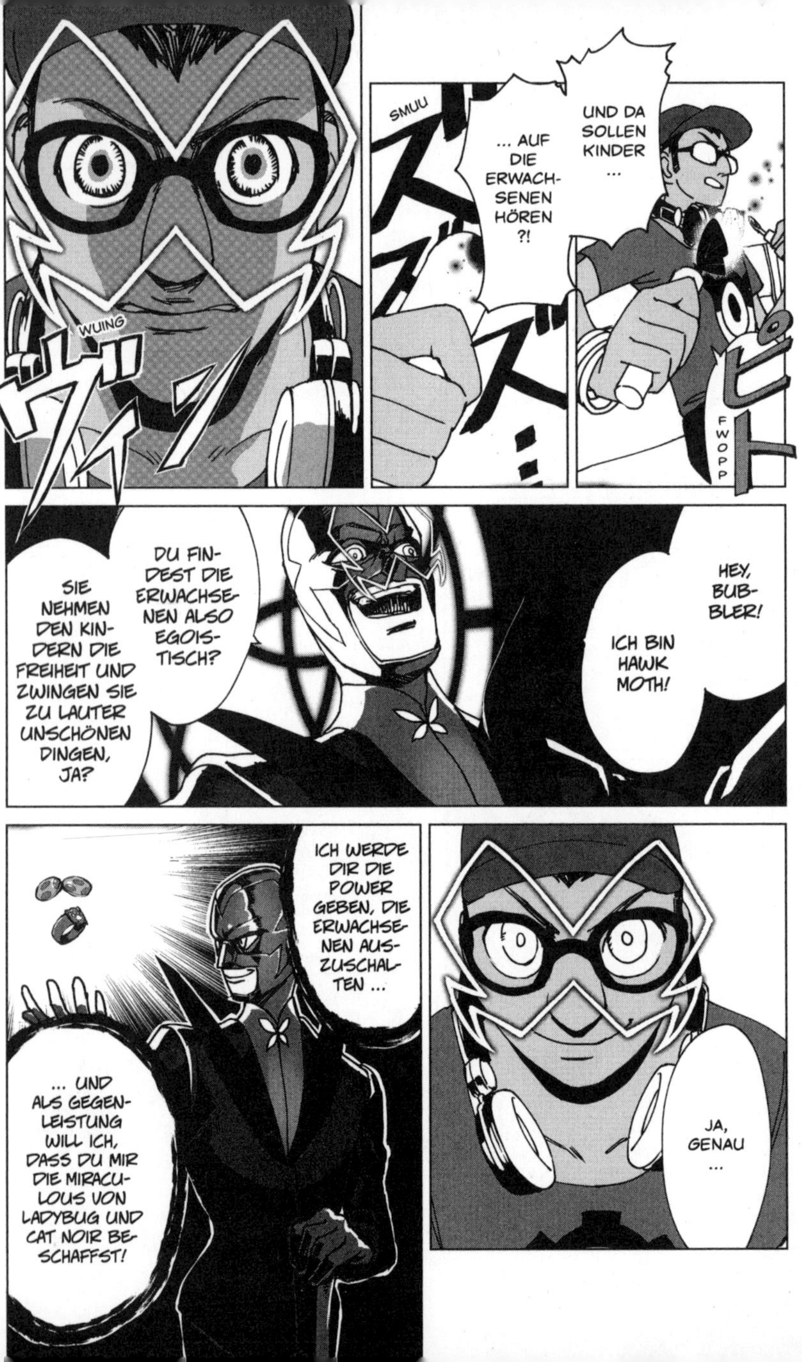

UND DA SOLLEN KINDER ...
SMUU
... AUF DIE ERWACHSENEN HÖREN ?!
FWOPP
WUING

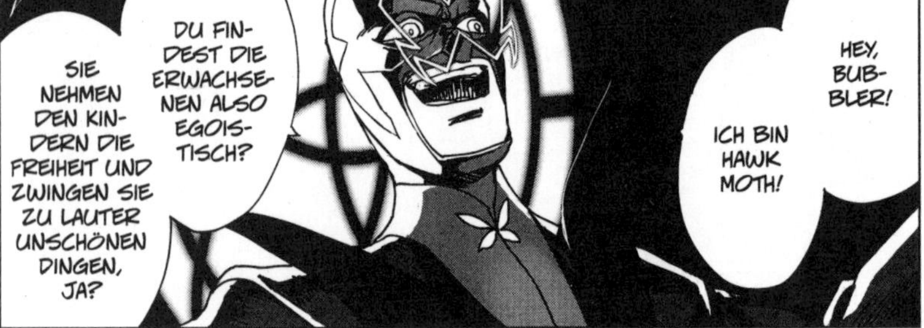

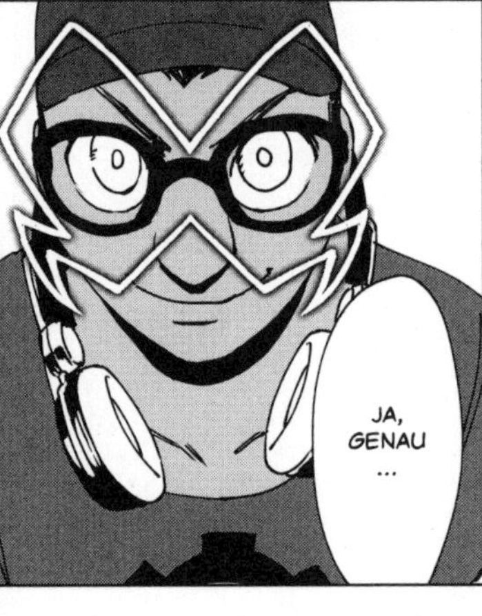

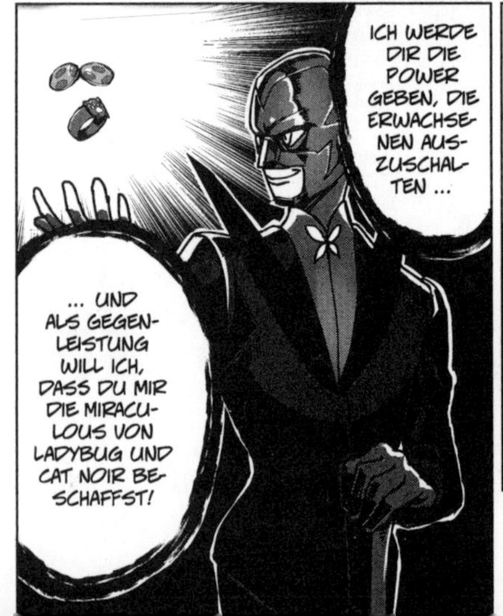

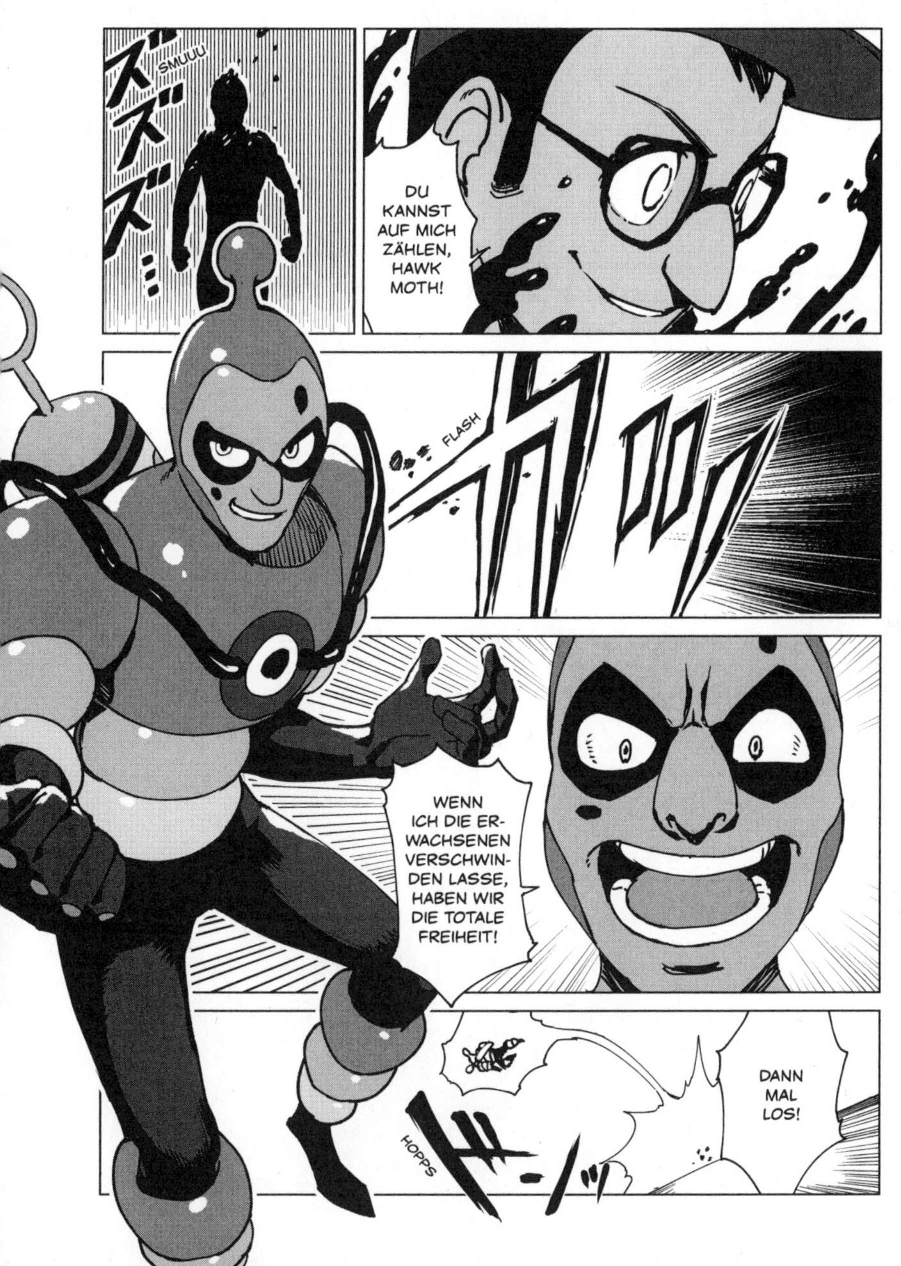

SMUUU
DU KANNST AUF MICH ZÄHLEN, HAWK MOTH!
FLASH
WENN ICH DIE ER-WACHSENEN VERSCHWIN-DEN LASSE, HABEN WIR DIE TOTALE FREIHEIT!
DANN MAL LOS!
HOPPS

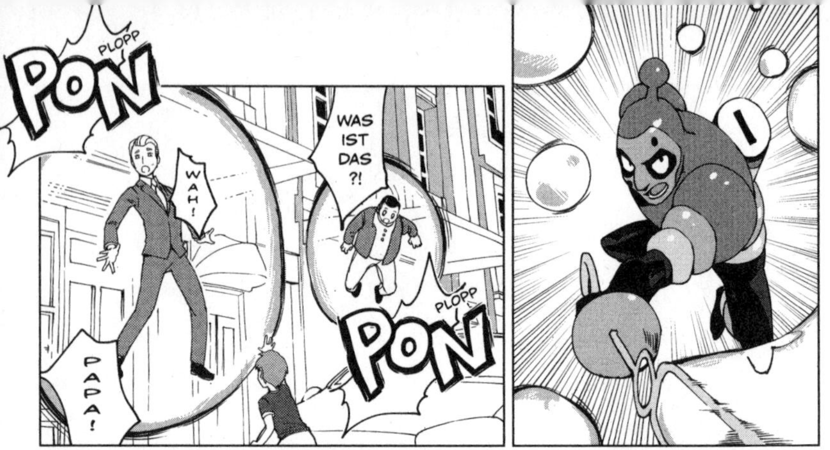
PON
PLOPP
WAH!
PAPA!
WAS IST DAS?!
PON
PLOPP

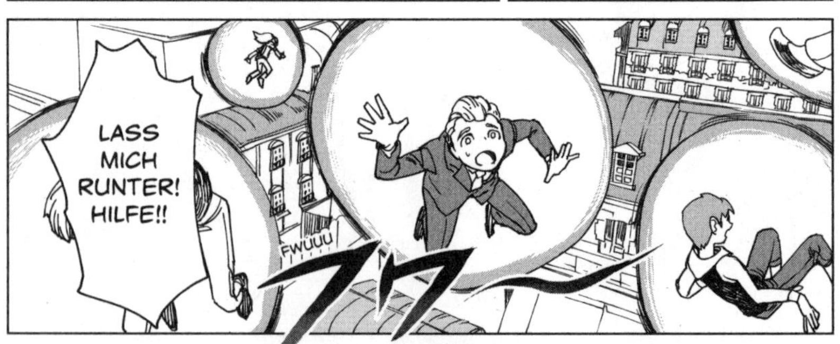
LASS MICH RUNTER! HILFE!!
FWUUU

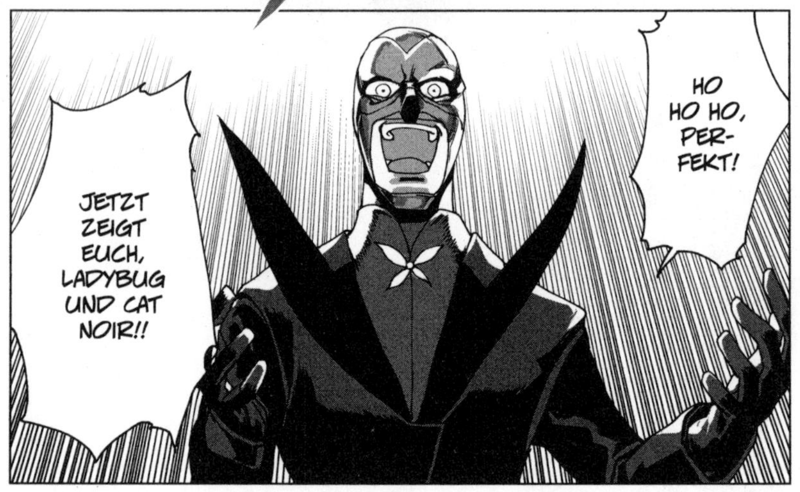
HO HO HO, PER-FEKT!
JETZT ZEIGT EUCH, LADYBUG UND CAT NOIR!!

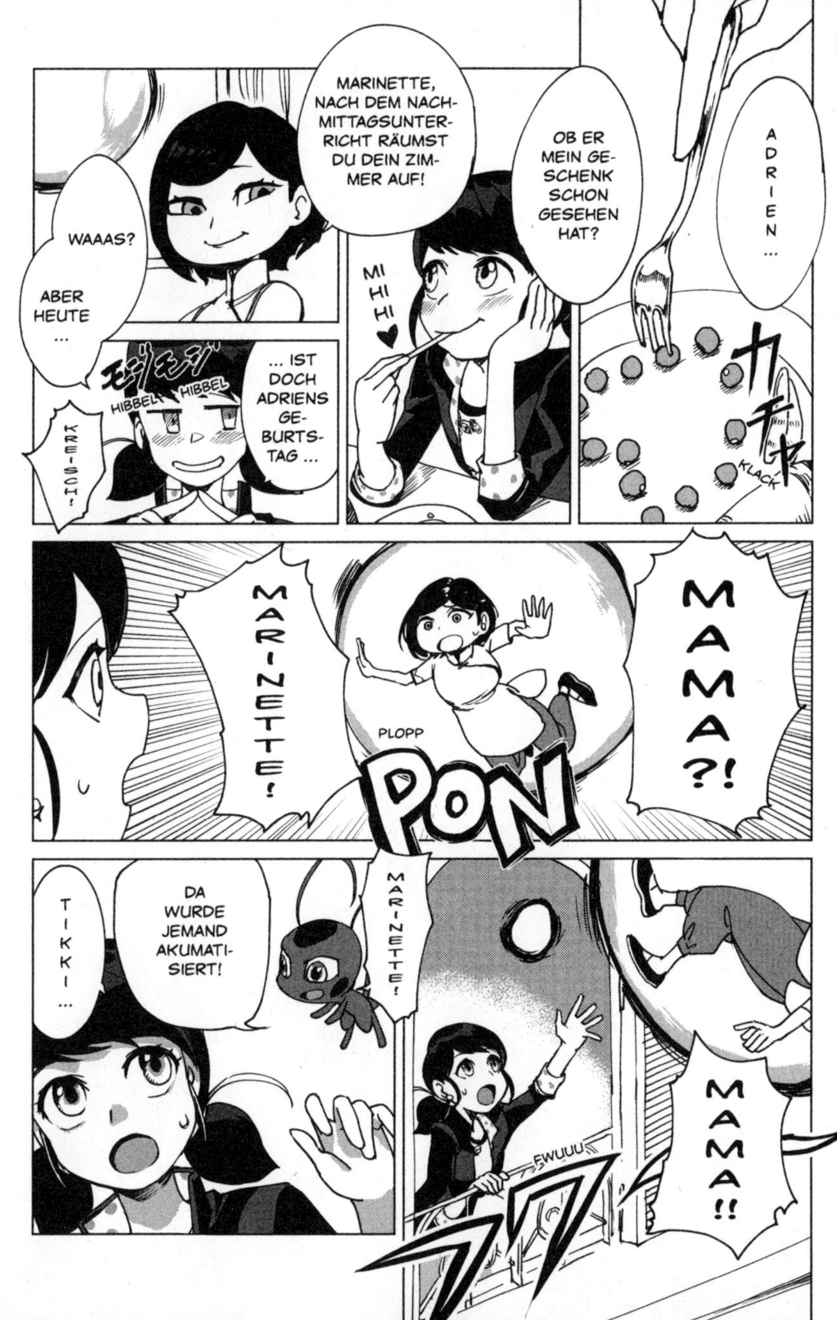

ADRIEN ...
KLACK
OB ER MEIN GESCHENK SCHON GESEHEN HAT?
MI HI HI ♥
MARINETTE, NACH DEM NACHMITTAGSUNTERRICHT RÄUMST DU DEIN ZIMMER AUF!
WAAAS?
ABER HEUTE ...
... IST DOCH ADRIENS GEBURTSTAG ...
HIBBEL HIBBEL
KREISCH!
MAMA?!
PLOPP
MARINETTE!
MAMA!!
FWUUU
MARINETTE!
DA WURDE JEMAND AKUMATISIERT!
TIKKI ...

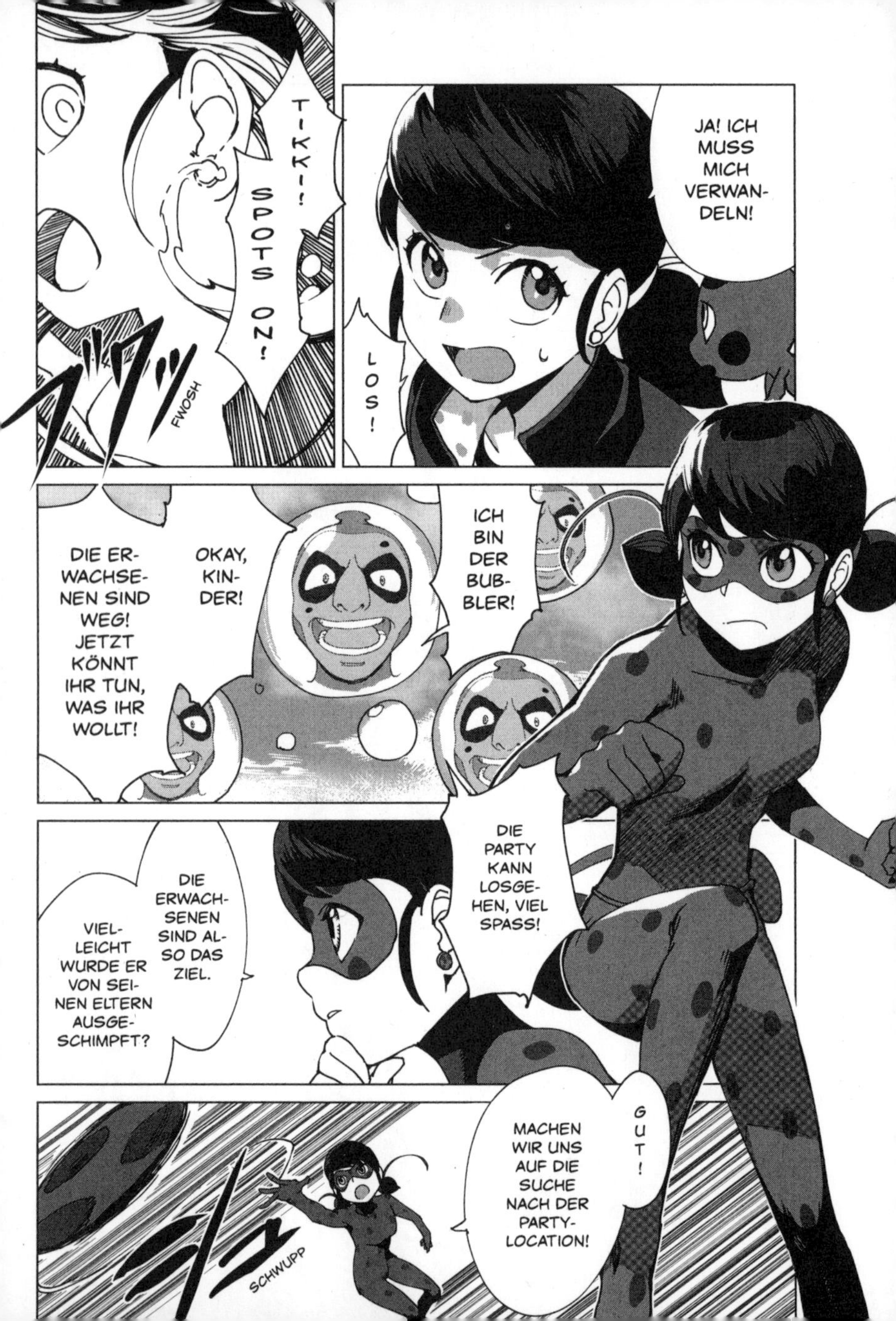
JA! ICH MUSS MICH VERWANDELN!
LOS!
TIKKI! SPOTS ON!
FWOSH
ICH BIN DER BUBBLER!
OKAY, KINDER!
DIE ERWACHSENEN SIND WEG! JETZT KÖNNT IHR TUN, WAS IHR WOLLT!
DIE PARTY KANN LOSGEHEN, VIEL SPASS!
DIE ERWACHSENEN SIND ALSO DAS ZIEL.
VIELLEICHT WURDE ER VON SEINEN ELTERN AUSGESCHIMPFT?
GUT!
MACHEN WIR UNS AUF DIE SUCHE NACH DER PARTY-LOCATION!
SCHWUPP

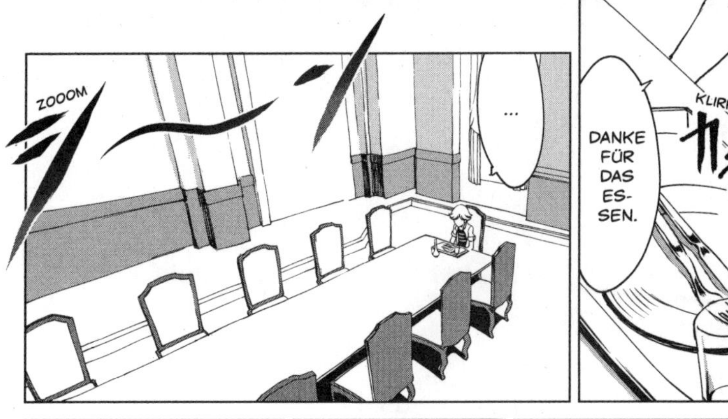

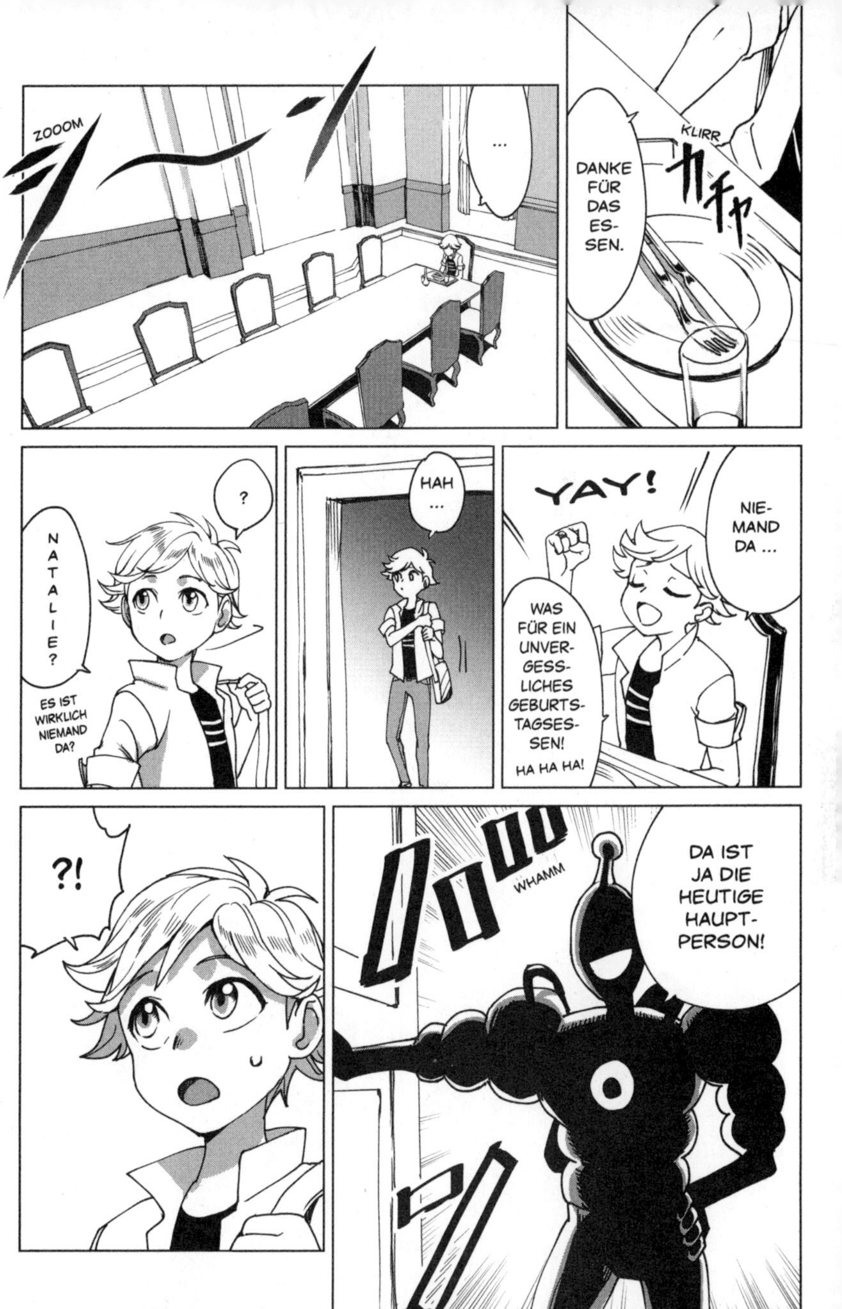

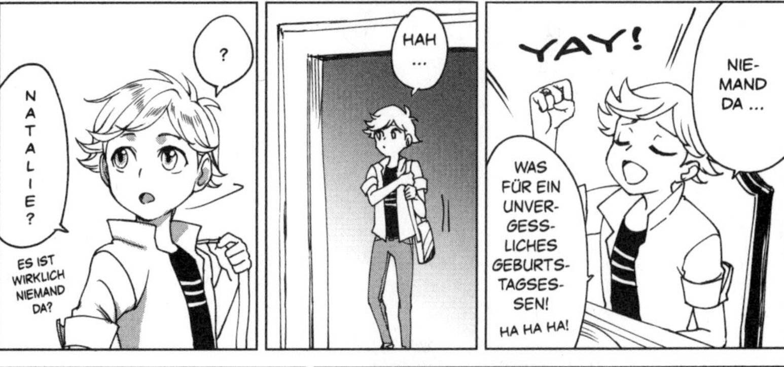

WHAMM
DA IST JA DIE HEUTIGE HAUPTPERSON!
?!

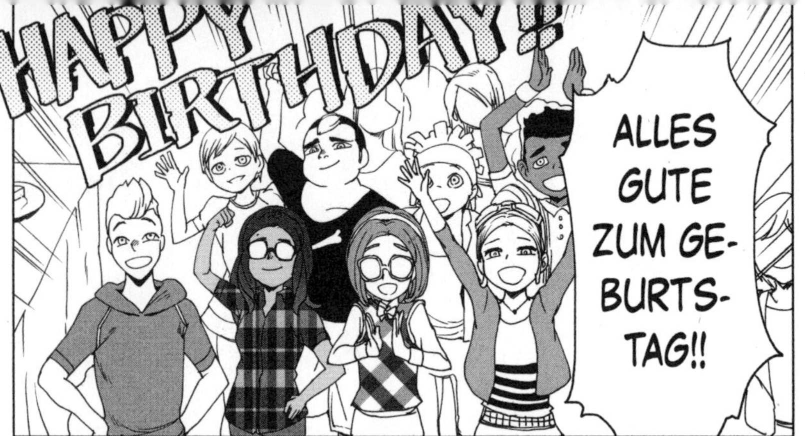
ALLES GUTE ZUM GEBURTSTAG!!
HAPPY BIRTHDAY!!

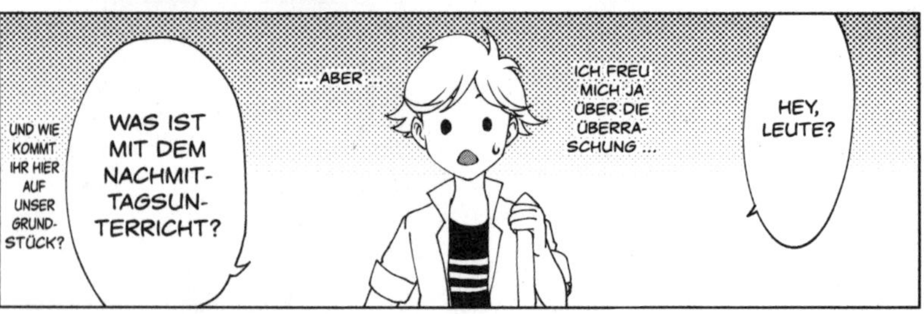
HEY, LEUTE?
ICH FREU MICH JA ÜBER DIE ÜBERRASCHUNG ...
... ABER ...
WAS IST MIT DEM NACHMITTAGSUNTERRICHT?
UND WIE KOMMT IHR HIER AUF UNSER GRUNDSTÜCK?

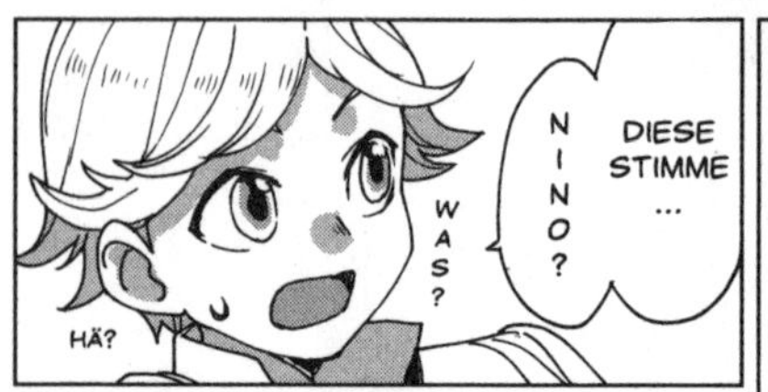
DIESE STIMME ...
NINO?
WAS?
HÄ?

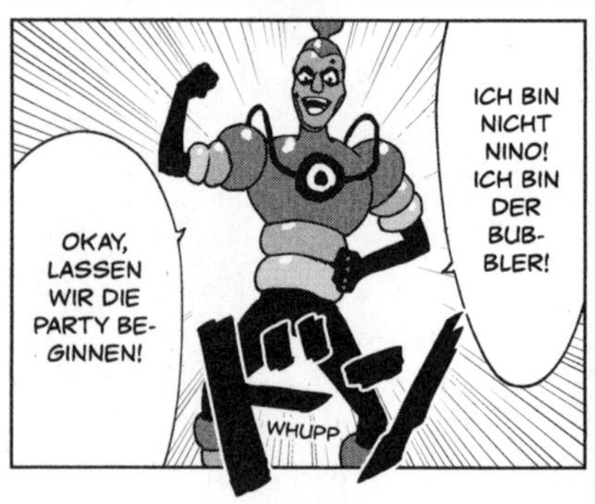
ICH BIN NICHT NINO! ICH BIN DER BUBBLER!
OKAY, LASSEN WIR DIE PARTY BEGINNEN!
WHUPP

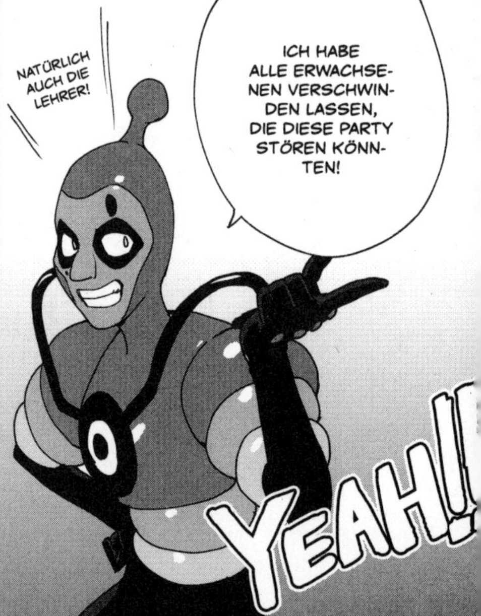
ICH HABE ALLE ERWACHSENEN VERSCHWINDEN LASSEN, DIE DIESE PARTY STÖREN KÖNNTEN!
NATÜRLICH AUCH DIE LEHRER!
YEAH!!

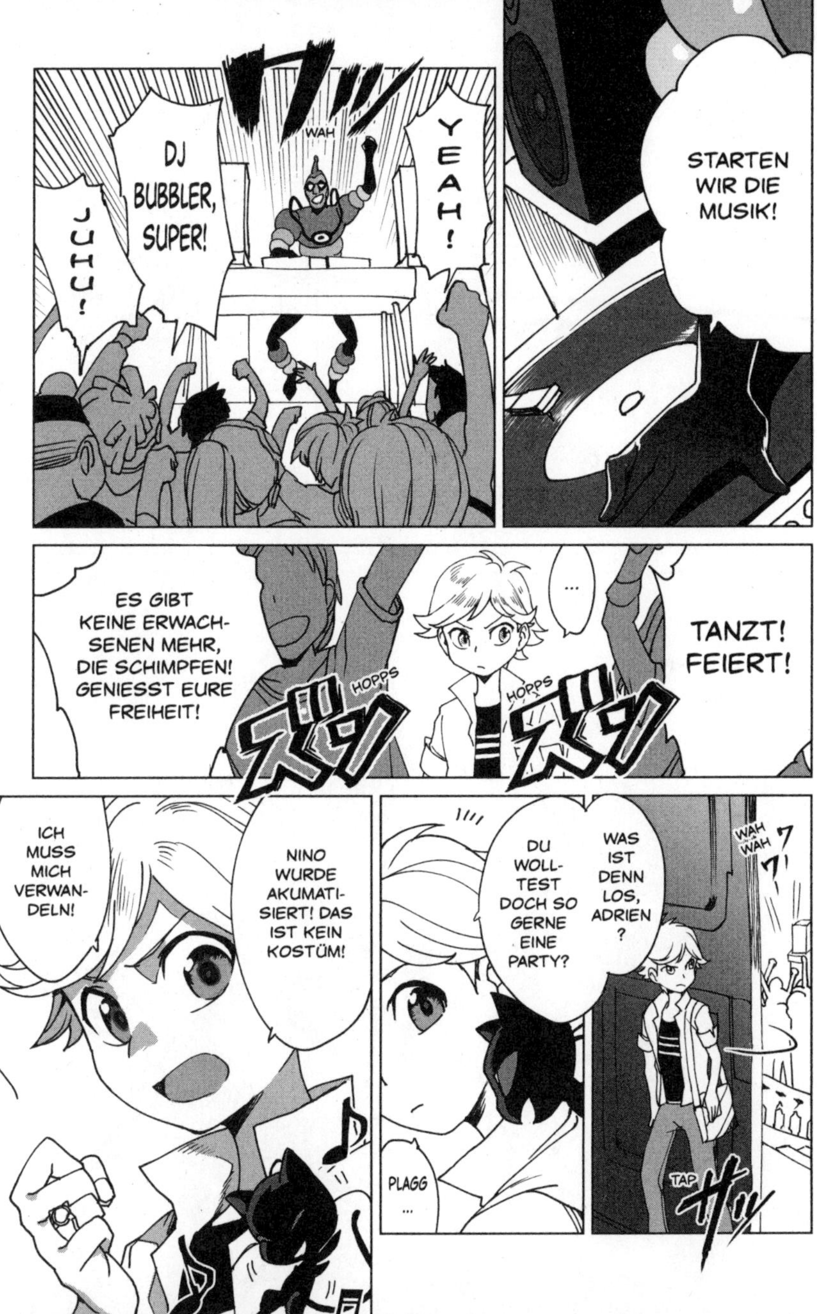

STARTEN WIR DIE MUSIK!
YEAH!
WAH
DJ BUBBLER, SUPER!
JUHU!
TANZT! FEIERT!
...
HOPPS
HOPPS
ES GIBT KEINE ERWACH-SENEN MEHR, DIE SCHIMPFEN! GENIESST EURE FREIHEIT!
WAH WAH
WAS IST DENN LOS, ADRIEN?
DU WOLL-TEST DOCH SO GERNE EINE PARTY?
TAP
PLAGG ...
NINO WURDE AKUMATI-SIERT! DAS IST KEIN KOSTÜM!
ICH MUSS MICH VERWAN-DELN!

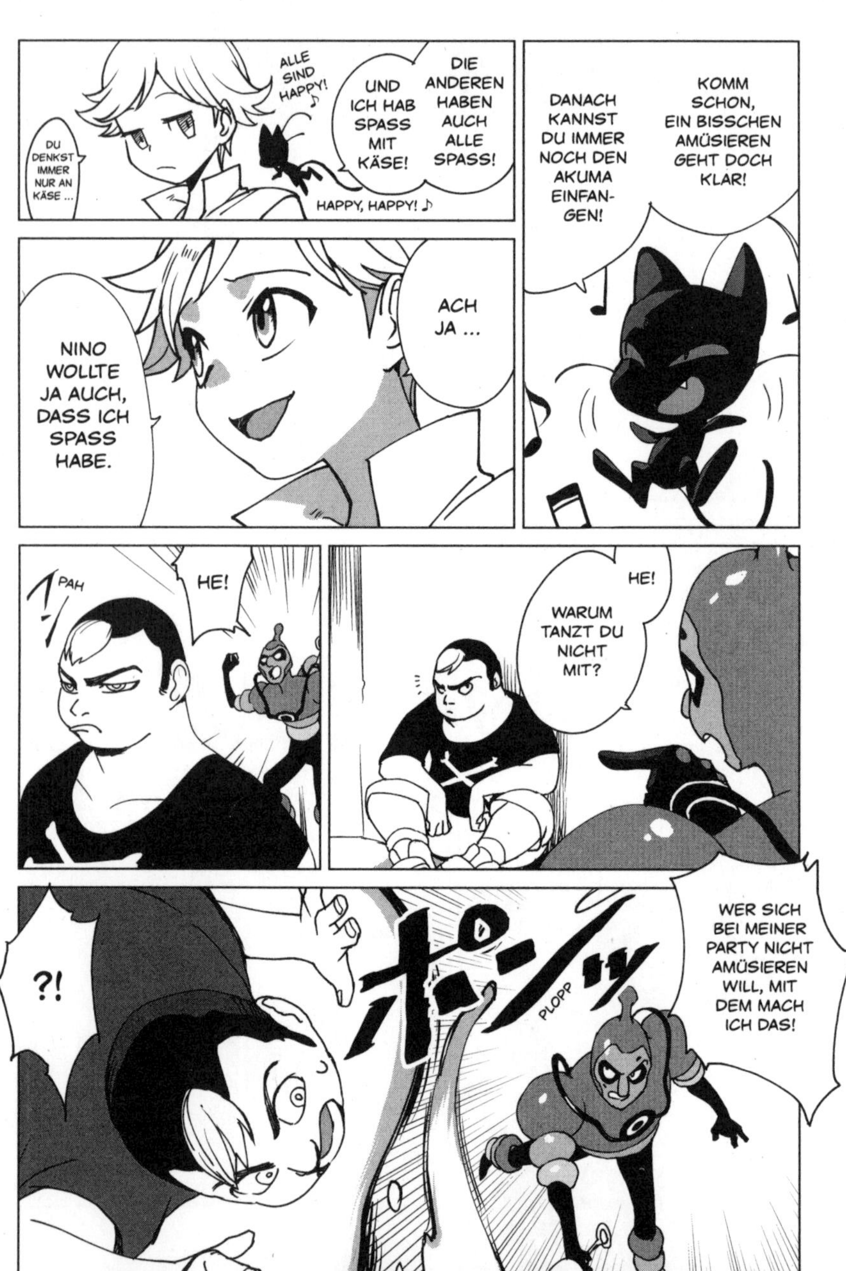

KOMM SCHON, EIN BISSCHEN AMÜSIEREN GEHT DOCH KLAR!
DANACH KANNST DU IMMER NOCH DEN AKUMA EINFAN-GEN!
DIE ANDEREN HABEN AUCH ALLE SPASS!
UND ICH HAB SPASS MIT KÄSE!
ALLE SIND HAPPY! ♪
HAPPY, HAPPY! ♪
DU DENKST IMMER NUR AN KÄSE ...
ACH JA ...
NINO WOLLTE JA AUCH, DASS ICH SPASS HABE.
HE!
WARUM TANZT DU NICHT MIT?
HE!
PAH
WER SICH BEI MEINER PARTY NICHT AMÜSIEREN WILL, MIT DEM MACH ICH DAS!
PLOPP
?!

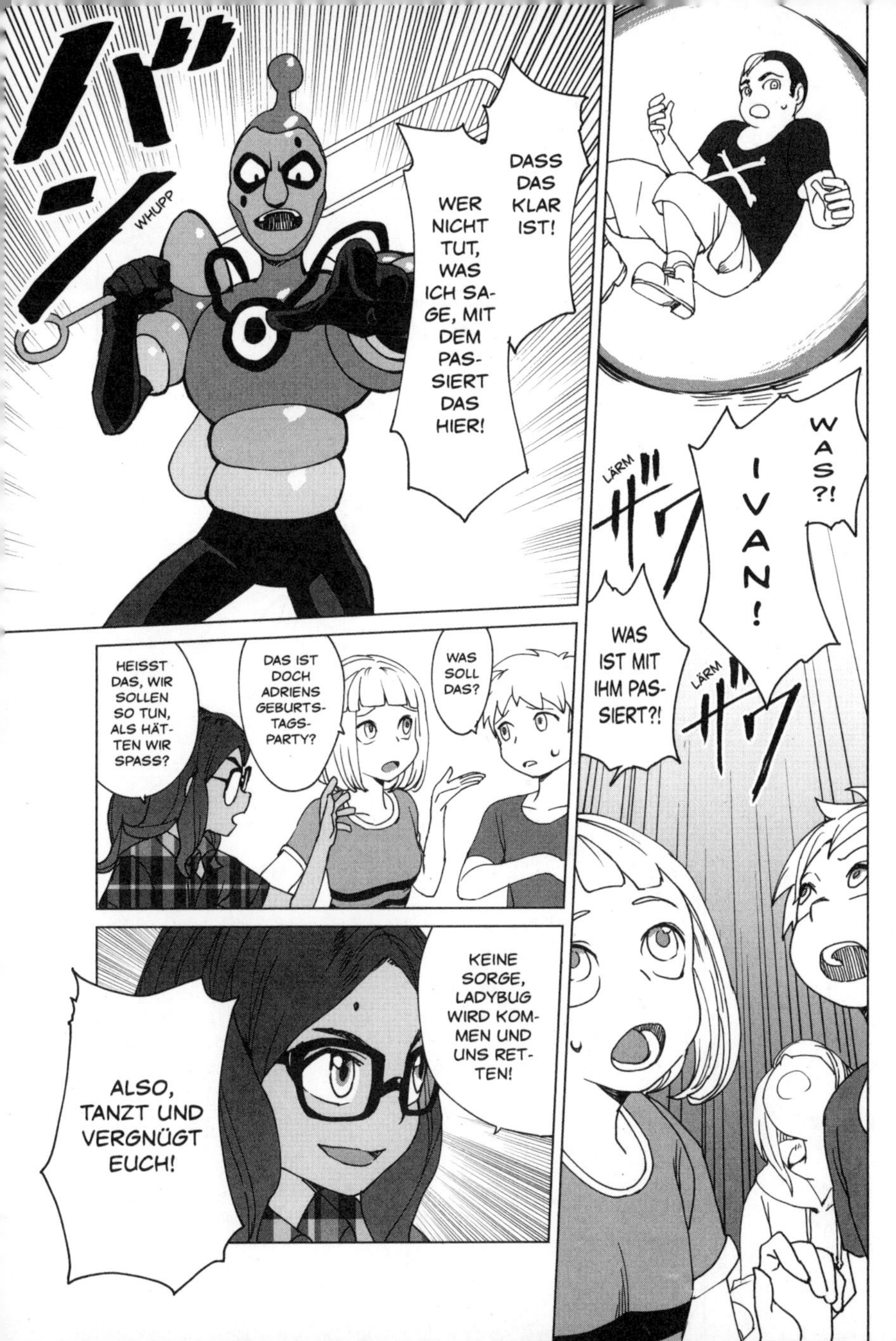
WHUPP
DASS DAS KLAR IST!
WER NICHT TUT, WAS ICH SAGE, MIT DEM PASSIERT DAS HIER!
WAS?!
IVAN!
LÄRM
WAS IST MIT IHM PASSIERT?!
LÄRM
WAS SOLL DAS?
DAS IST DOCH ADRIENS GEBURTSTAGS-PARTY?
HEISST DAS, WIR SOLLEN SO TUN, ALS HÄTTEN WIR SPASS?
KEINE SORGE, LADYBUG WIRD KOMMEN UND UNS RETTEN!
ALSO, TANZT UND VERGNÜGT EUCH!

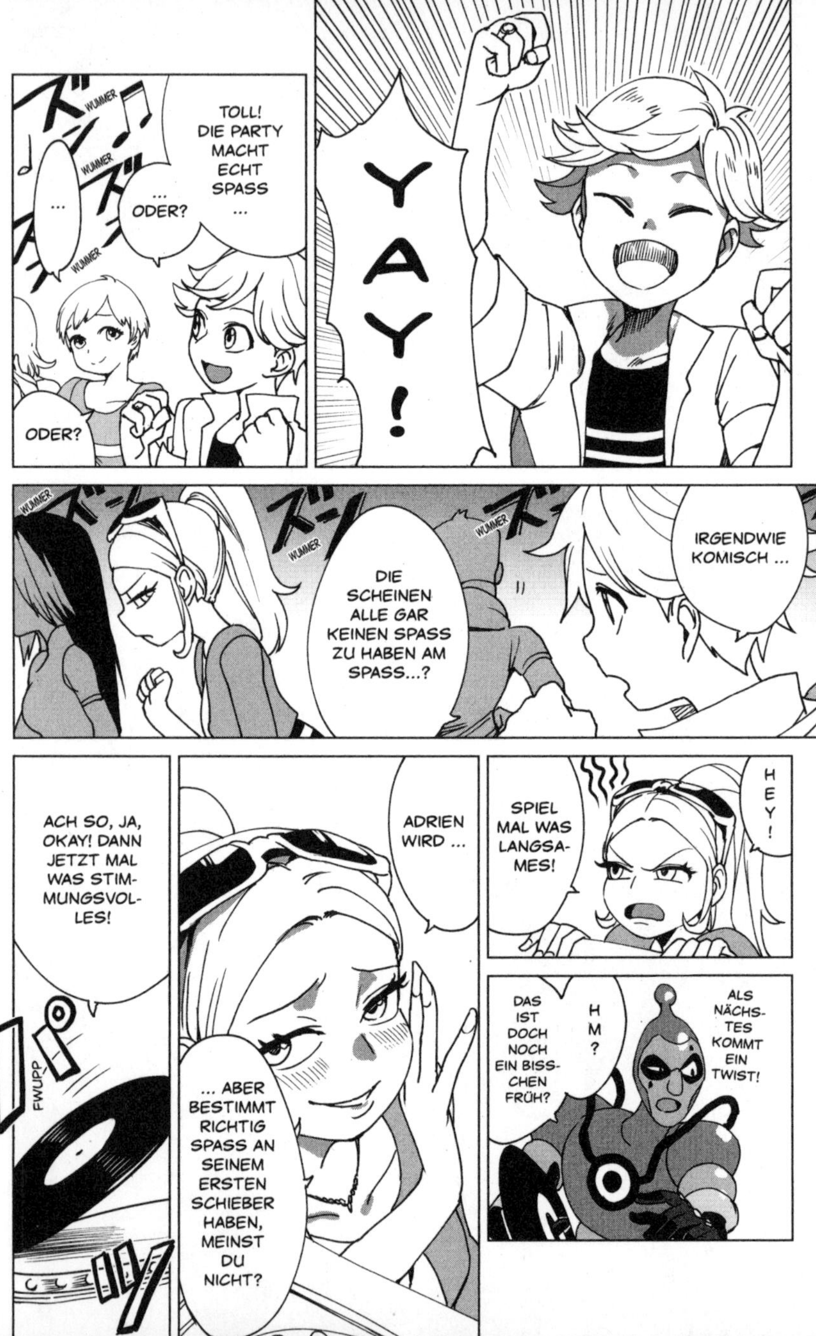
YAY!
WUMMER
WUMMER
WUMMER
TOLL! DIE PARTY MACHT ECHT SPASS ...
... ODER?
...
ODER?
IRGENDWIE KOMISCH ...
WUMMER
WUMMER
DIE SCHEINEN ALLE GAR KEINEN SPASS ZU HABEN AM SPASS...?
WUMMER
HEY!
SPIEL MAL WAS LANGSAMES!
ADRIEN WIRD ...
... ABER BESTIMMT RICHTIG SPASS AN SEINEM ERSTEN SCHIEBER HABEN, MEINST DU NICHT?
ACH SO, JA, OKAY! DANN JETZT MAL WAS STIMMUNGSVOLLES!
FWUPP
ALS NÄCHSTES KOMMT EIN TWIST!
HM?
DAS IST DOCH NOCH EIN BISSCHEN FRÜH?

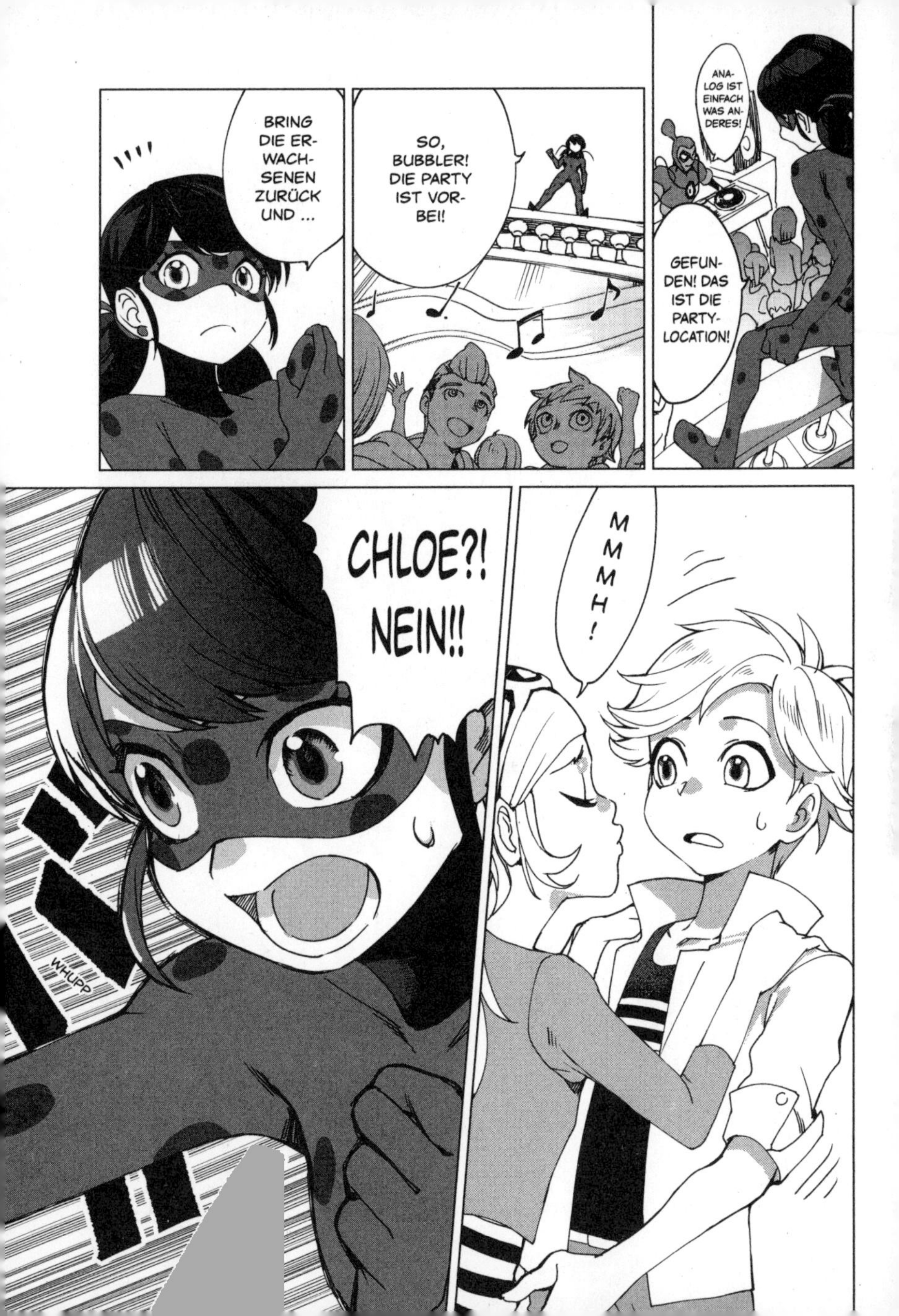

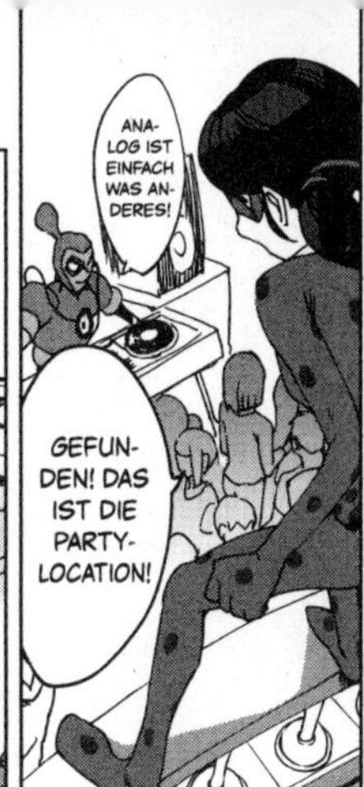

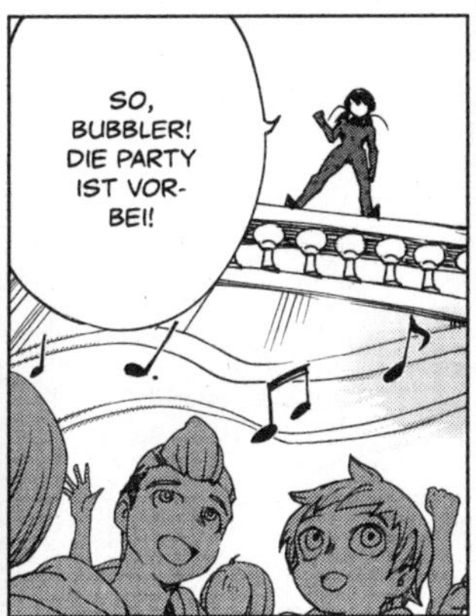

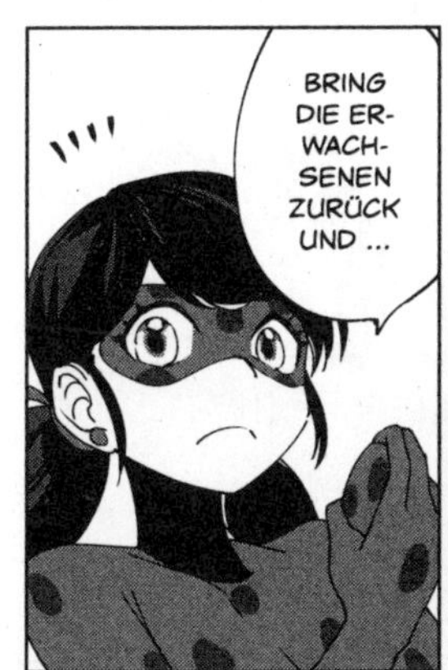

MMMH!

CHLOE?! NEIN!!

WHUPP

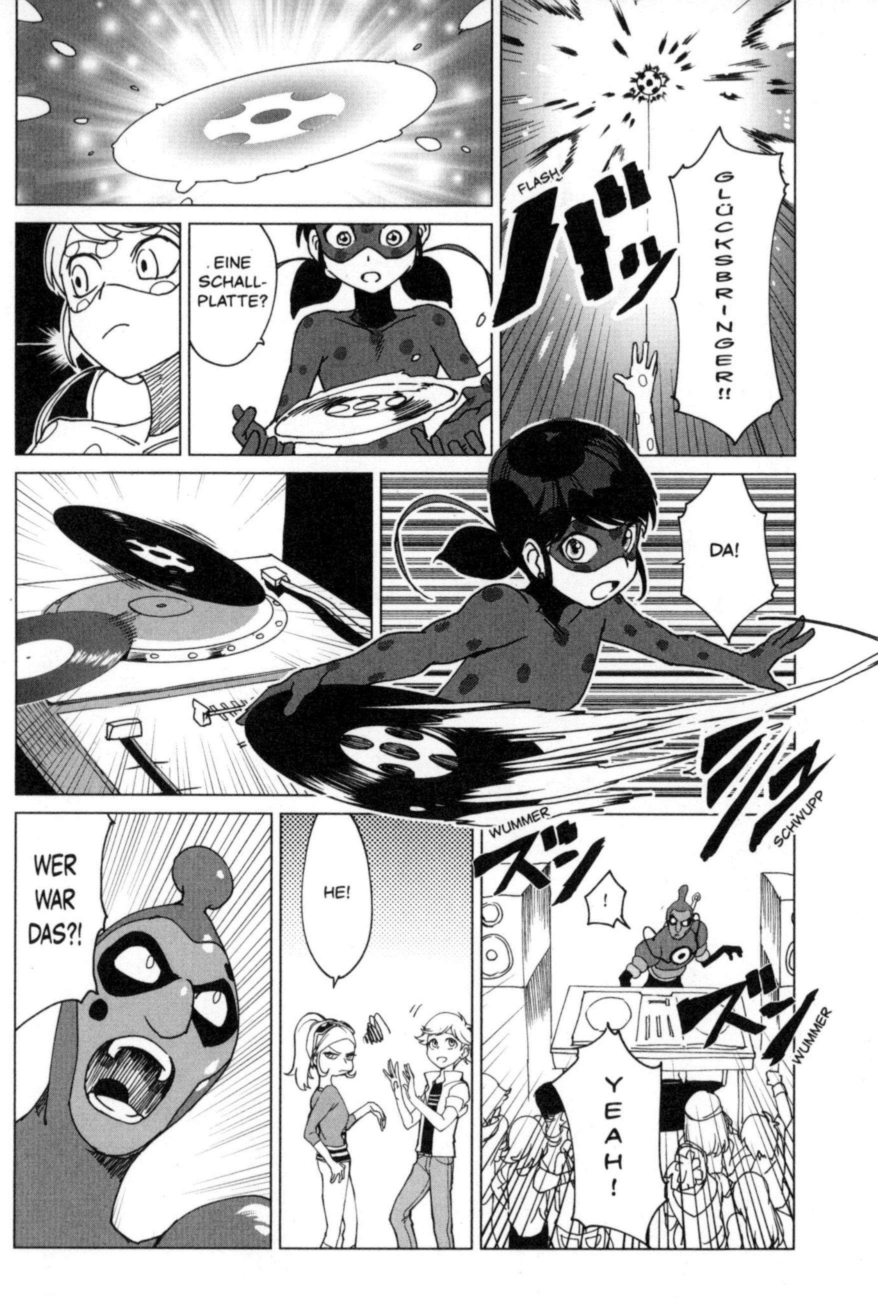
FLASH
GLÜCKSBRINGER!!
. EINE SCHALLPLATTE?
DA!
SCHWUPP
WUMMER
!
WUMMER
YEAH!
HE!
WER WAR DAS?!

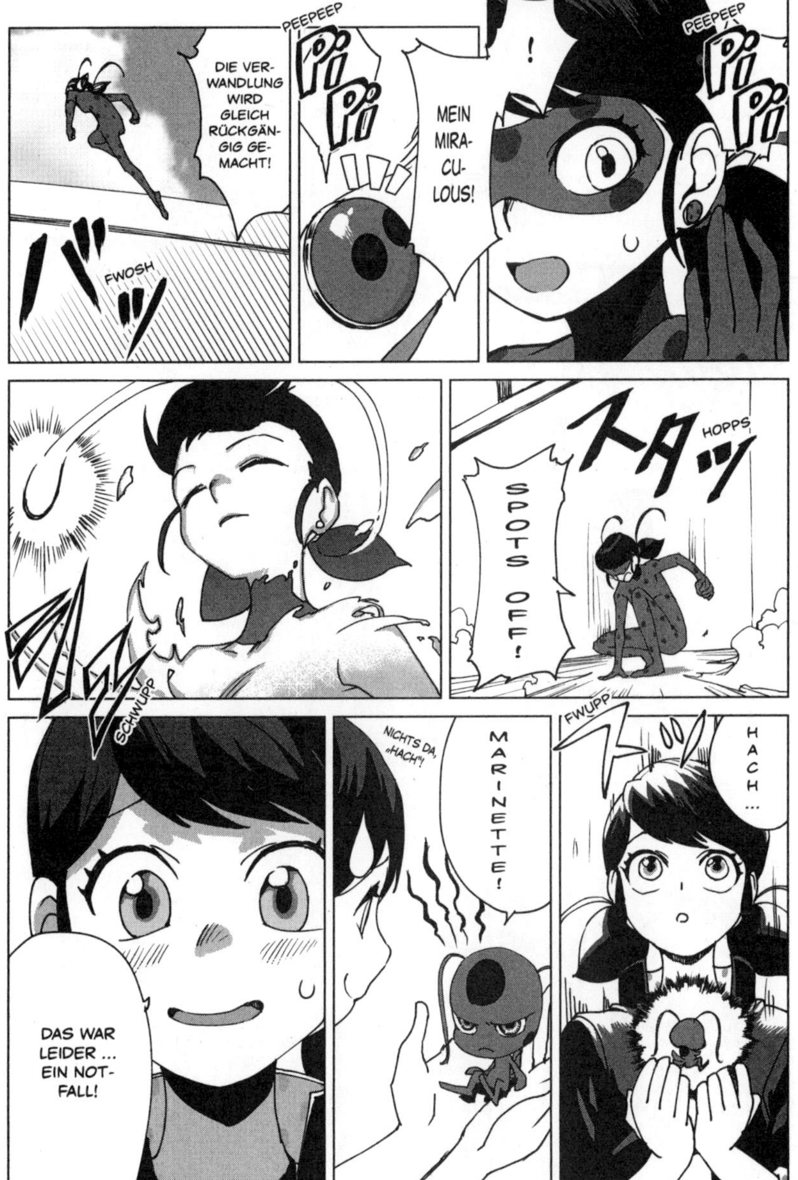
PEEPEEP
!
MEIN MIRA-CU-LOUS!
PEEPEEP
DIE VER-WANDLUNG WIRD GLEICH RÜCKGÄN-GIG GE-MACHT!
FWOSH
HOPPS
SPOTS OFF!
SCHWUPP
FWUPP
HACH ...
MARINETTE!
NICHTS DA, „HACH"!
DAS WAR LEIDER ... EIN NOT-FALL!

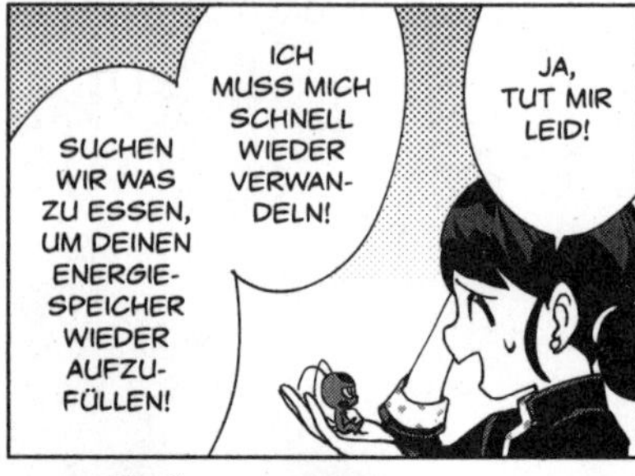
JA, TUT MIR LEID!
ICH MUSS MICH SCHNELL WIEDER VERWANDELN!
SUCHEN WIR WAS ZU ESSEN, UM DEINEN ENERGIE-SPEICHER WIEDER AUFZU-FÜLLEN!

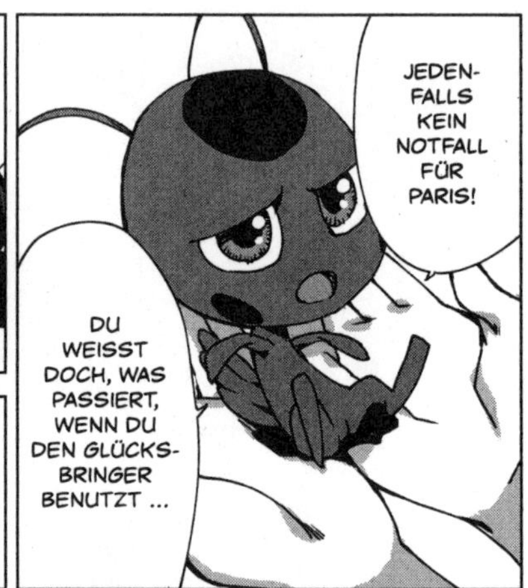
JEDEN-FALLS KEIN NOTFALL FÜR PARIS!
DU WEISST DOCH, WAS PASSIERT, WENN DU DEN GLÜCKS-BRINGER BENUTZT ...

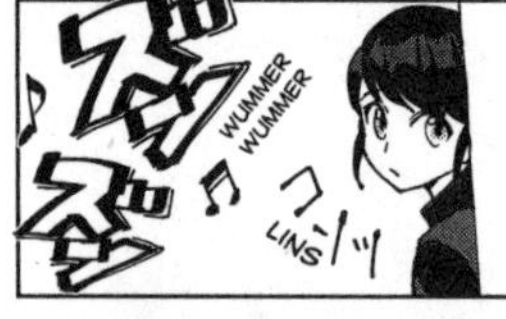
DAS SOLLTEN WIR GLEICH HABEN!
WUMMER WUMMER
LINS

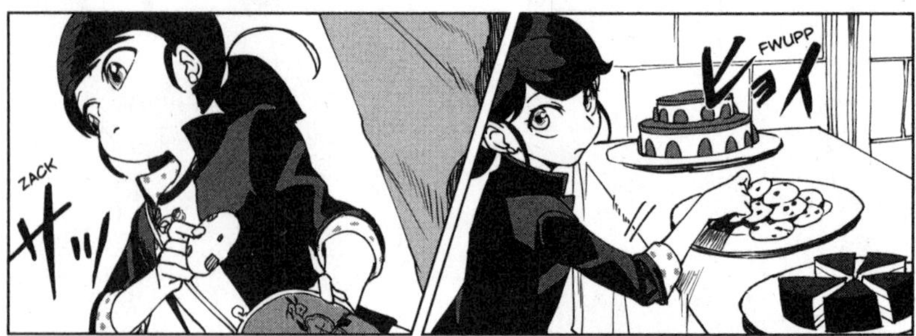
FWUPP
ZACK

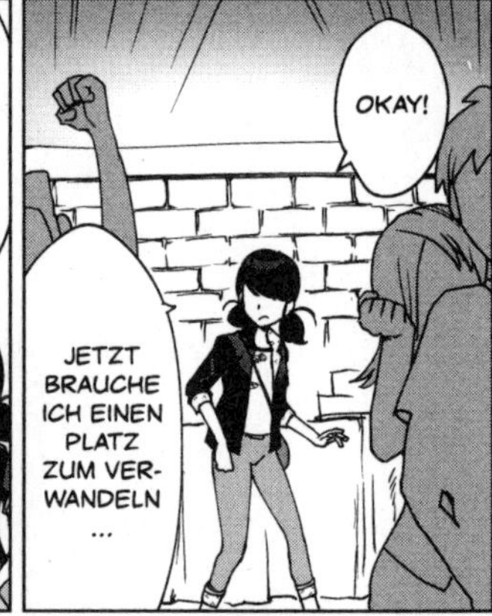
OKAY!
JETZT BRAUCHE ICH EINEN PLATZ ZUM VER-WANDELN ...

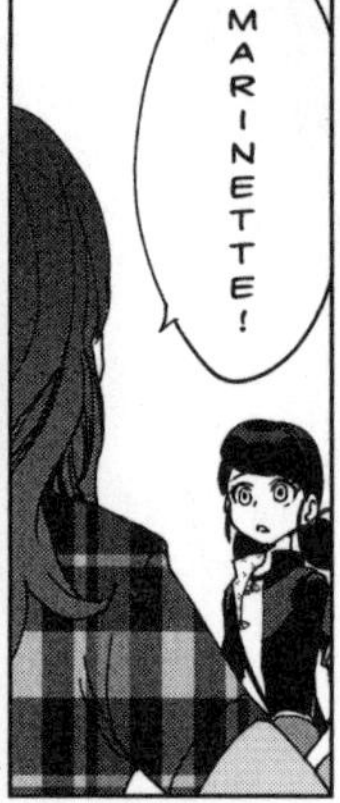
MARINETTE!

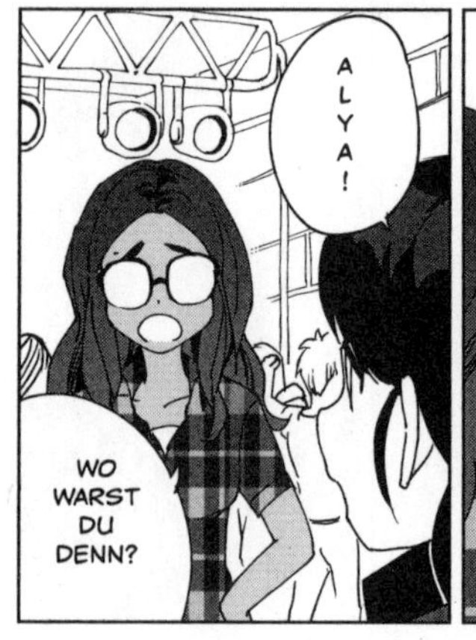
ALYA!
WO WARST DU DENN?

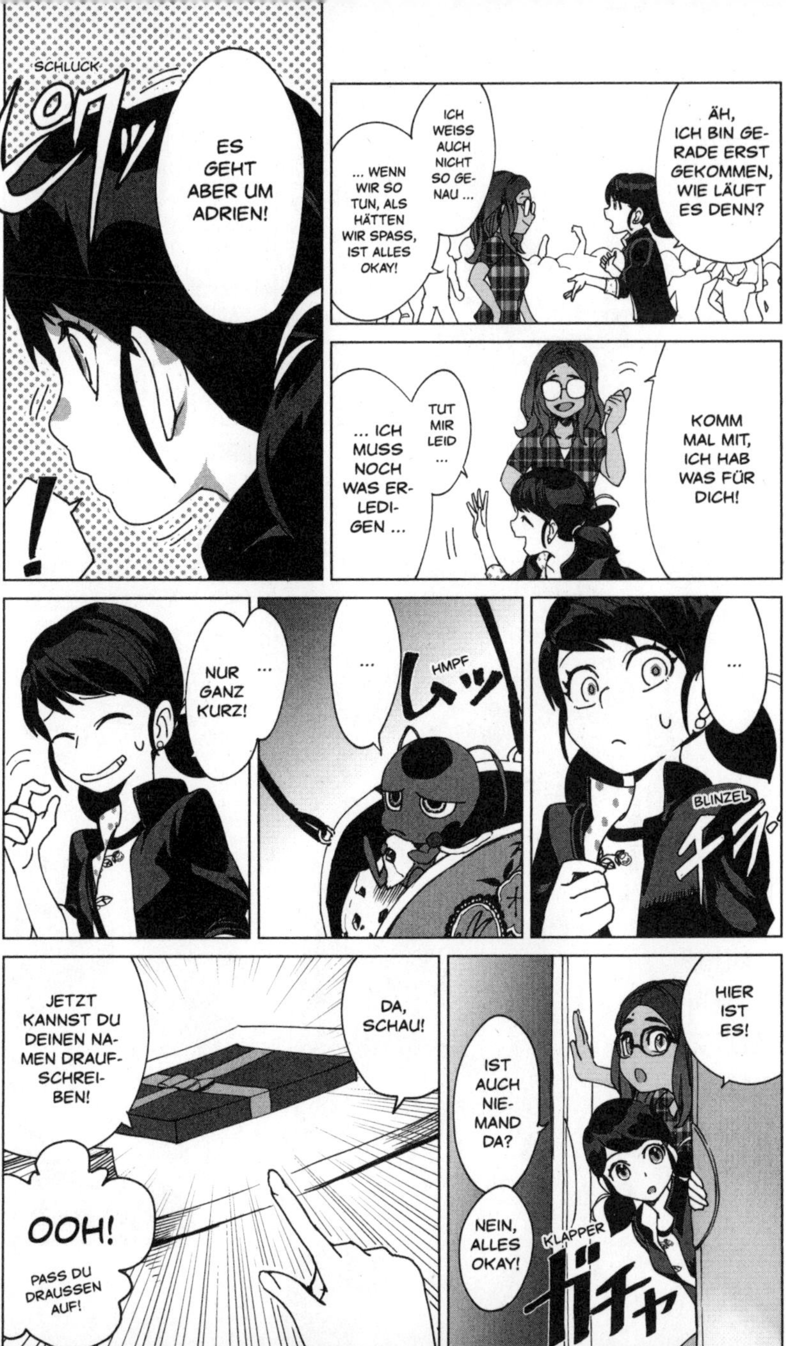

ÄH, ICH BIN GERADE ERST GEKOMMEN, WIE LÄUFT ES DENN?
ICH WEISS AUCH NICHT SO GENAU ...
... WENN WIR SO TUN, ALS HÄTTEN WIR SPASS, IST ALLES OKAY!
KOMM MAL MIT, ICH HAB WAS FÜR DICH!
TUT MIR LEID ...
... ICH MUSS NOCH WAS ERLEDIGEN ...
SCHLUCK
ES GEHT ABER UM ADRIEN!
!

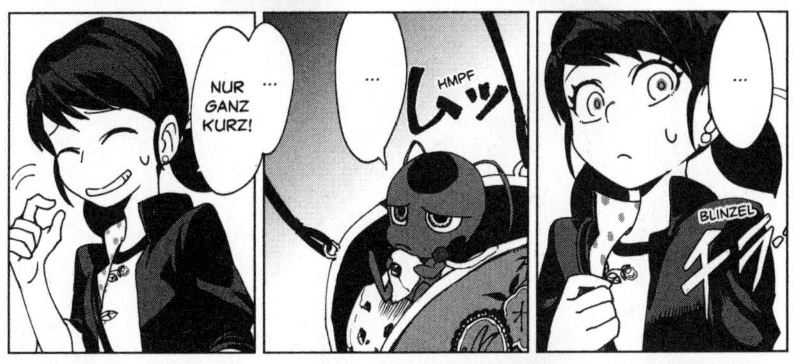

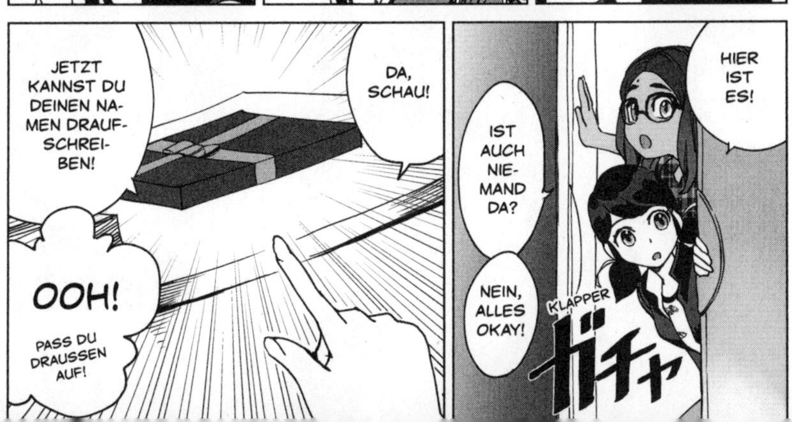

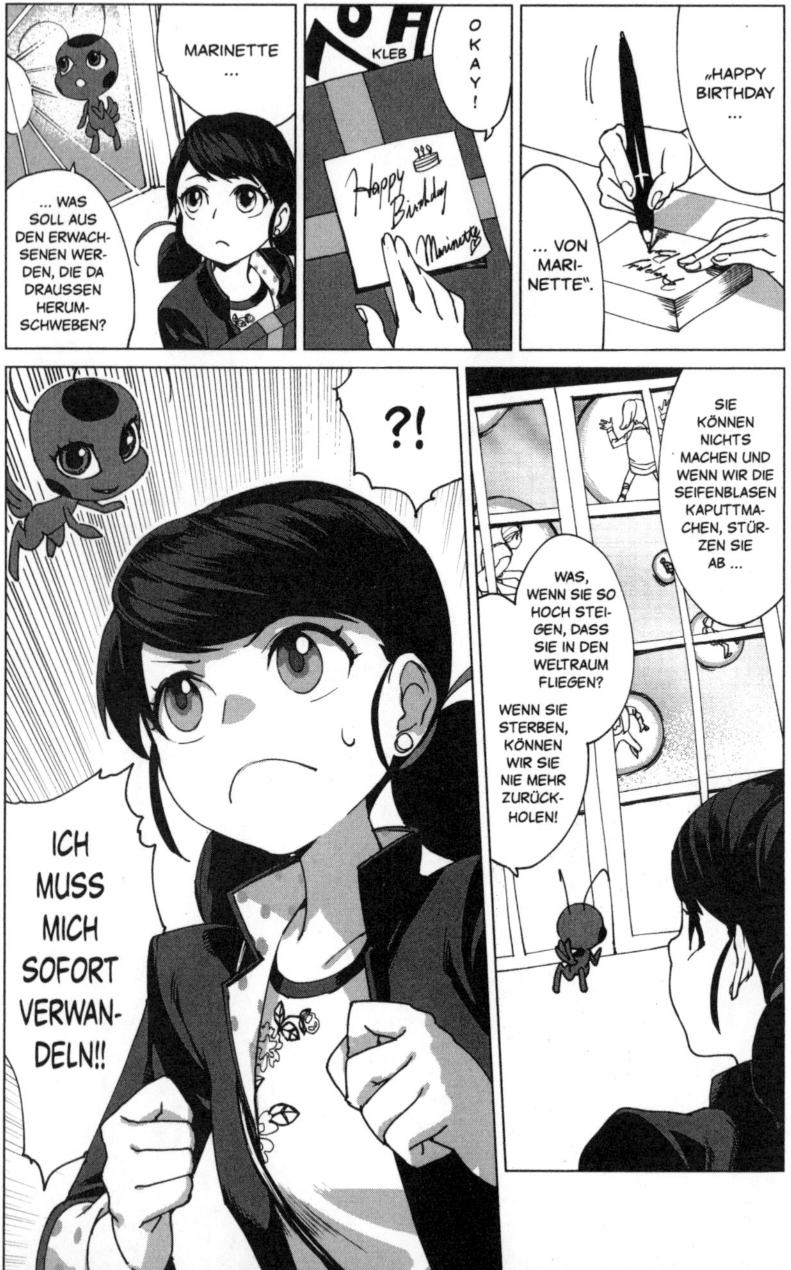

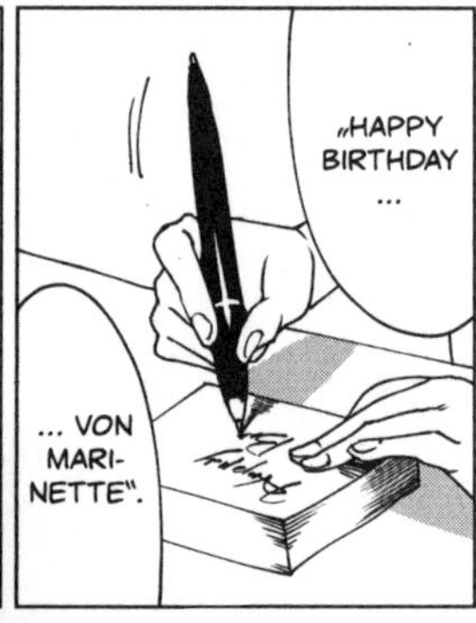
„HAPPY BIRTHDAY …
… VON MARI-NETTE“.

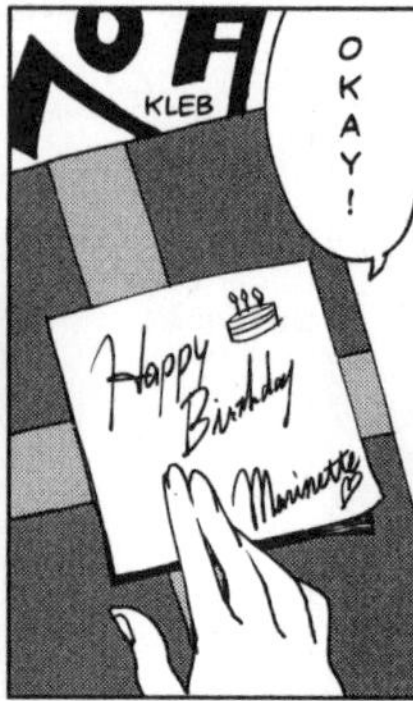
OKAY!
KLEB
Happy Birthday
Marinette

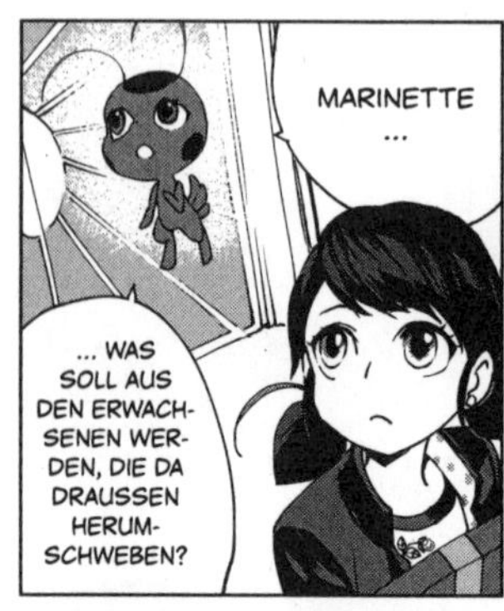
MARINETTE …
… WAS SOLL AUS DEN ERWACH-SENEN WER-DEN, DIE DA DRAUSSEN HERUM-SCHWEBEN?

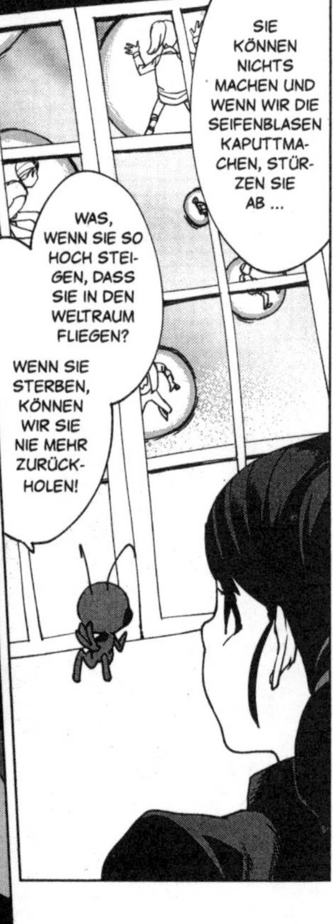
SIE KÖNNEN NICHTS MACHEN UND WENN WIR DIE SEIFENBLASEN KAPUTTMA-CHEN, STÜR-ZEN SIE AB …
WAS, WENN SIE SO HOCH STEI-GEN, DASS SIE IN DEN WELTRAUM FLIEGEN?
WENN SIE STERBEN, KÖNNEN WIR SIE NIE MEHR ZURÜCK-HOLEN!

?!
ICH MUSS MICH SOFORT VERWAN-DELN!!

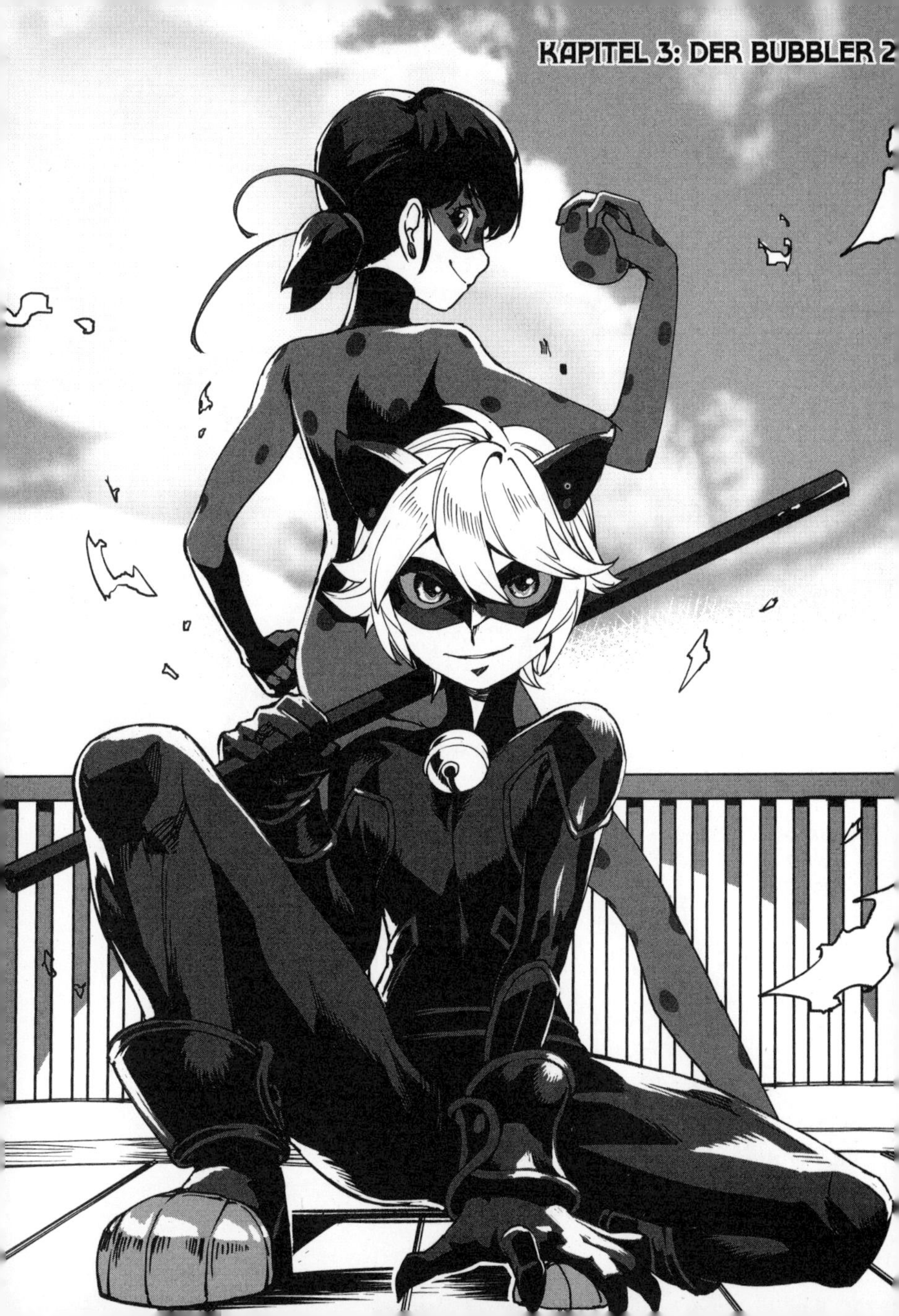
KAPITEL 3: DER BUBBLER 2

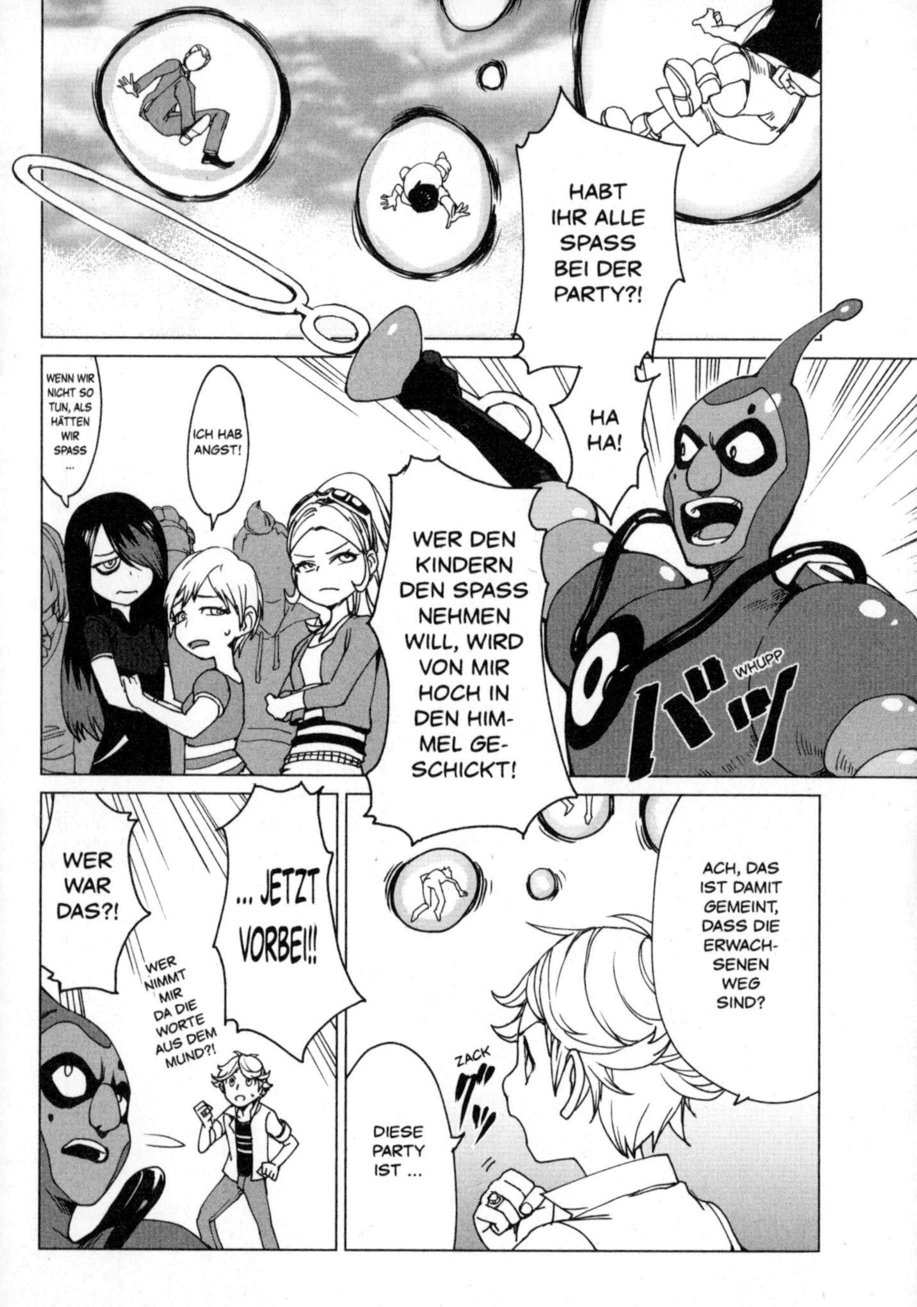
HABT IHR ALLE SPASS BEI DER PARTY?!
HA HA!
WER DEN KINDERN DEN SPASS NEHMEN WILL, WIRD VON MIR HOCH IN DEN HIMMEL GESCHICKT!
WHUPP
バッ
ICH HAB ANGST!
WENN WIR NICHT SO TUN, ALS HÄTTEN WIR SPASS ...
ACH, DAS IST DAMIT GEMEINT, DASS DIE ERWACHSENEN WEG SIND?
ZACK
DIESE PARTY IST ...
... JETZT VORBEI!!!
WER WAR DAS?!
WER NIMMT MIR DA DIE WORTE AUS DEM MUND?!

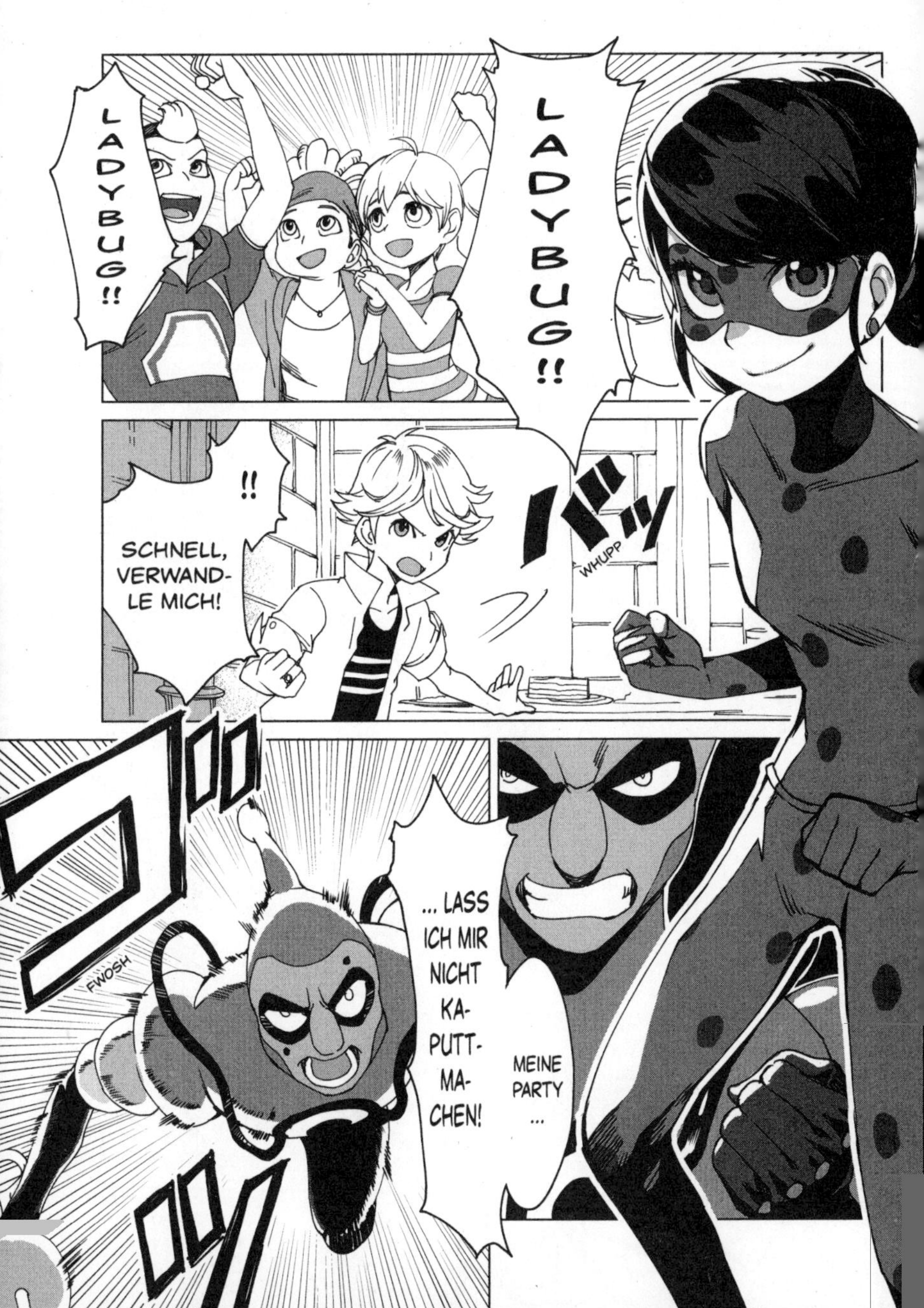
LADYBUG!!
LADYBUG!!
!!
SCHNELL, VERWANDLE MICH!
WHUPP
MEINE PARTY ...
... LASS ICH MIR NICHT KAPUTTMACHEN!
FWOSH

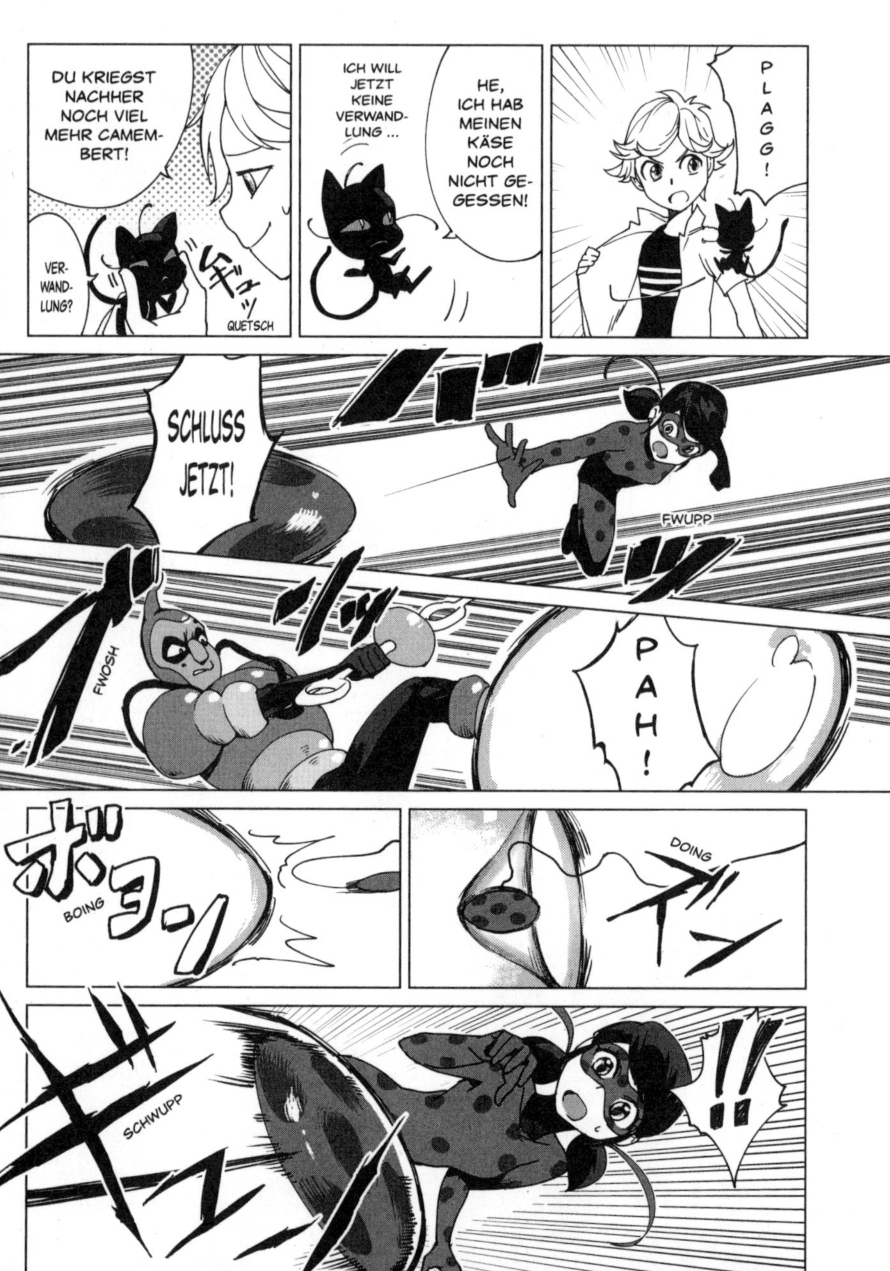
PLAGG!
HE, ICH HAB MEINEN KÄSE NOCH NICHT GEGESSEN!
ICH WILL JETZT KEINE VERWANDLUNG ...
DU KRIEGST NACHHER NOCH VIEL MEHR CAMEMBERT!
VERWANDLUNG?
QUETSCH
SCHLUSS JETZT!
FWUPP
PAH!
FWOSH
DOING
BOING
!!
SCHWUPP

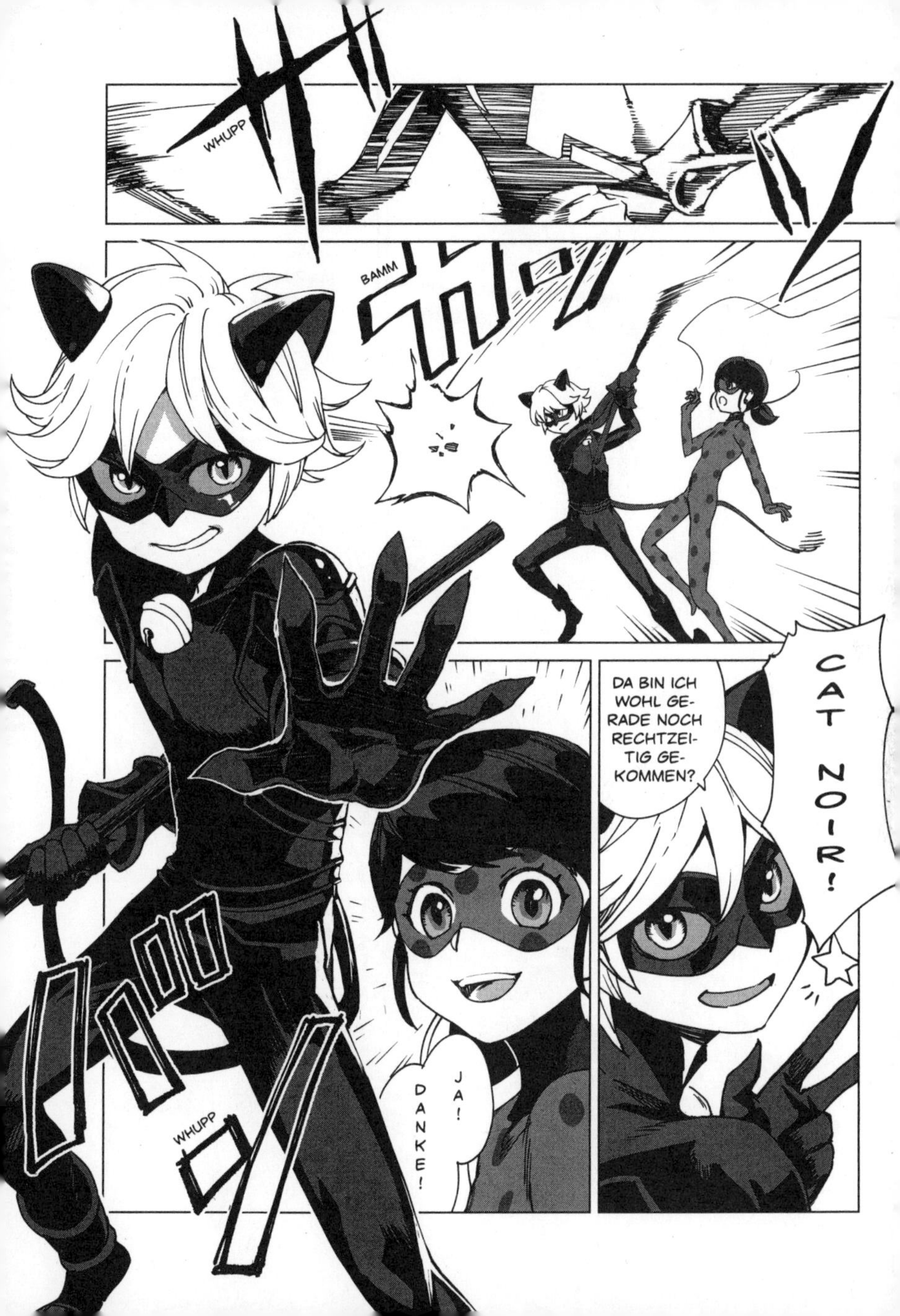
WHUPP
BAMM
CAT NOIR!
DA BIN ICH WOHL GE-RADE NOCH RECHTZEI-TIG GE-KOMMEN?
JA! DANKE!
WHUPP

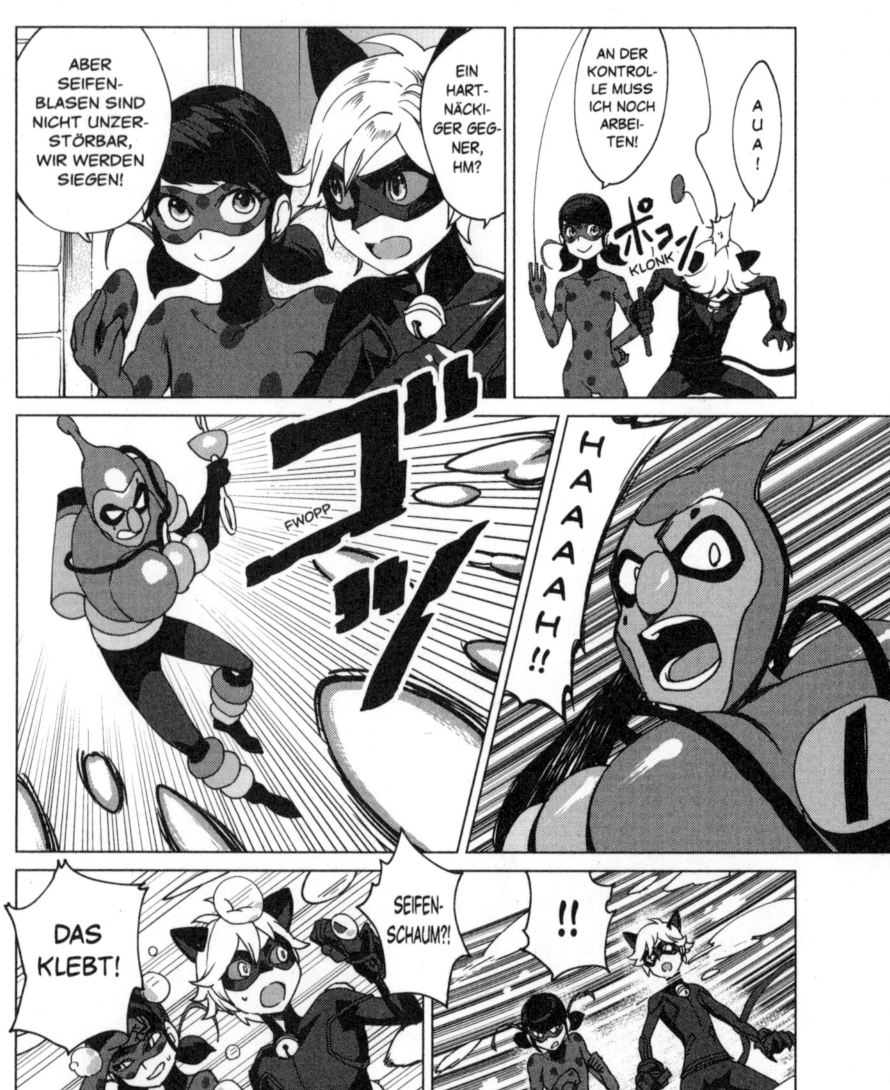
ABER SEIFEN-BLASEN SIND NICHT UNZER-STÖRBAR, WIR WERDEN SIEGEN!
EIN HART-NÄCKI-GER GEG-NER, HM?
AN DER KONTROL-LE MUSS ICH NOCH ARBEI-TEN!
AUA!
ポコン
KLONK
ゴッ
FWOPP
HAAAAAH!!
SEIFEN-SCHAUM?!
DAS KLEBT!
!!

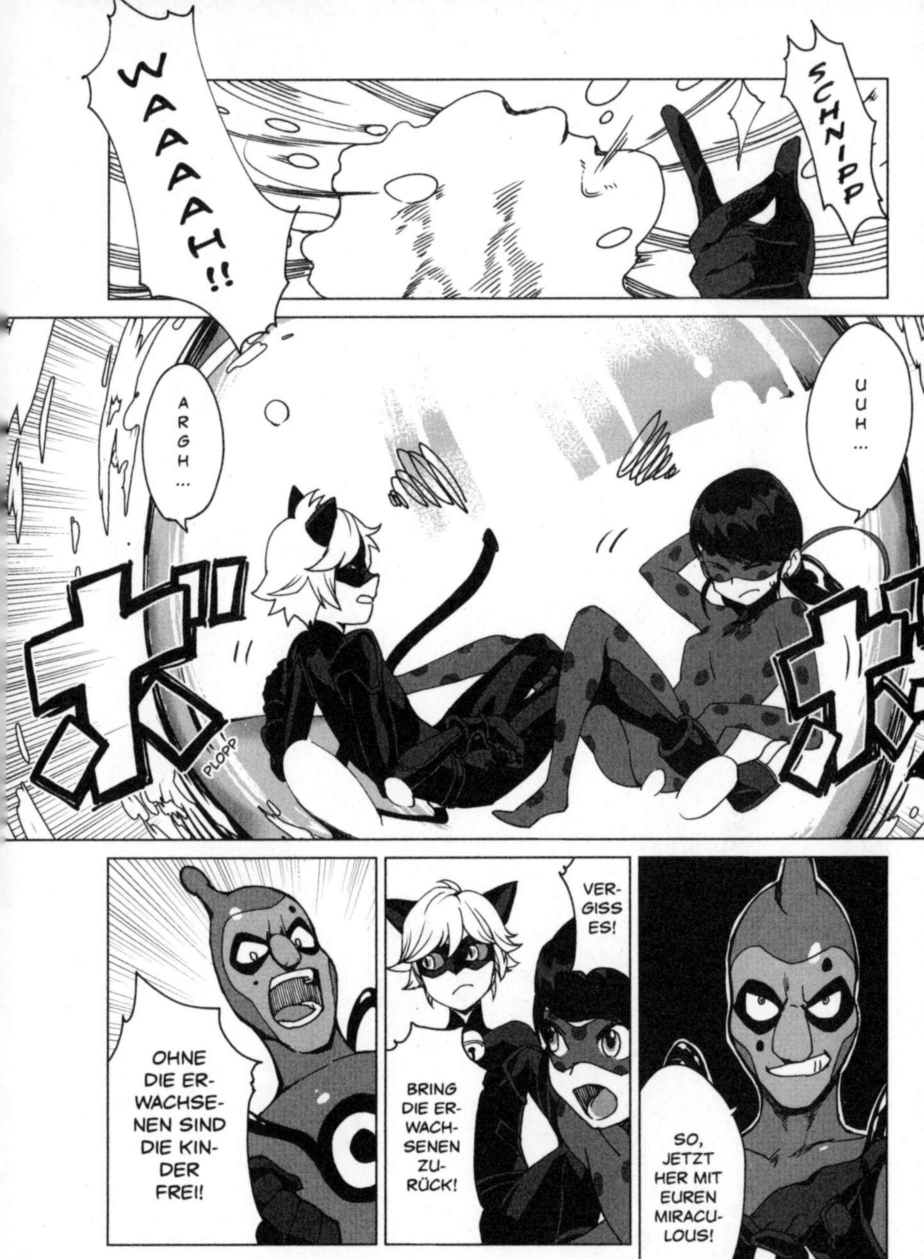
SCHNIPP
WAAAAAH!!
UUH ...
ARGH ...
PLOPP
VERGISS ES!
OHNE DIE ER-WACHSE-NEN SIND DIE KIN-DER FREI!
BRING DIE ER-WACH-SENEN ZU-RÜCK!
SO, JETZT HER MIT EUREN MIRACU-LOUS!

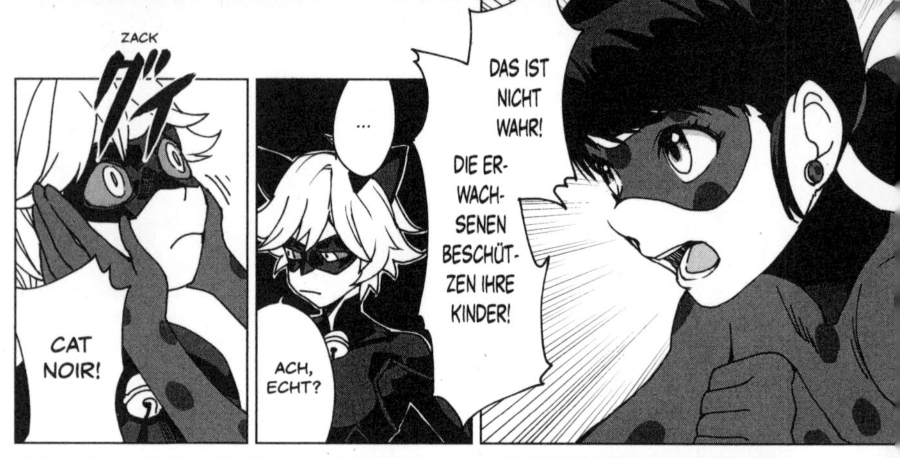
DAS IST NICHT WAHR!
DIE ERWACHSENEN BESCHÜTZEN IHRE KINDER!
...
ACH, ECHT?
ZACK
CAT NOIR!

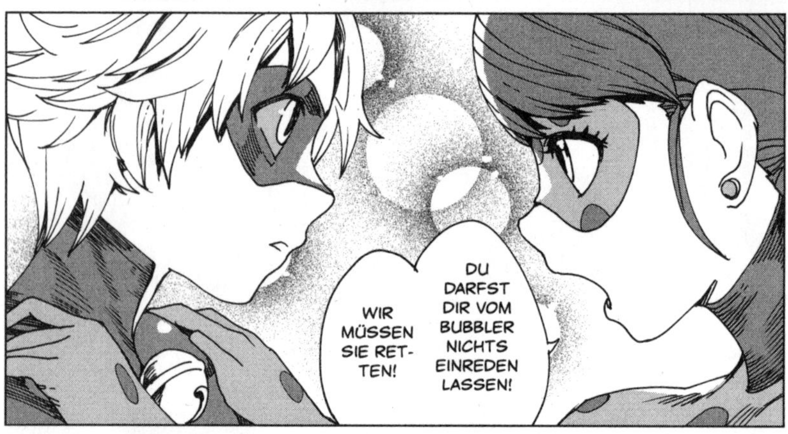
DU DARFST DIR VOM BUBBLER NICHTS EINREDEN LASSEN!
WIR MÜSSEN SIE RETTEN!

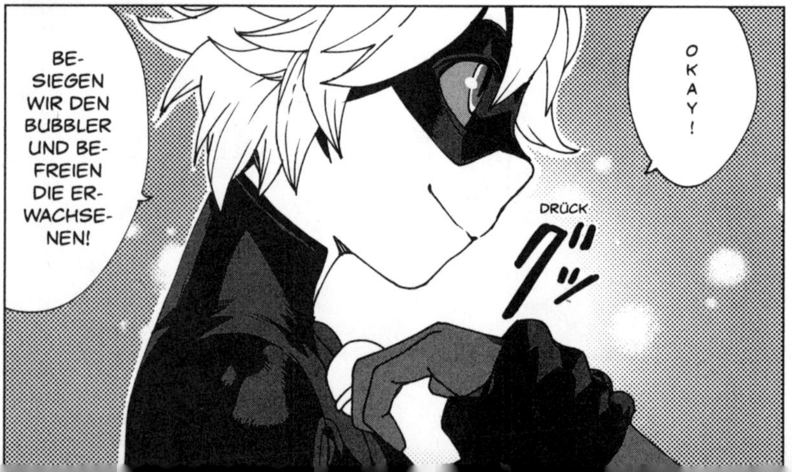
OKAY!
DRÜCK
BESIEGEN WIR DEN BUBBLER UND BEFREIEN DIE ERWACHSENEN!

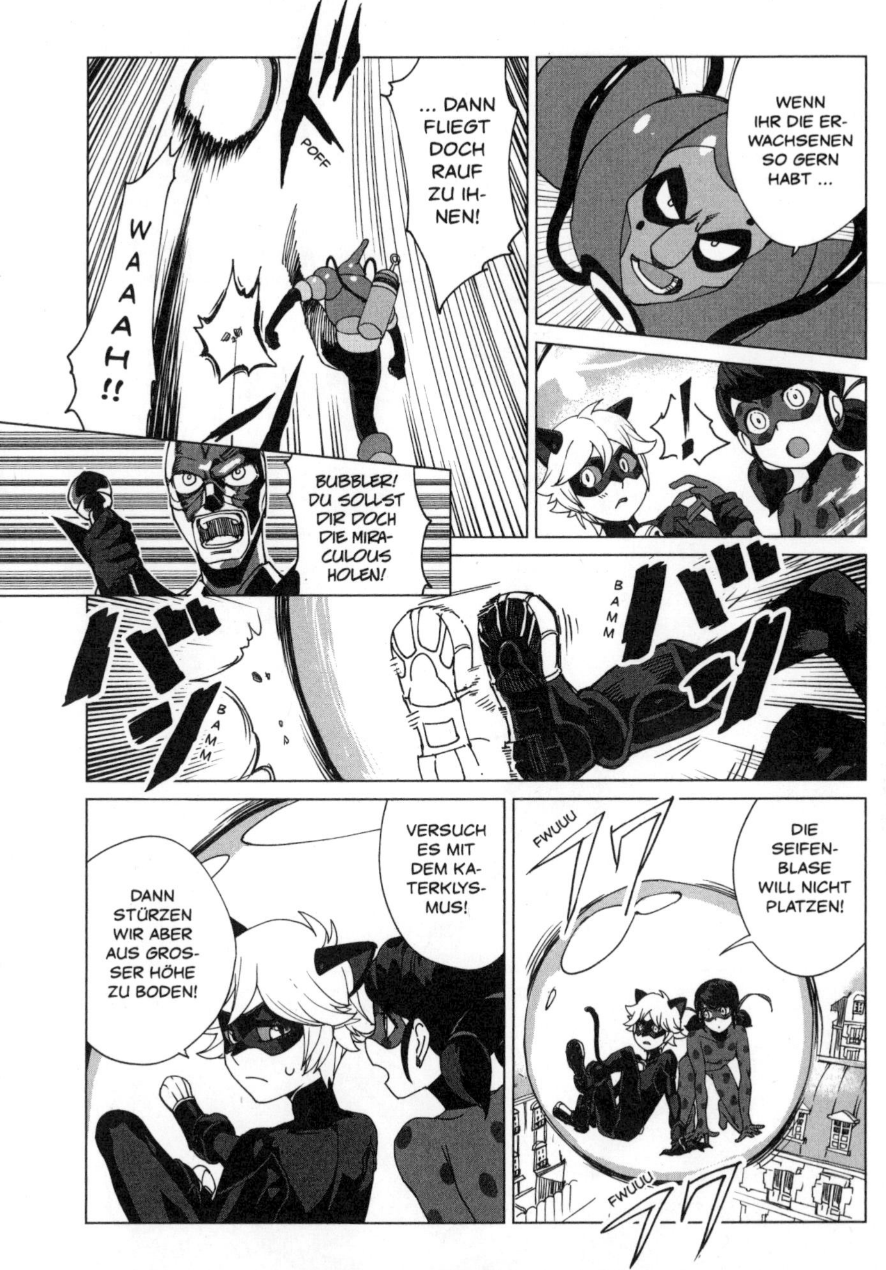
WENN IHR DIE ERWACHSENEN SO GERN HABT ...
... DANN FLIEGT DOCH RAUF ZU IHNEN!
POFF
WAAAAH!!
!
BUBBLER! DU SOLLST DIR DOCH DIE MIRACULOUS HOLEN!
BAMM
BAMM
DIE SEIFENBLASE WILL NICHT PLATZEN!
FWUUU
FWUUU
VERSUCH ES MIT DEM KATERKLYSMUS!
DANN STÜRZEN WIR ABER AUS GROSSER HÖHE ZU BODEN!

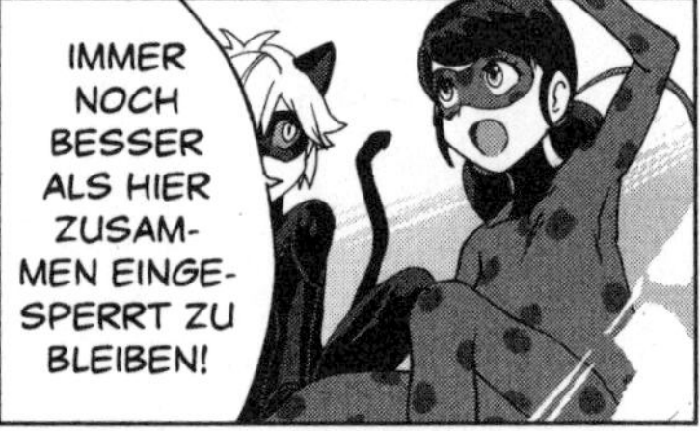

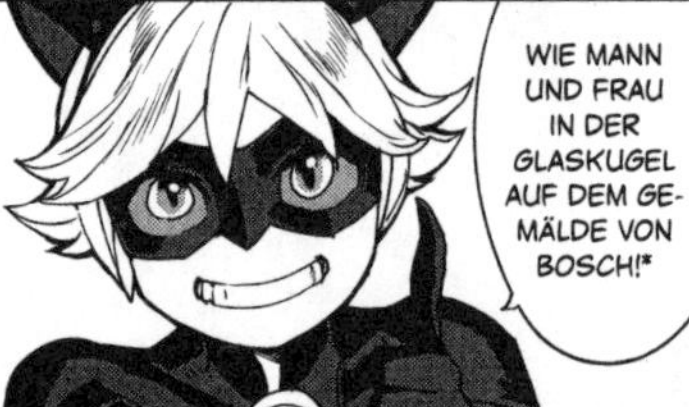

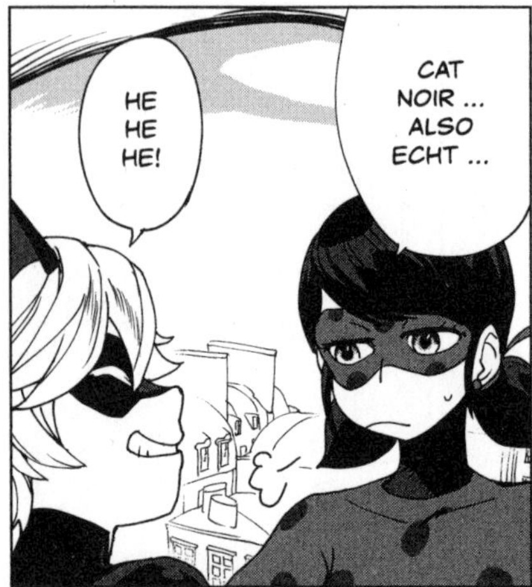

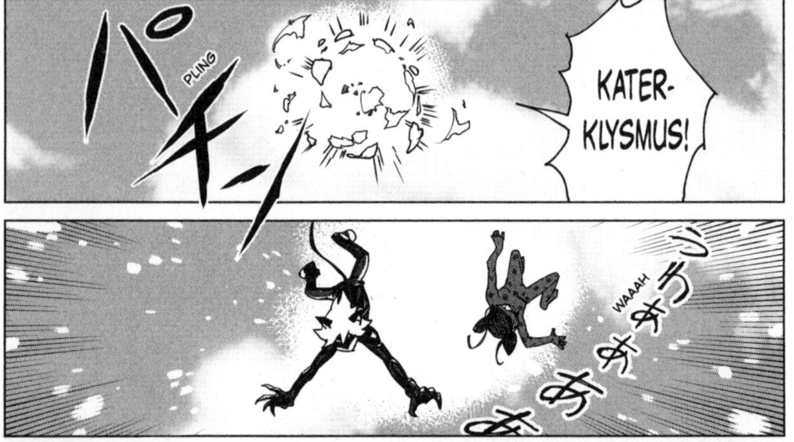

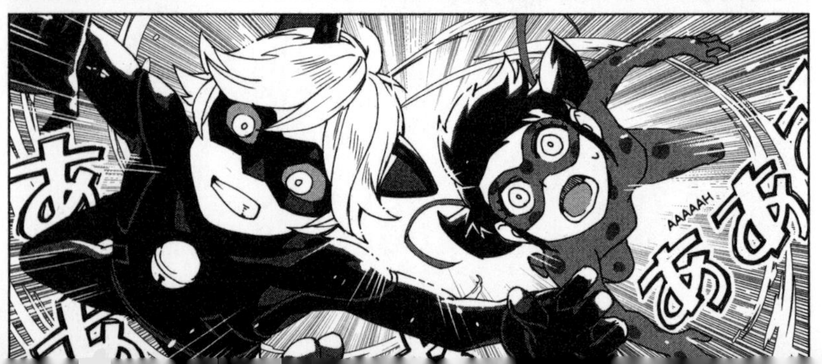

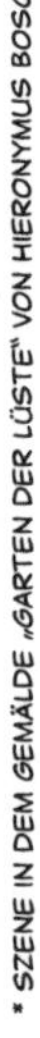
* SZENE IN DEM GEMÄLDE „GARTEN DER LÜSTE" VON HIERONYMUS BOSCH.

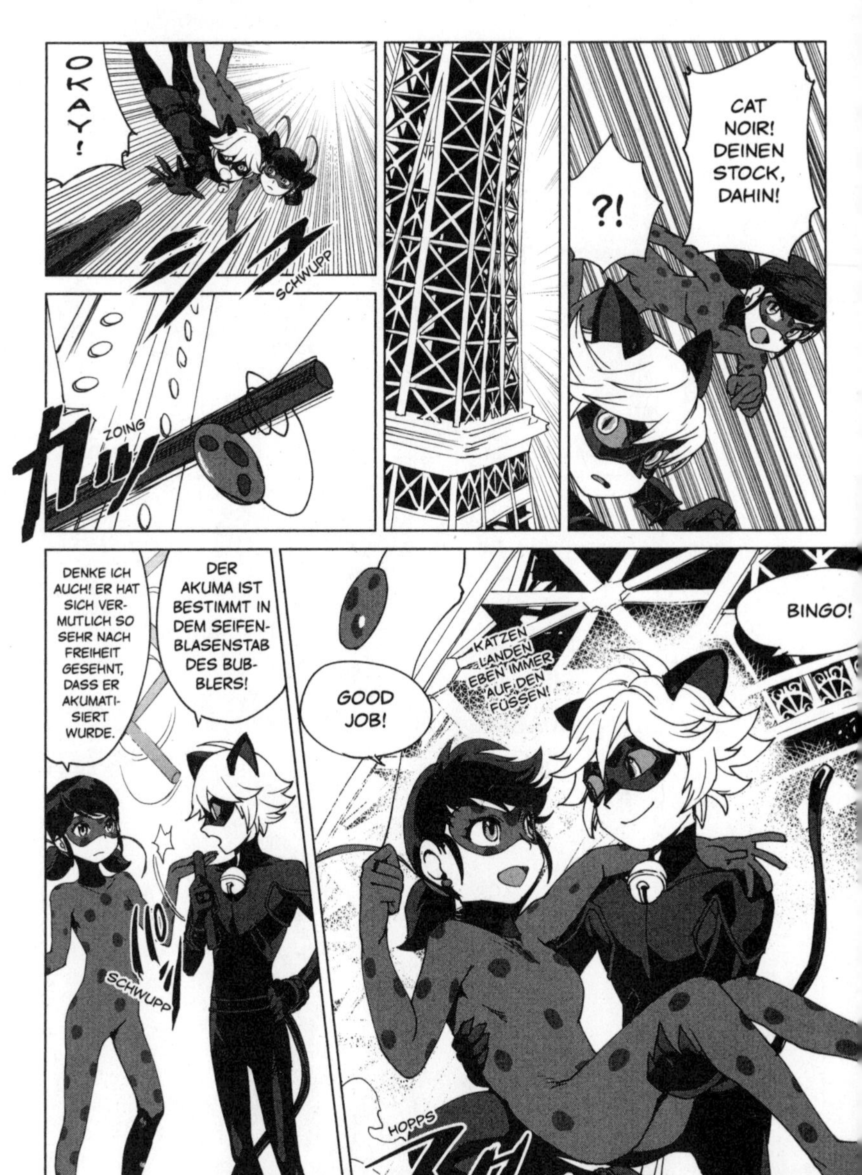
OKAY!
SCHWUPP
ZOING
CAT NOIR! DEINEN STOCK, DAHIN!
?!
BINGO!
KATZEN LANDEN EBEN IMMER AUF DEN FÜSSEN!
GOOD JOB!
HOPPS
DER AKUMA IST BESTIMMT IN DEM SEIFEN-BLASENSTAB DES BUB-BLERS!
DENKE ICH AUCH! ER HAT SICH VER-MUTLICH SO SEHR NACH FREIHEIT GESEHNT, DASS ER AKUMATI-SIERT WURDE.
SCHWUPP

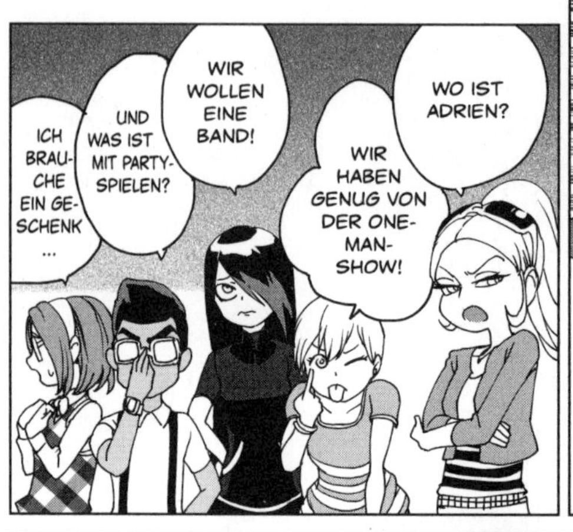
ICH BRAUCHE EIN GESCHENK ...
UND WAS IST MIT PARTYSPIELEN?
WIR WOLLEN EINE BAND!
WIR HABEN GENUG VON DER ONE-MAN-SHOW!
WO IST ADRIEN?

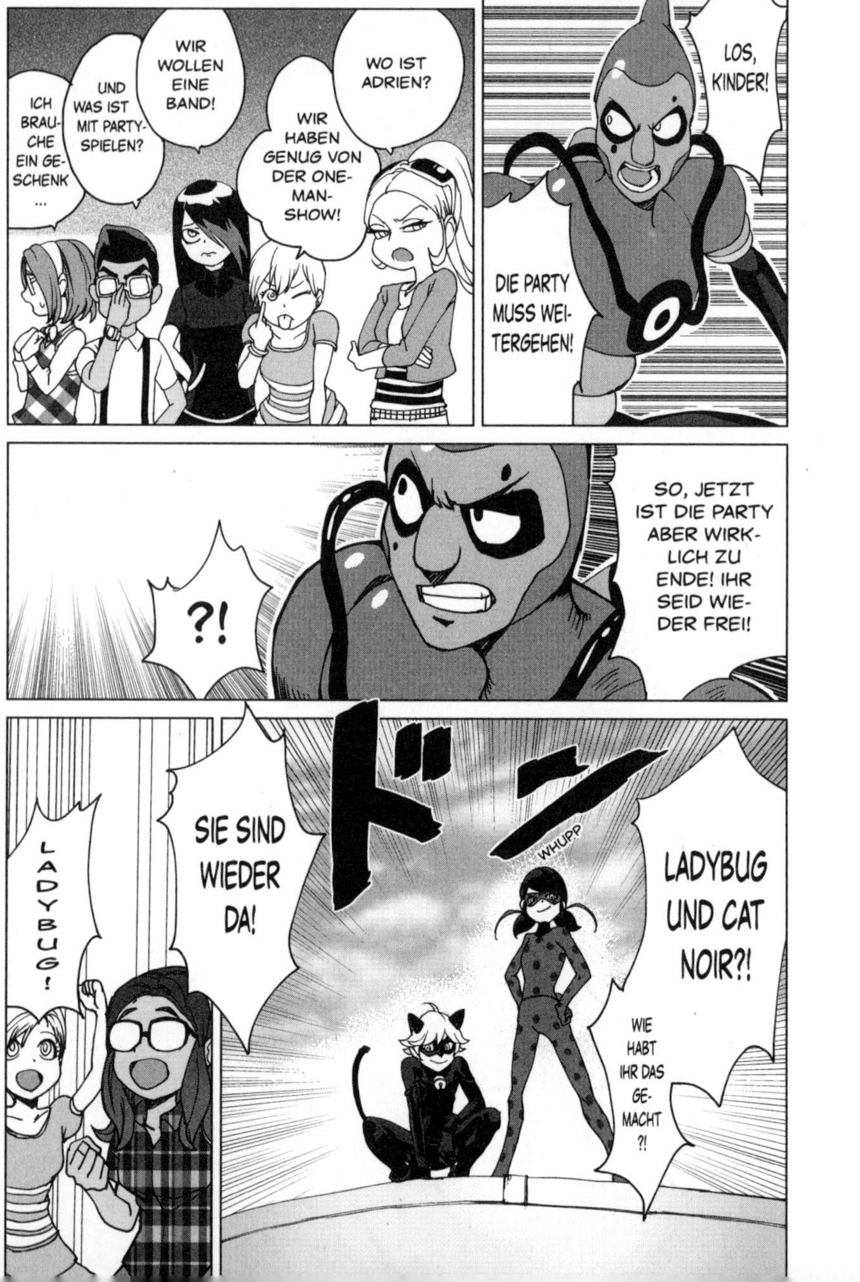

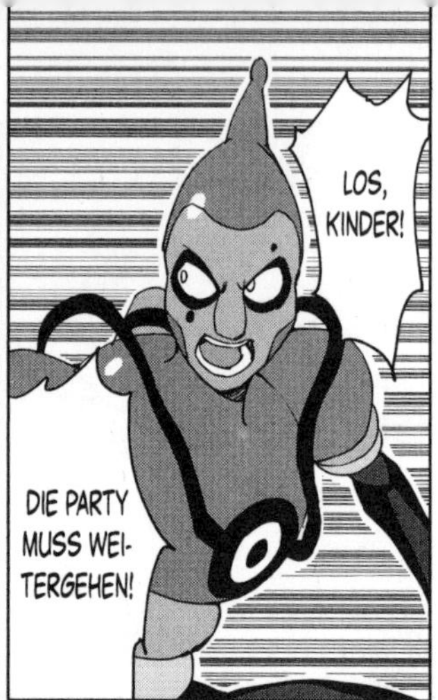
LOS, KINDER!
DIE PARTY MUSS WEITERGEHEN!

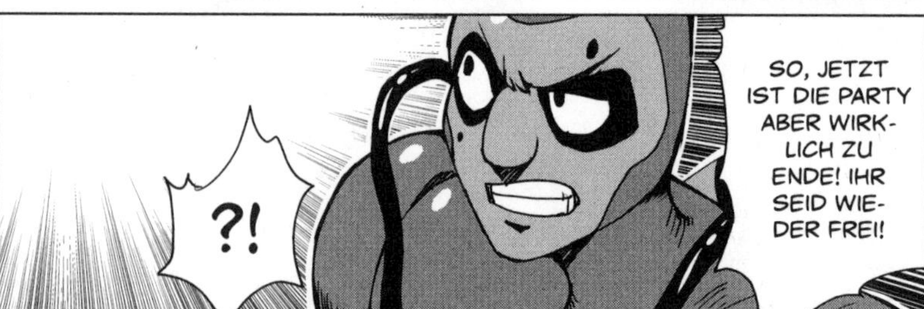
SO, JETZT IST DIE PARTY ABER WIRKLICH ZU ENDE! IHR SEID WIEDER FREI!
?!

LADYBUG!
SIE SIND WIEDER DA!
WHUPP
LADYBUG UND CAT NOIR?!
WIE HABT IHR DAS GEMACHT?!

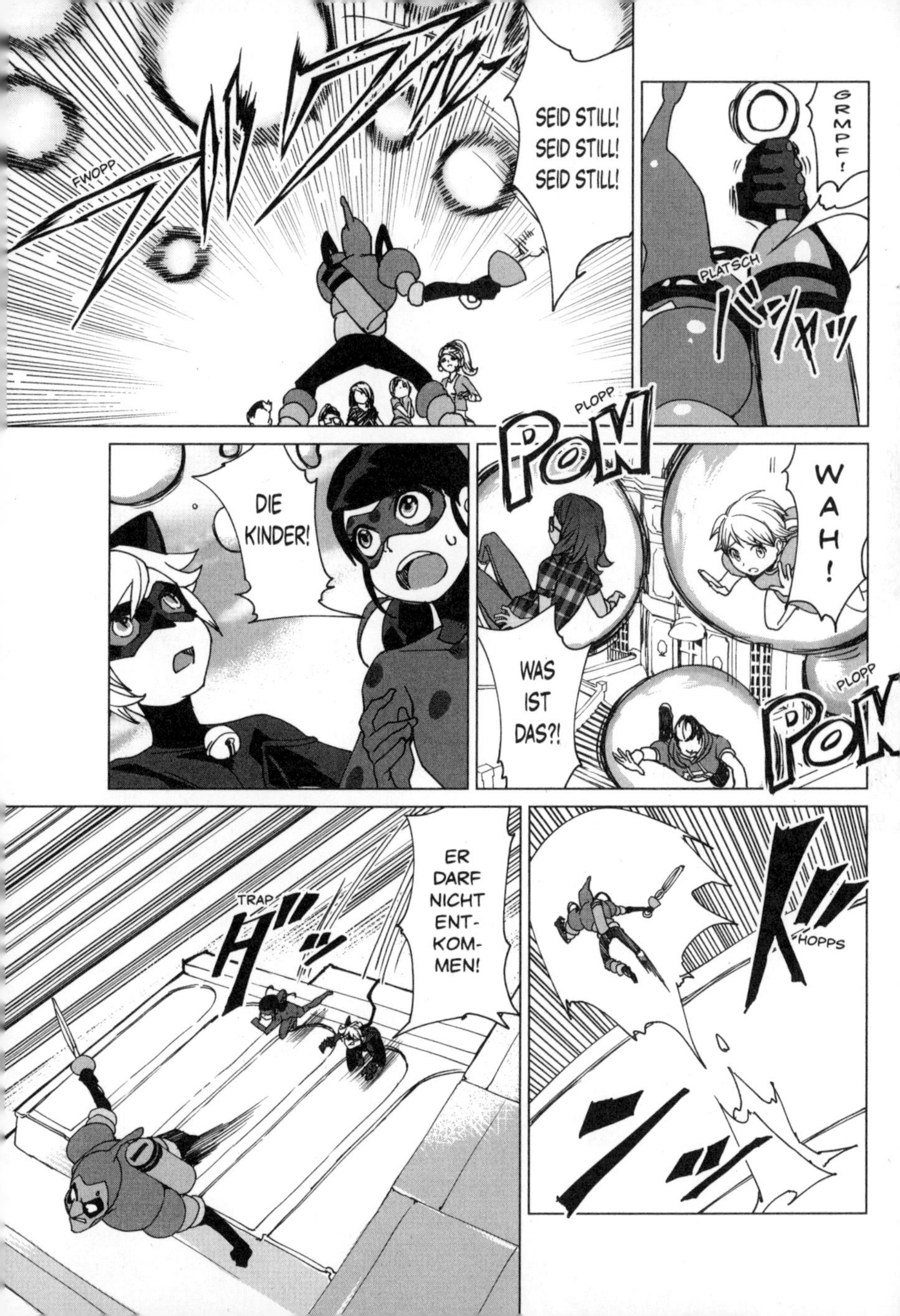
SEID STILL!
SEID STILL!
SEID STILL!
FWOPP
GRMPF!
PLATSCH
PLOPP
DIE KINDER!
WAH!
WAS IST DAS?!
PLOPP
ER DARF NICHT ENT-KOM-MEN!
TRAP
HOPPS

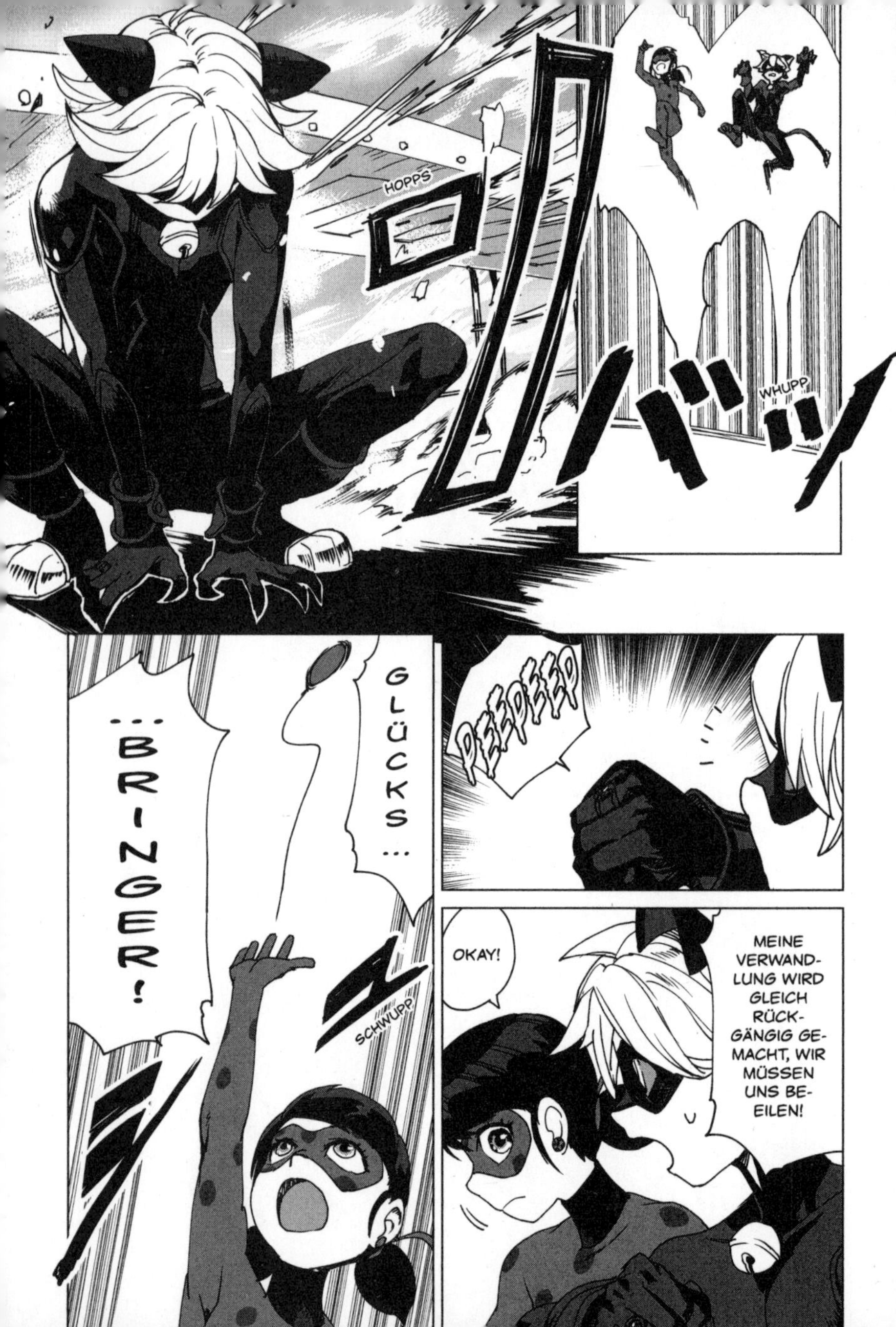
HOPPS
WHUPP
PEEPEEP
GLÜCKS ...
...BRINGER!
SCHWUPP
OKAY!
MEINE VERWANDLUNG WIRD GLEICH RÜCKGÄNGIG GEMACHT, WIR MÜSSEN UNS BEEILEN!

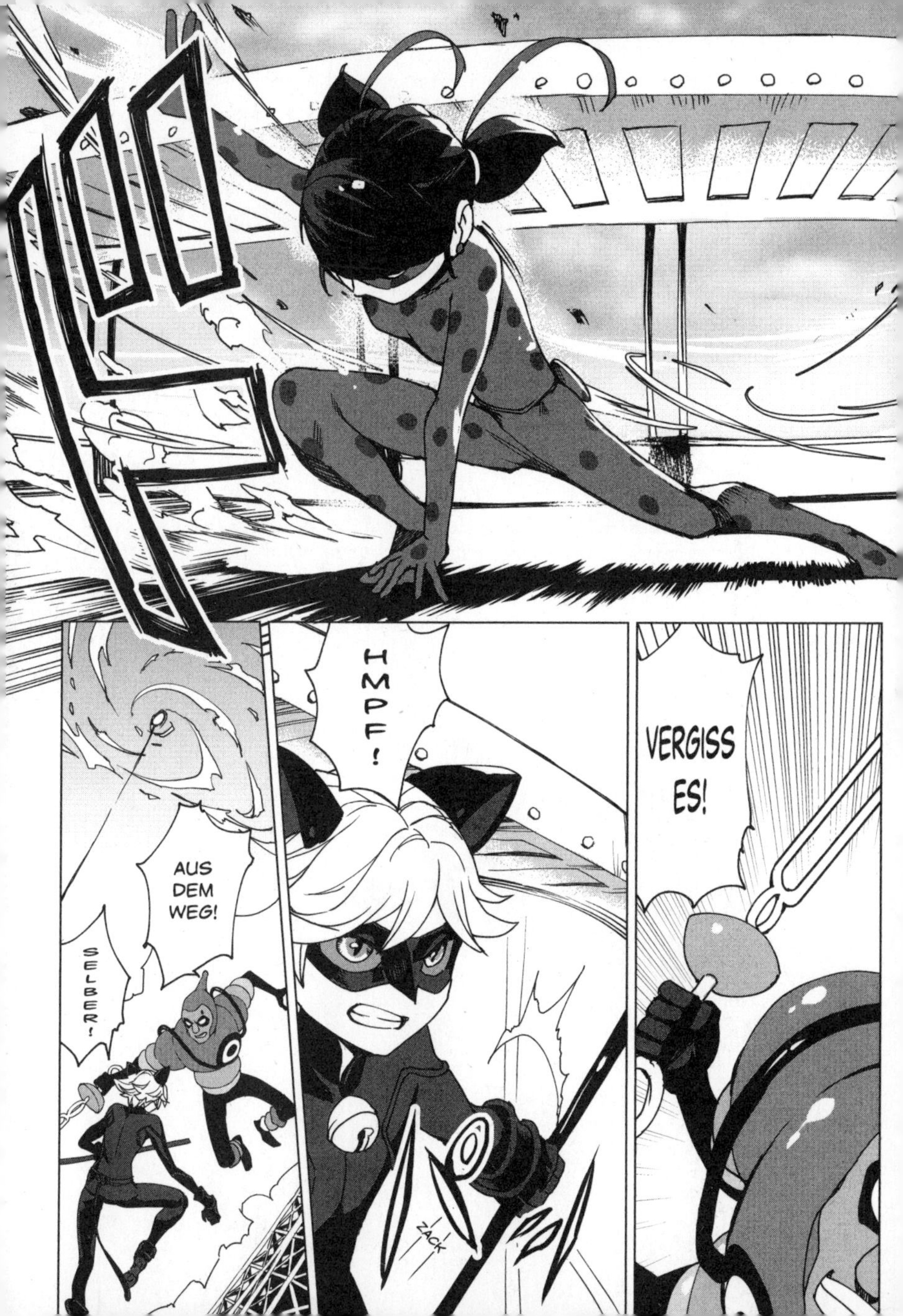
VERGISS ES!
HMPF!
AUS DEM WEG!
SELBER!
ZACK

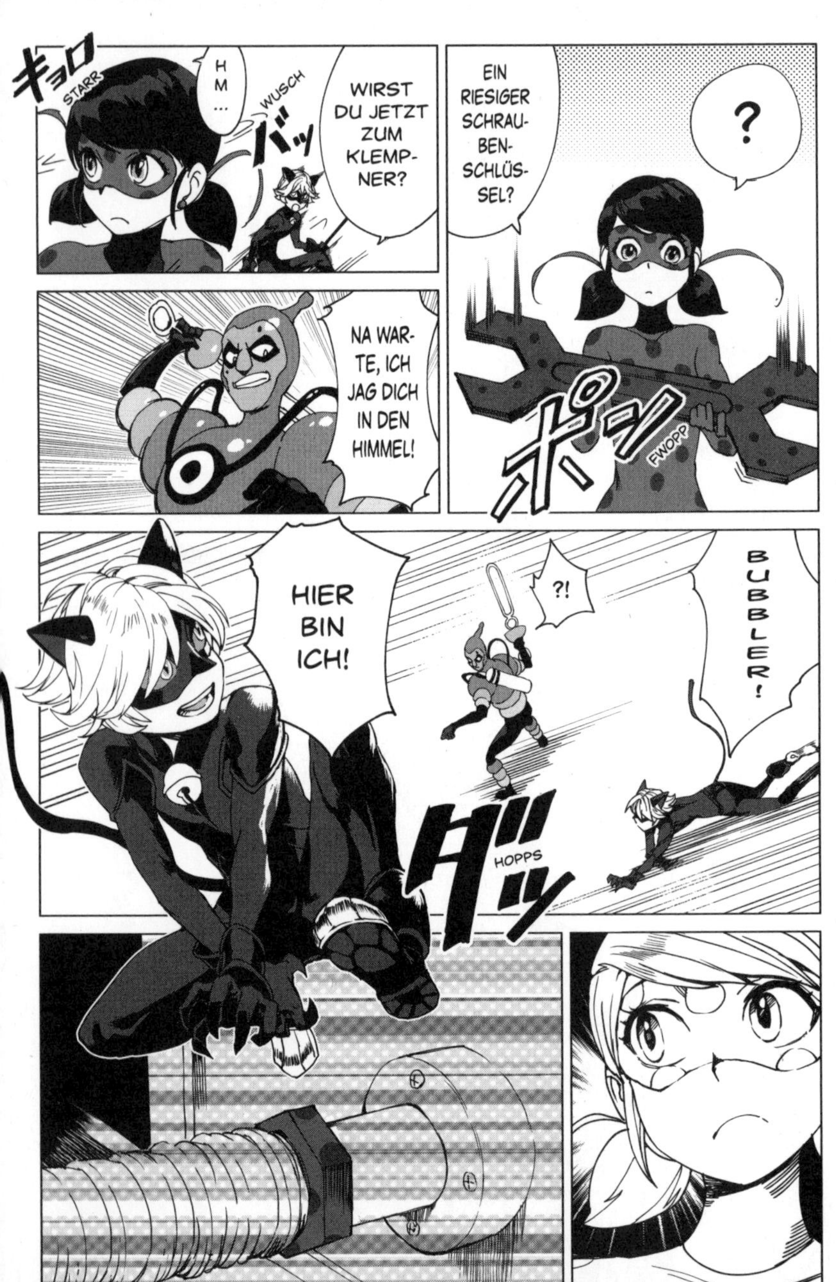
FWOPP
?
EIN RIESIGER SCHRAUBENSCHLÜSSEL?
STARR
HM ...
WUSCH
WIRST DU JETZT ZUM KLEMPNER?
NA WARTE, ICH JAG DICH IN DEN HIMMEL!
BUBBLER!
?!
HIER BIN ICH!
HOPPS

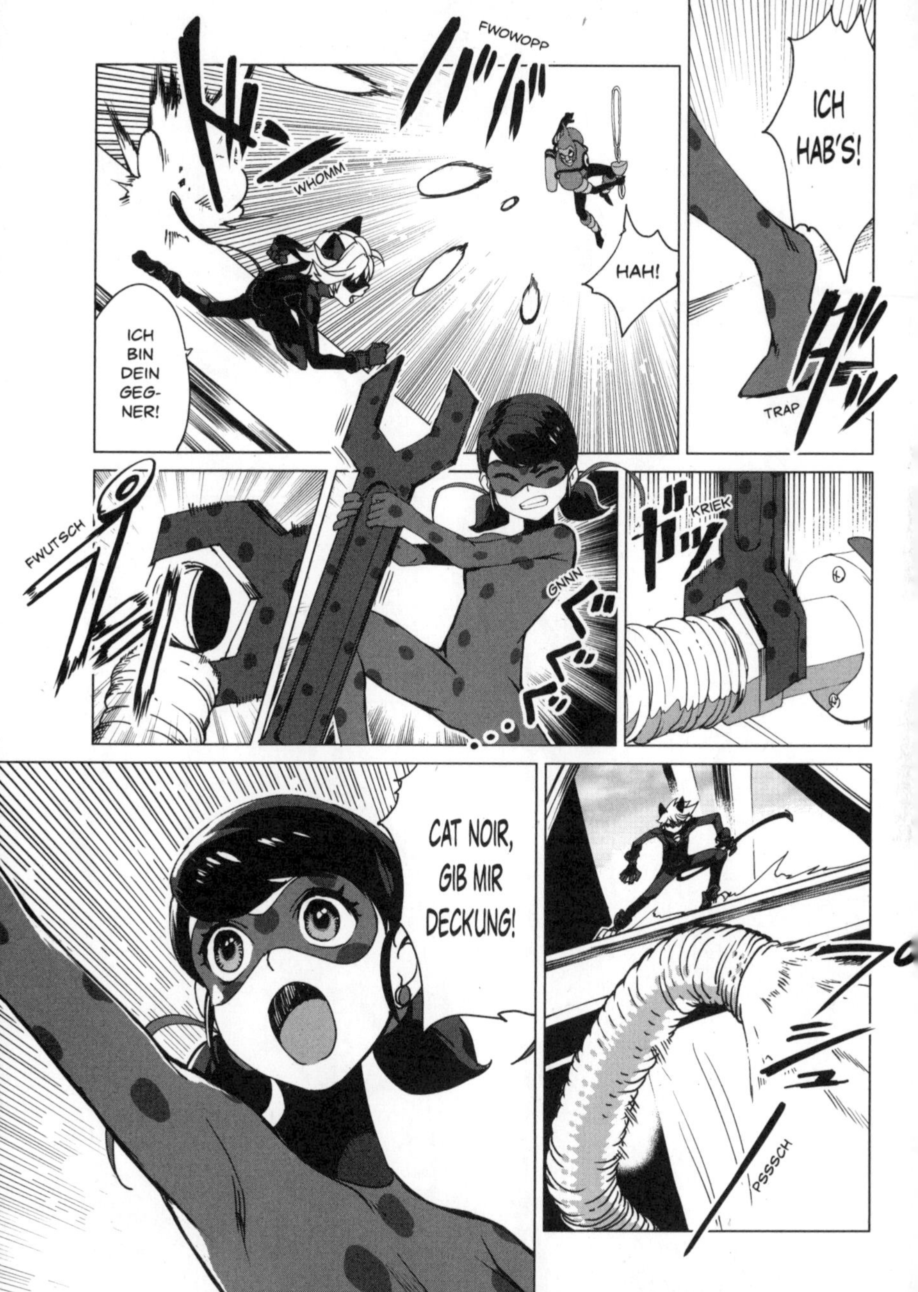
ICH HAB'S!
TRAP
FWOWOPP
HAH!
WHOMM
ICH BIN DEIN GEG-NER!
KRIEK
GNNN
FWUTSCH
CAT NOIR, GIB MIR DECKUNG!
PSSSCH

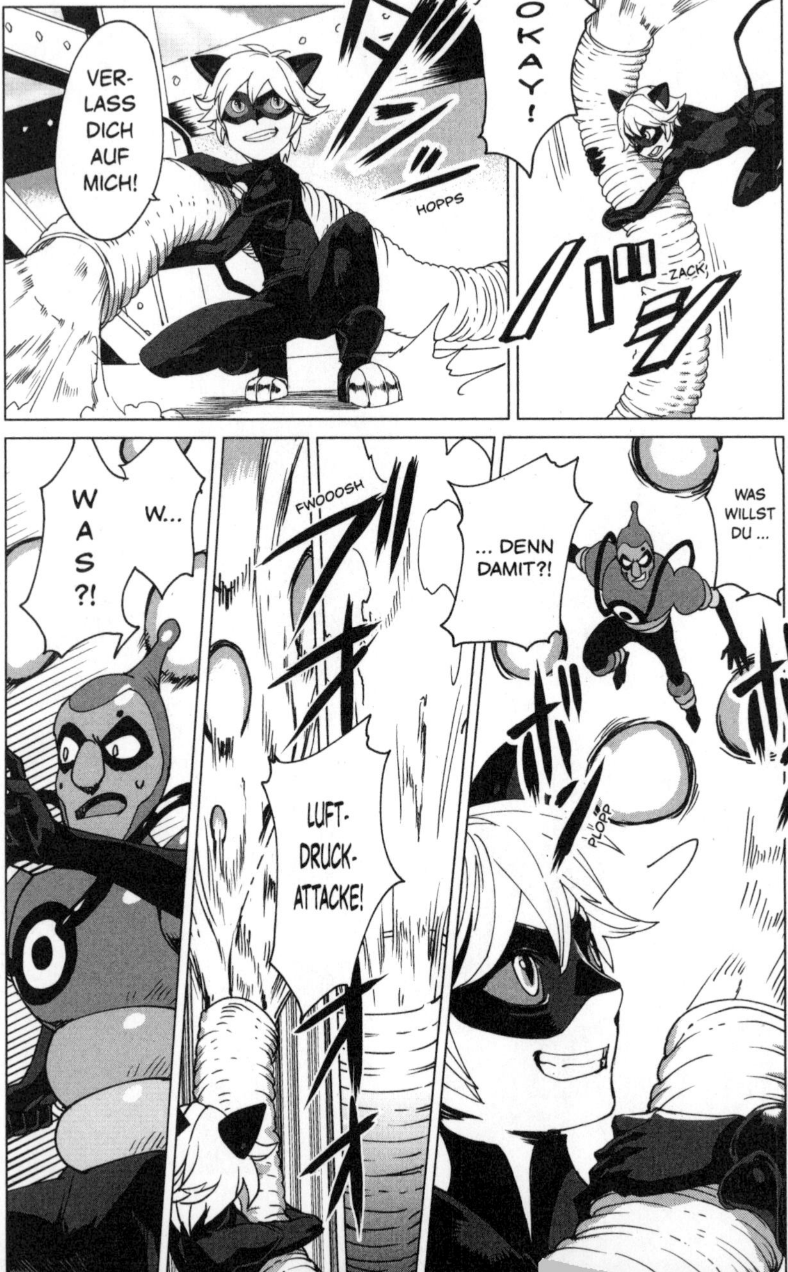

VER-LASS DICH AUF MICH!
HOPPS
OKAY!
ZACK
W...
WAS?!
FWOOOSH
LUFT-DRUCK-ATTACKE!
... DENN DAMIT?!
WAS WILLST DU ...
PLOPP
PLOPP

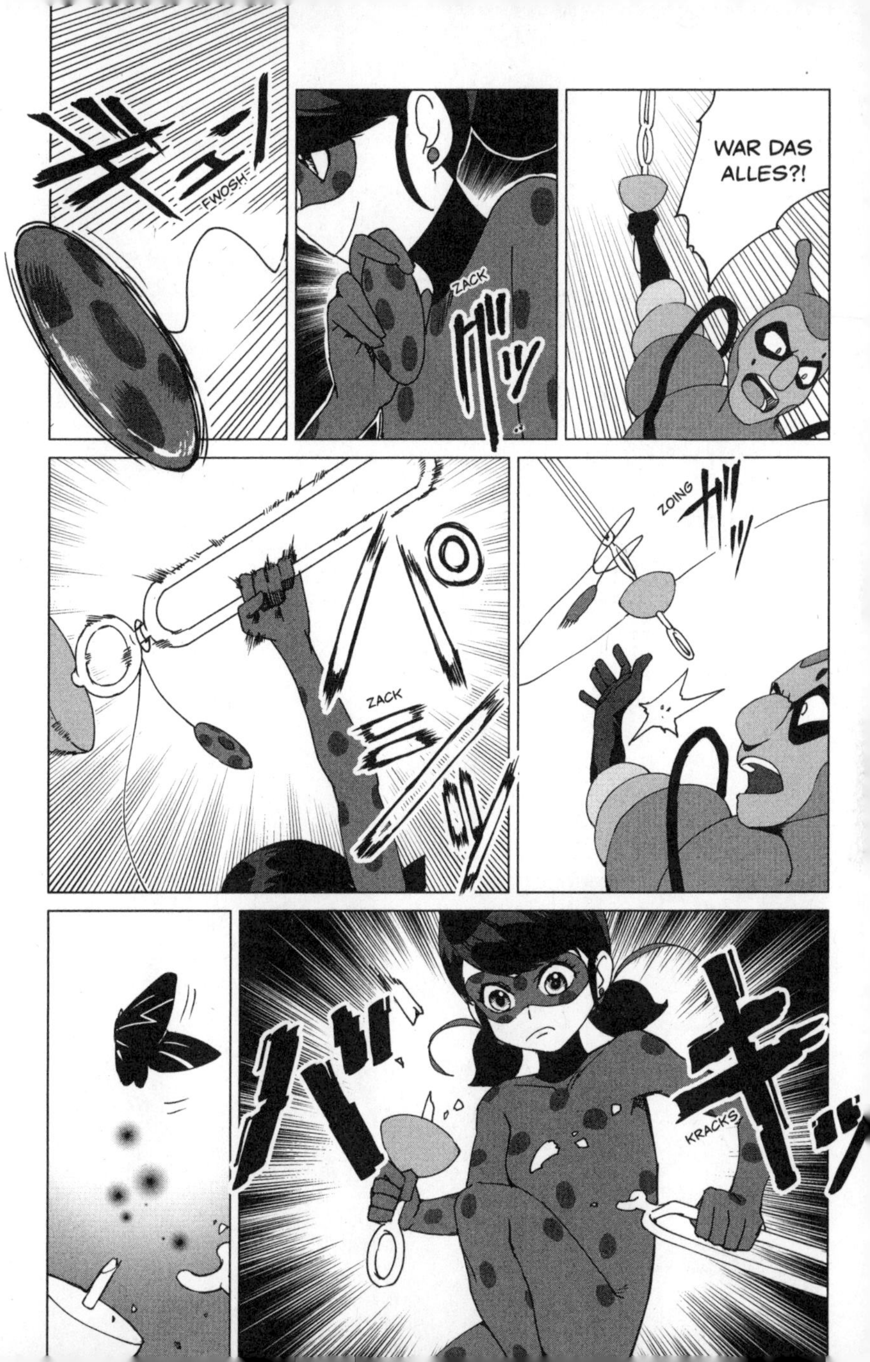

WAR DAS ALLES?!
ZACK
FWOSH
ZOING
ZACK

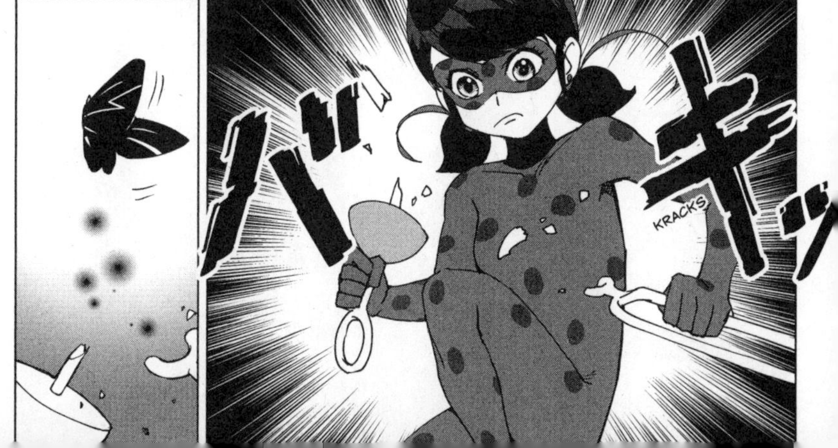

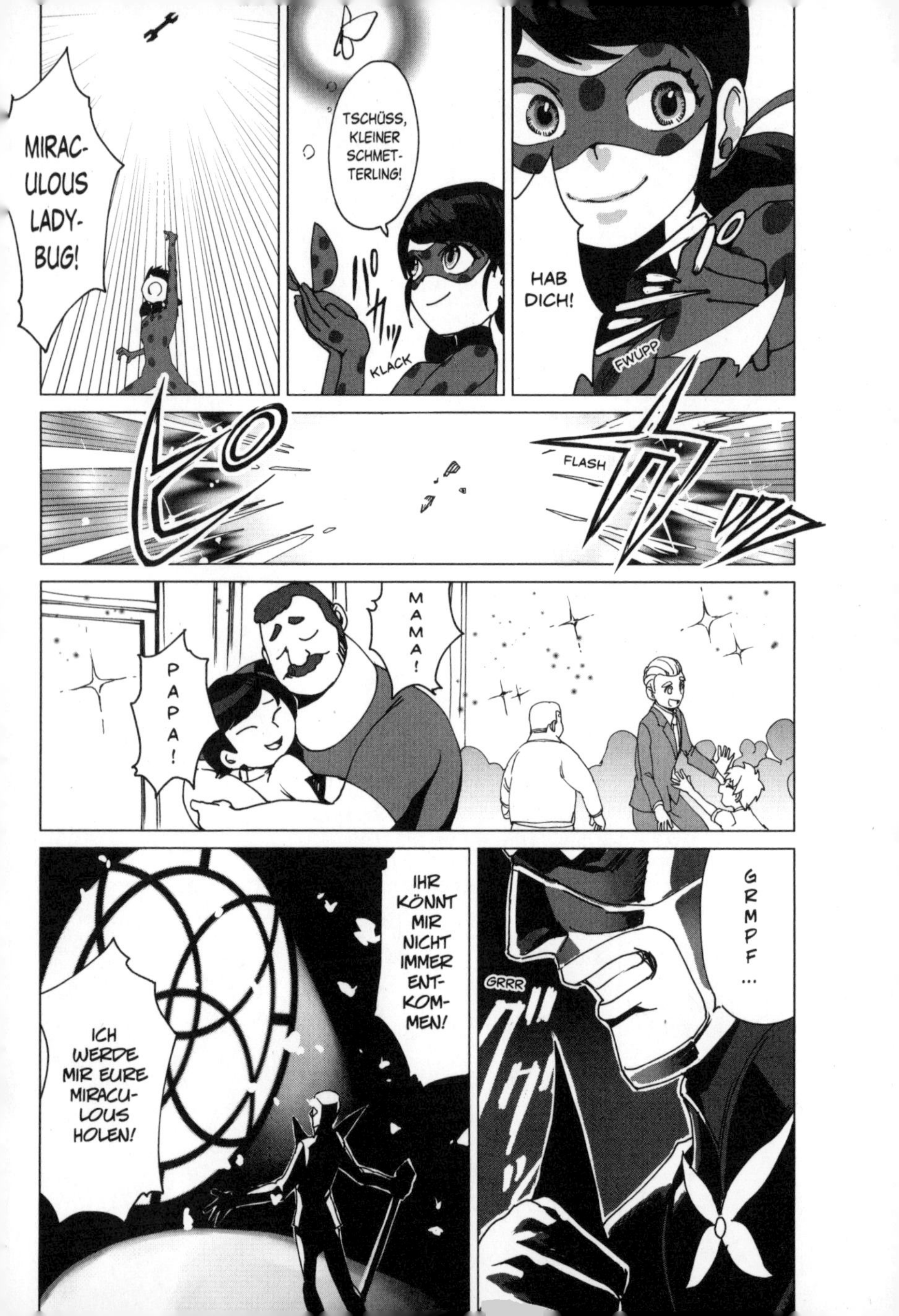

MIRACULOUS LADYBUG!

TSCHÜSS, KLEINER SCHMETTERLING!

KLACK

HAB DICH!

FWUPP

FLASH

MAMA!

PAPA!

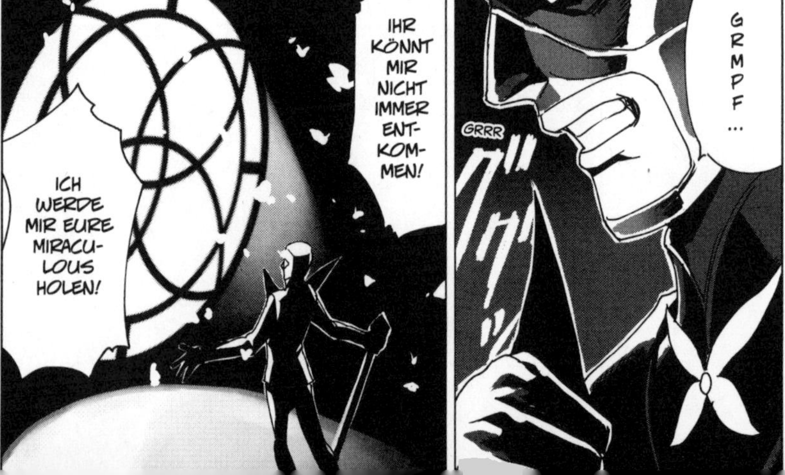

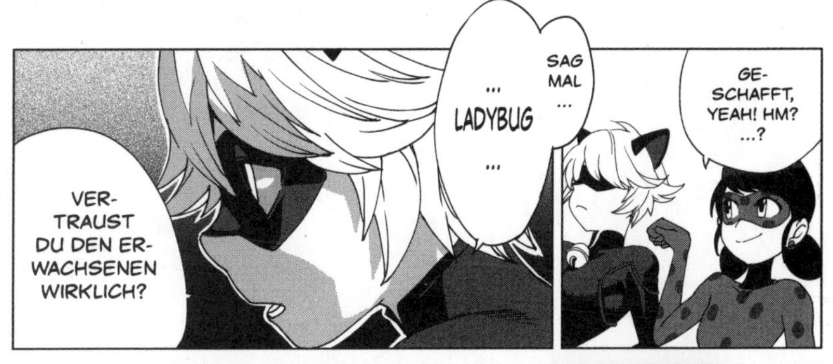

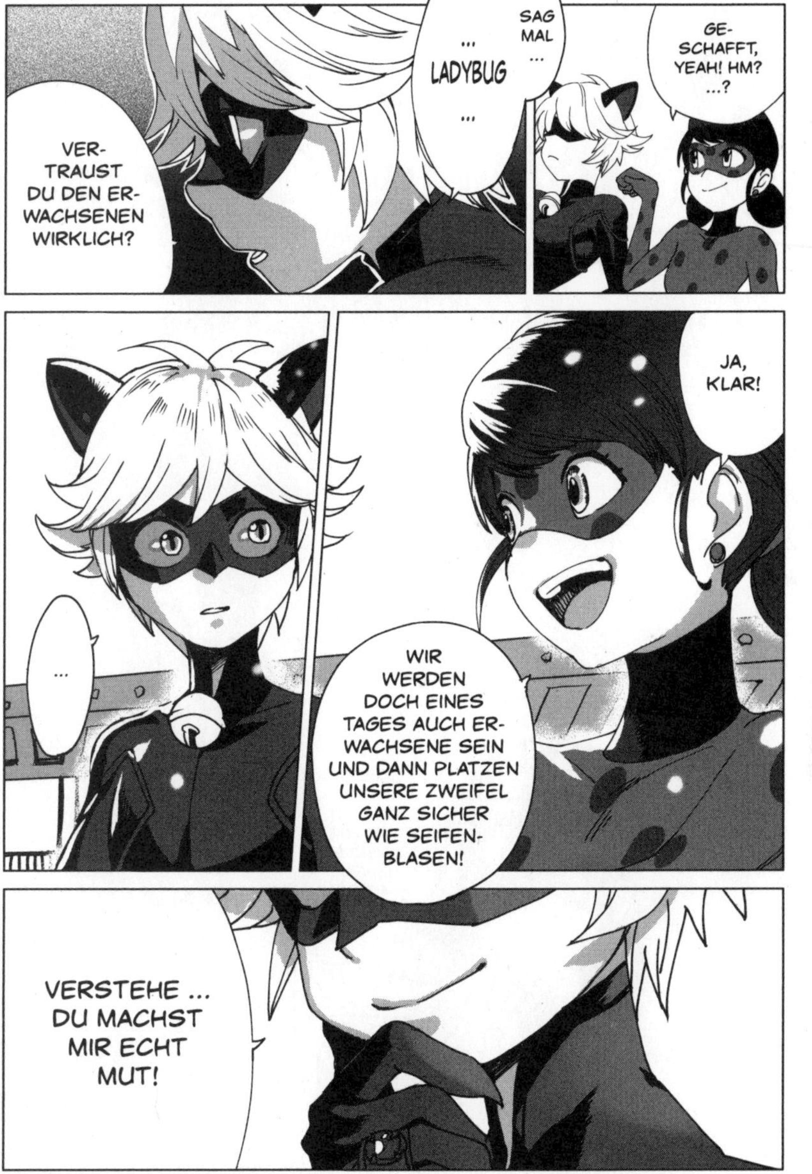

JA, KLAR!
WIR WERDEN DOCH EINES TAGES AUCH ER-WACHSENE SEIN UND DANN PLATZEN UNSERE ZWEIFEL GANZ SICHER WIE SEIFEN-BLASEN!
...

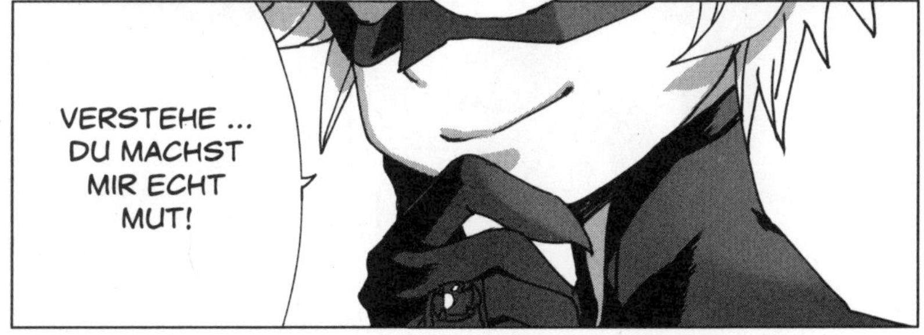

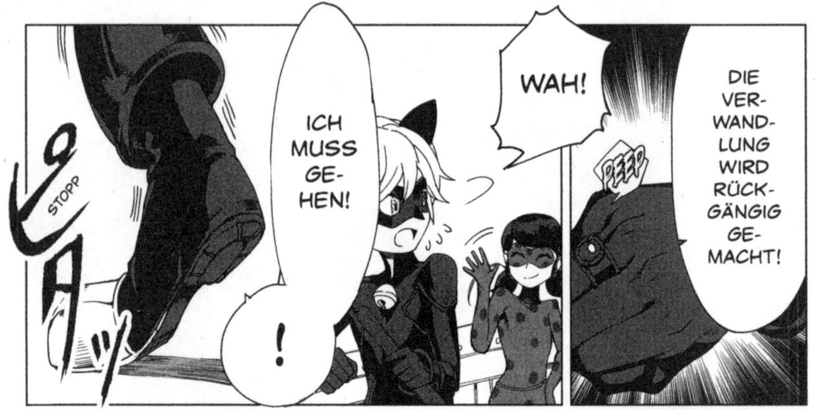
DIE VER-WANDLUNG WIRD RÜCK-GÄNGIG GE-MACHT!
PEEP
WAH!
ICH MUSS GE-HEN!
!
STOPP

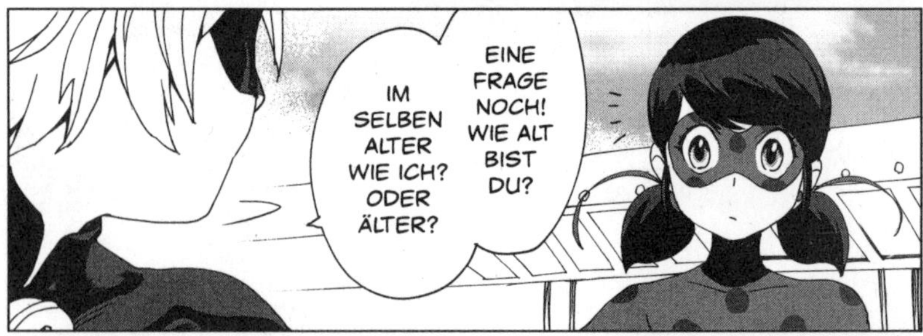
EINE FRAGE NOCH! WIE ALT BIST DU?
IM SELBEN ALTER WIE ICH? ODER ÄLTER?

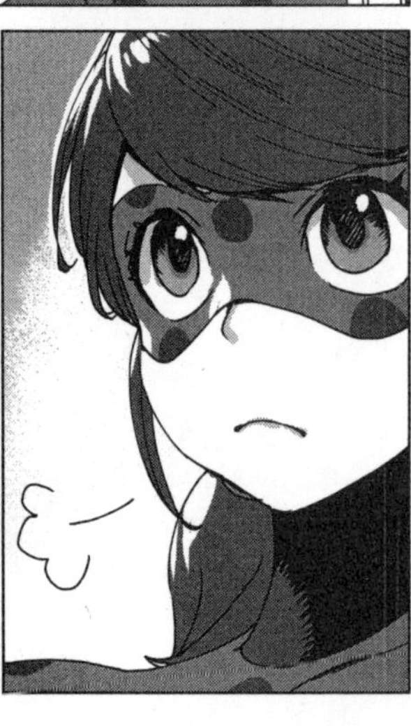

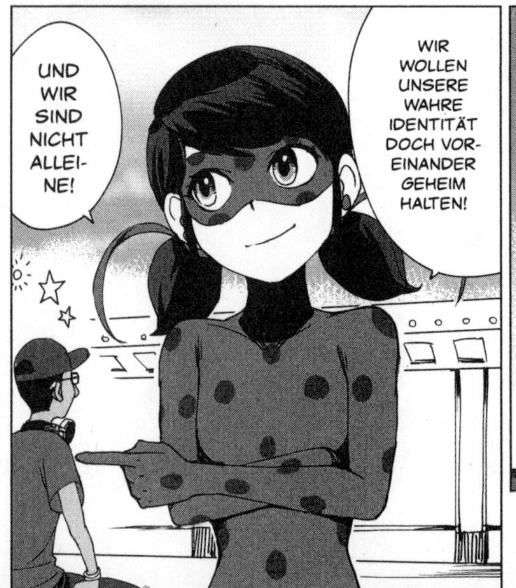
WIR WOLLEN UNSERE WAHRE IDENTITÄT DOCH VOR-EINANDER GEHEIM HALTEN!
UND WIR SIND NICHT ALLEI-NE!

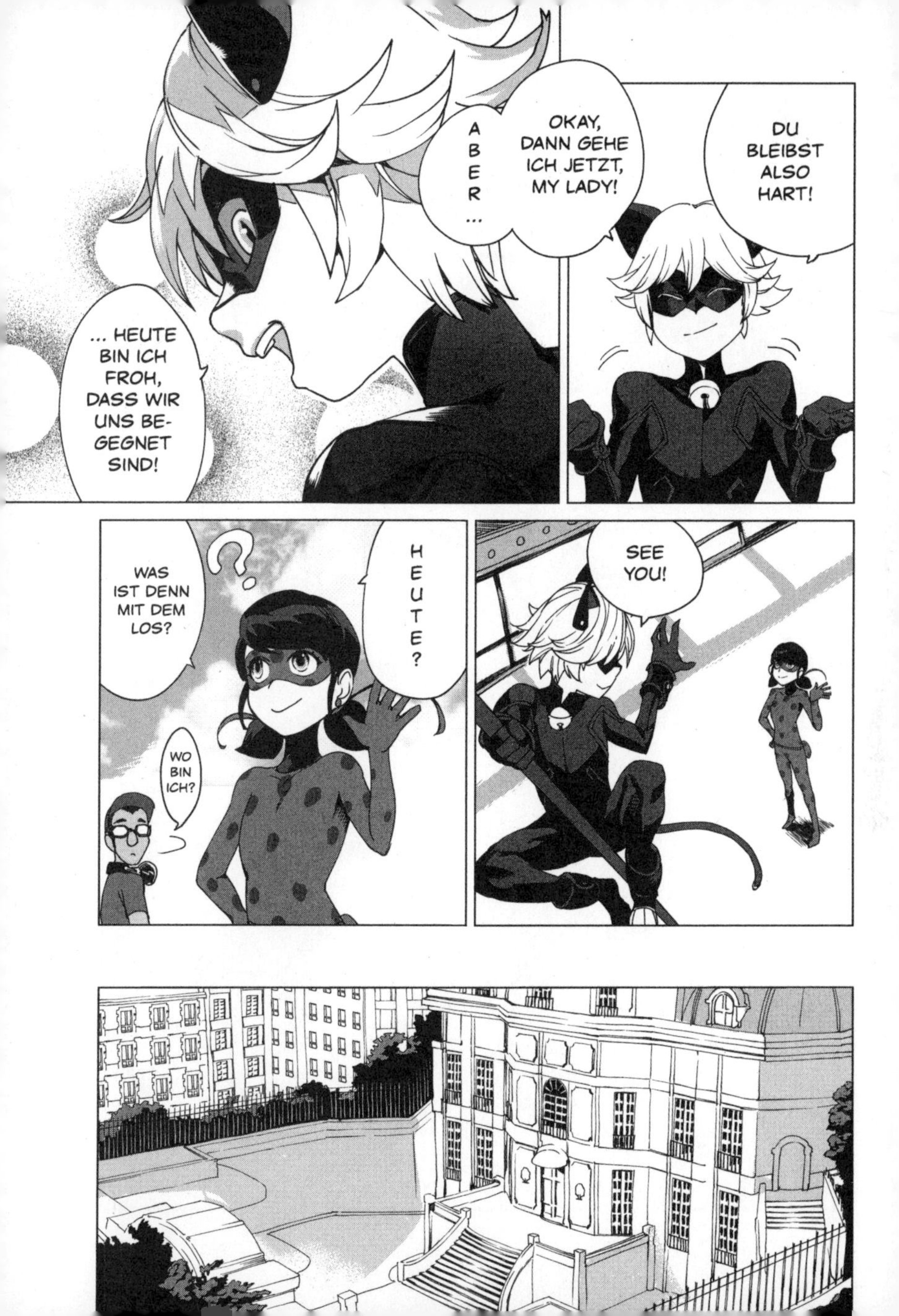

DU BLEIBST ALSO HART!
OKAY, DANN GEHE ICH JETZT, MY LADY!
ABER ...
... HEUTE BIN ICH FROH, DASS WIR UNS BE-GEGNET SIND!

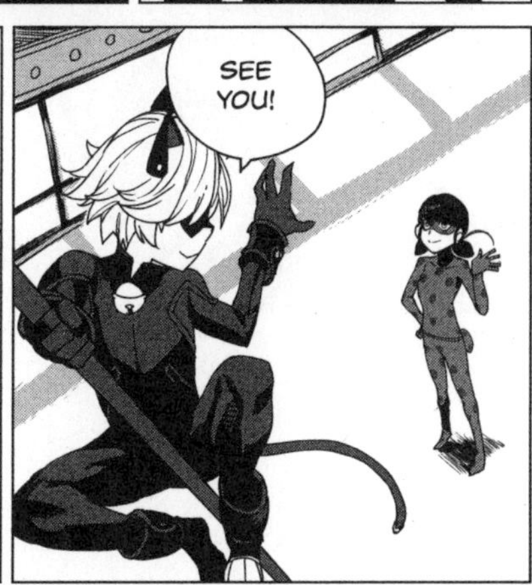

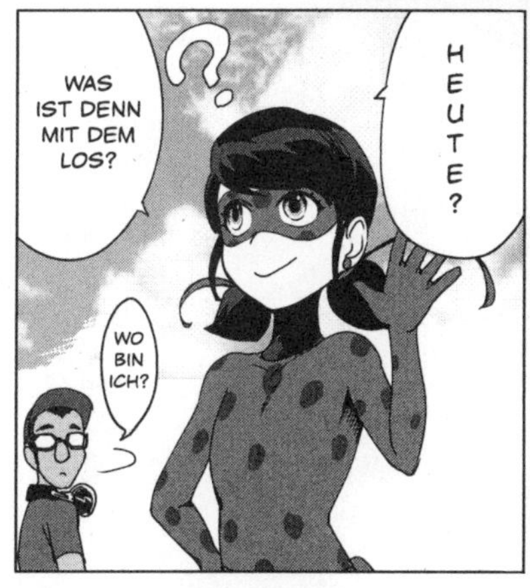

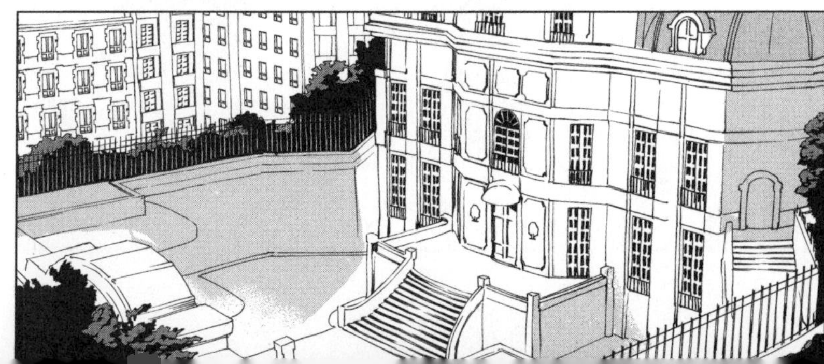

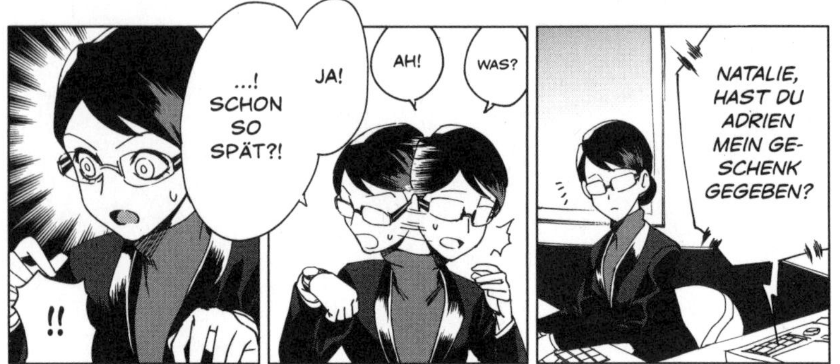
NATALIE, HAST DU ADRIEN MEIN GESCHENK GEGEBEN?
WAS?
AH!
JA!
...! SCHON SO SPÄT?!
!!

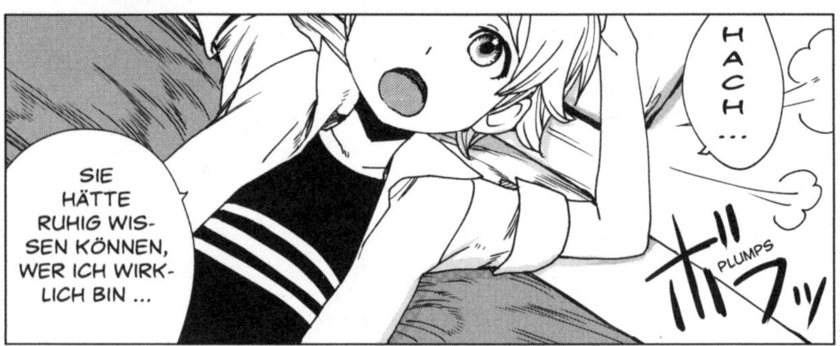
HACH ...
PLUMPS
SIE HÄTTE RUHIG WISSEN KÖNNEN, WER ICH WIRKLICH BIN ...

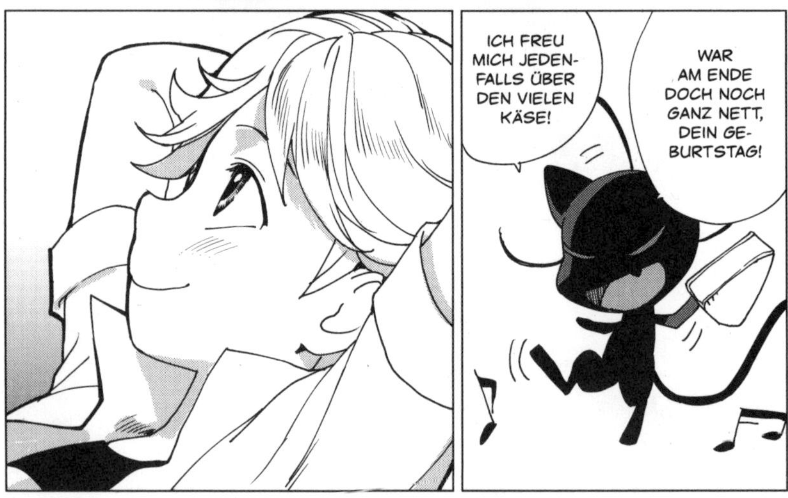
WAR AM ENDE DOCH NOCH GANZ NETT, DEIN GEBURTSTAG!
ICH FREU MICH JEDENFALLS ÜBER DEN VIELEN KÄSE!

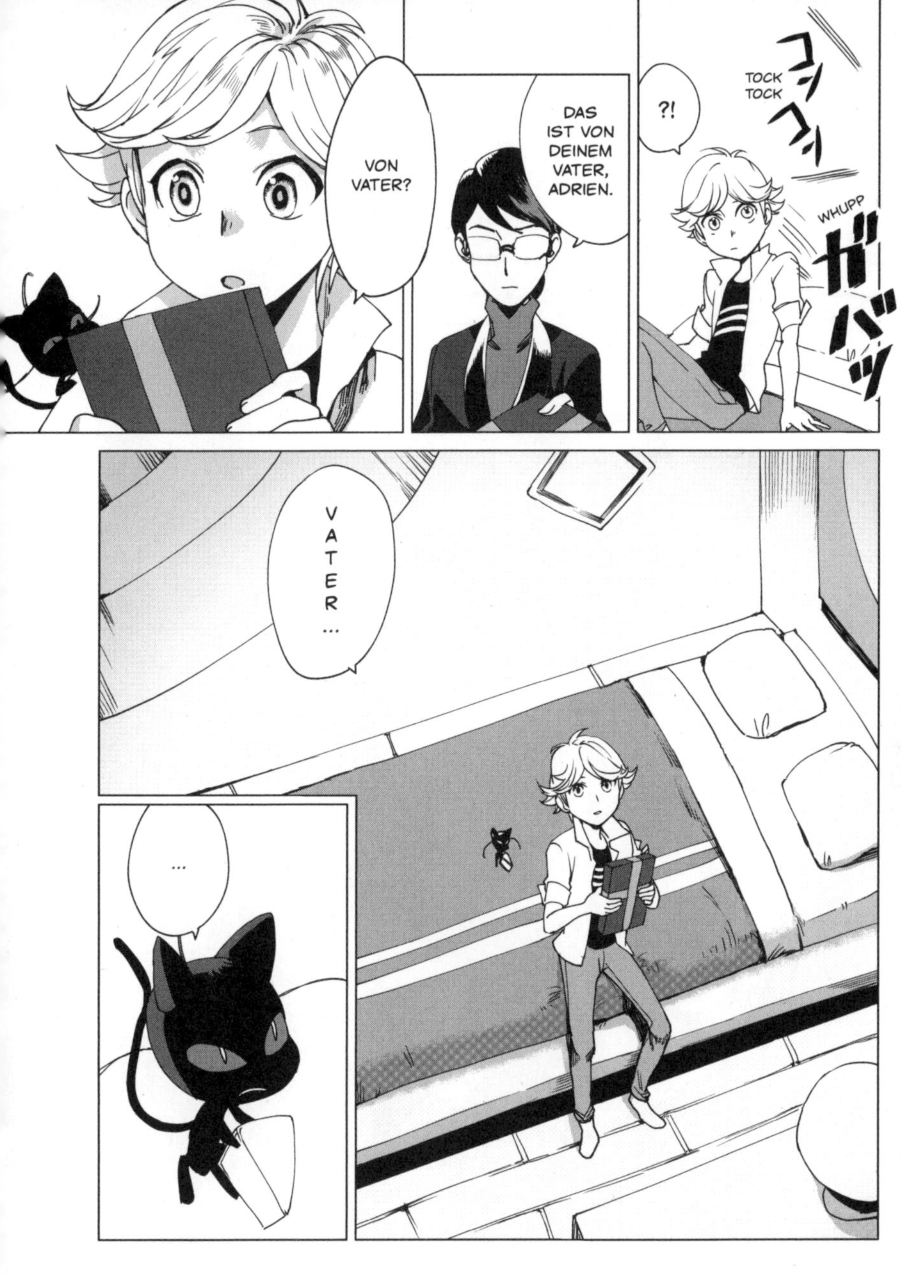
コンコン
TOCK TOCK
?!
ガバッ
WHUPP
DAS IST VON DEINEM VATER, ADRIEN.
VON VATER?
VATER ...
...

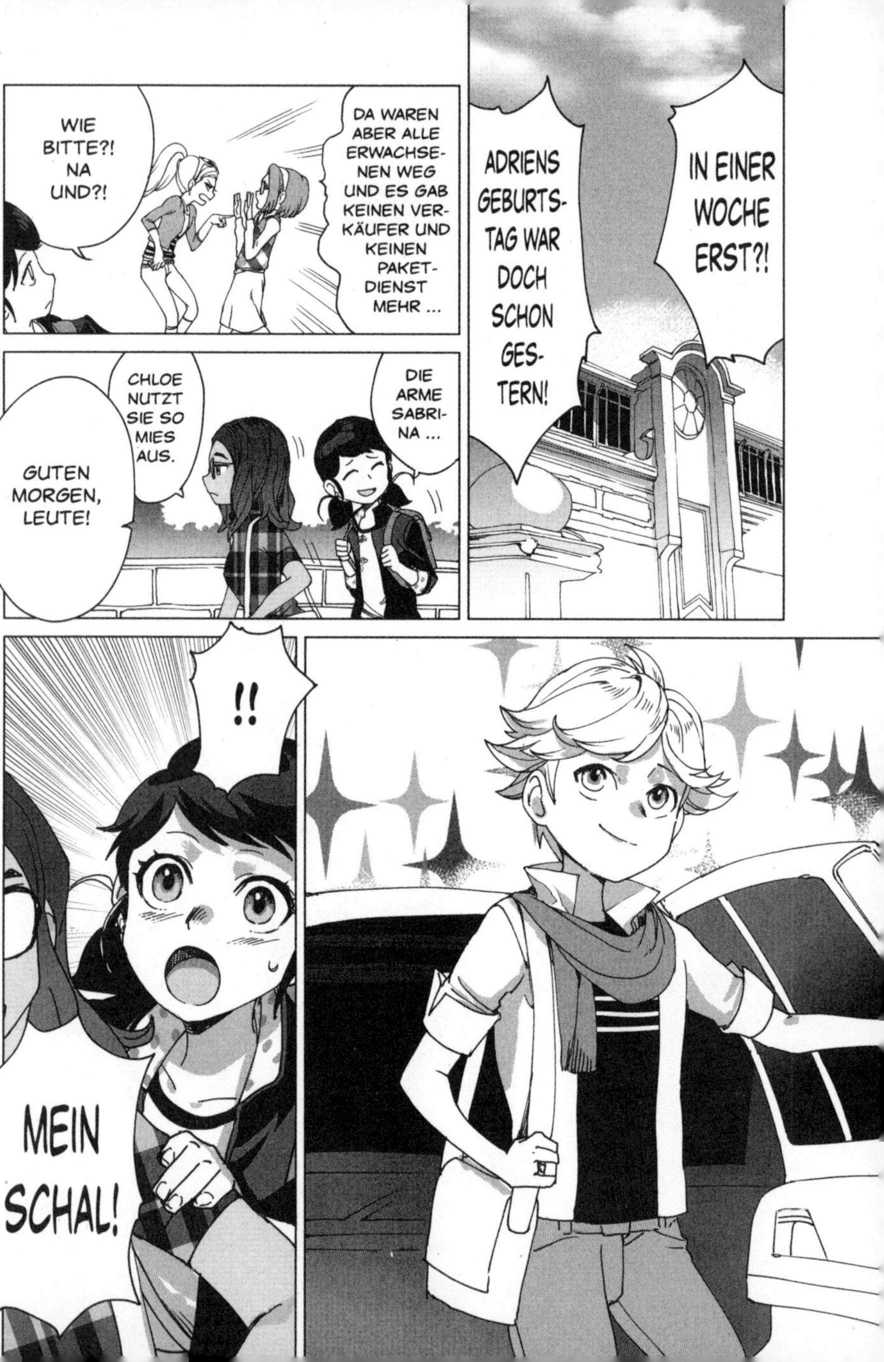

IN EINER WOCHE ERST?!
ADRIENS GEBURTSTAG WAR DOCH SCHON GESTERN!
DA WAREN ABER ALLE ERWACHSENEN WEG UND ES GAB KEINEN VERKÄUFER UND KEINEN PAKETDIENST MEHR ...
WIE BITTE?! NA UND?!
DIE ARME SABRINA ...
CHLOE NUTZT SIE SO MIES AUS.
GUTEN MORGEN, LEUTE!
!!
MEIN SCHAL!

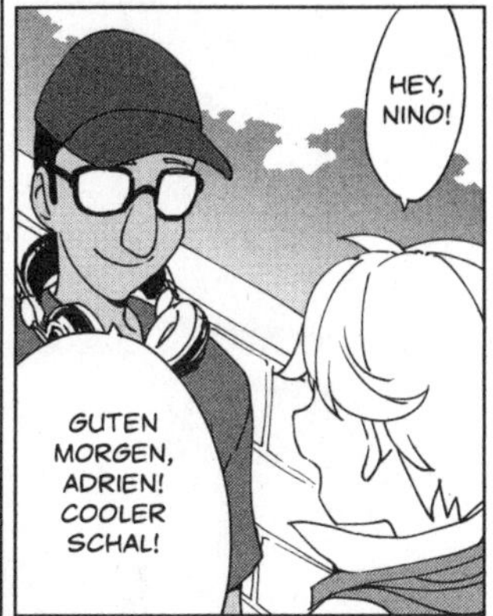
HEY, NINO!
GUTEN MORGEN, ADRIEN! COOLER SCHAL!

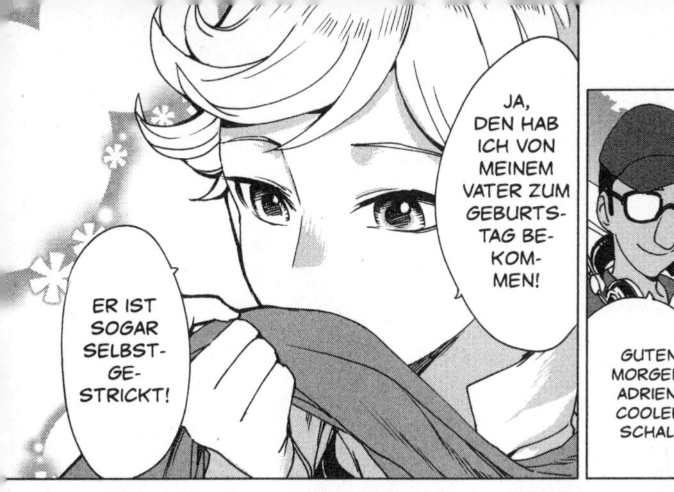
JA, DEN HAB ICH VON MEINEM VATER ZUM GEBURTS-TAG BE-KOM-MEN!
ER IST SOGAR SELBST-GE-STRICKT!

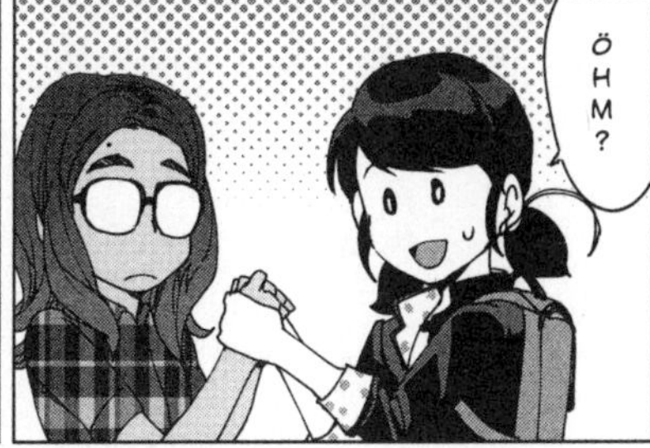
ÖHM?

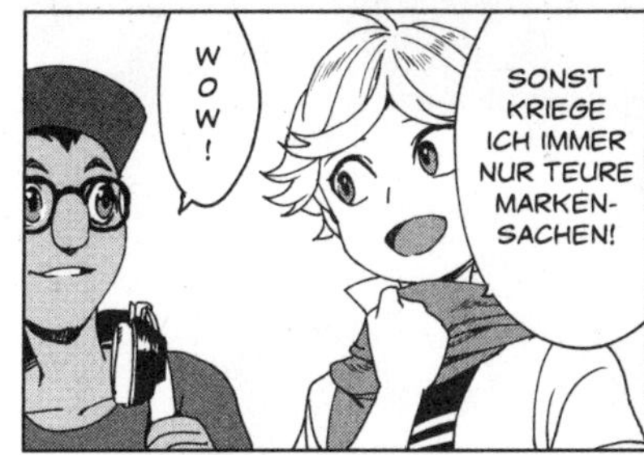
SONST KRIEGE ICH IMMER NUR TEURE MARKEN-SACHEN!
WOW!

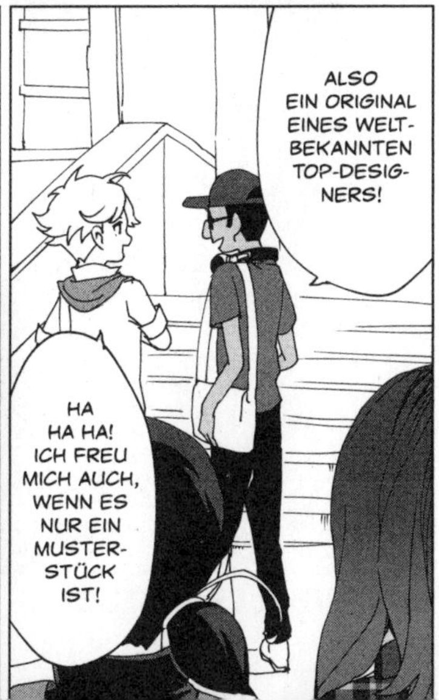
ALSO EIN ORIGINAL EINES WELT-BEKANNTEN TOP-DESIG-NERS!
HA HA HA! ICH FREU MICH AUCH, WENN ES NUR EIN MUSTER-STÜCK IST!

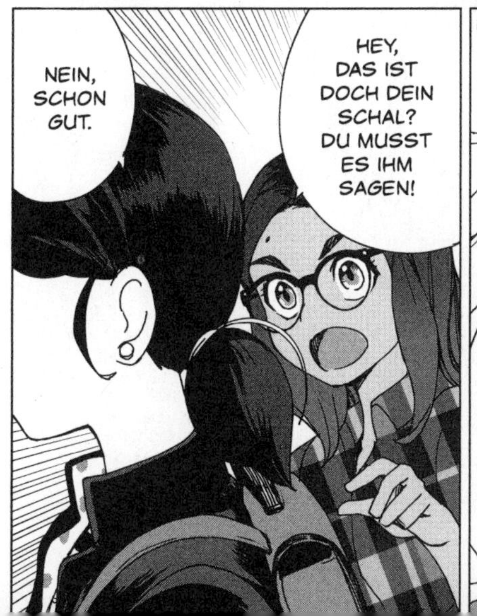
HEY, DAS IST DOCH DEIN SCHAL? DU MUSST ES IHM SAGEN!
NEIN, SCHON GUT.

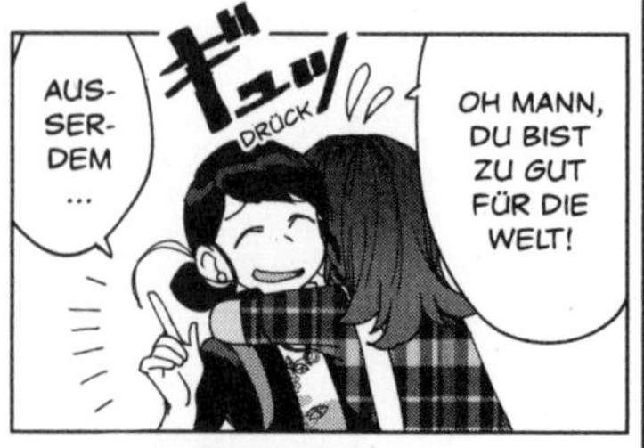

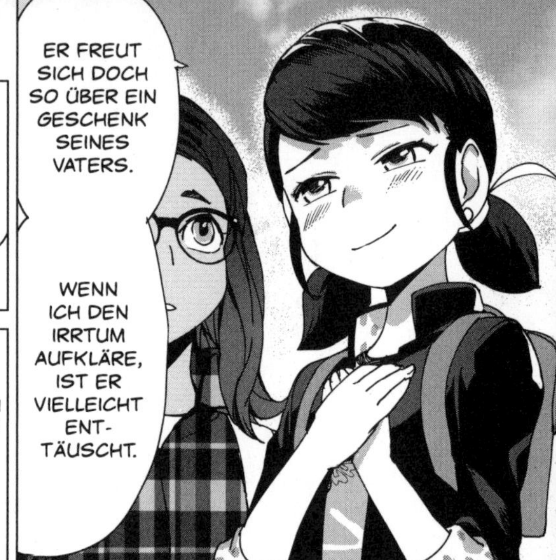

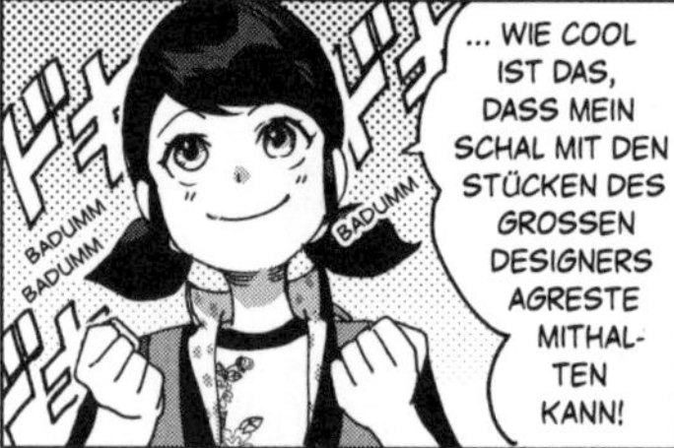

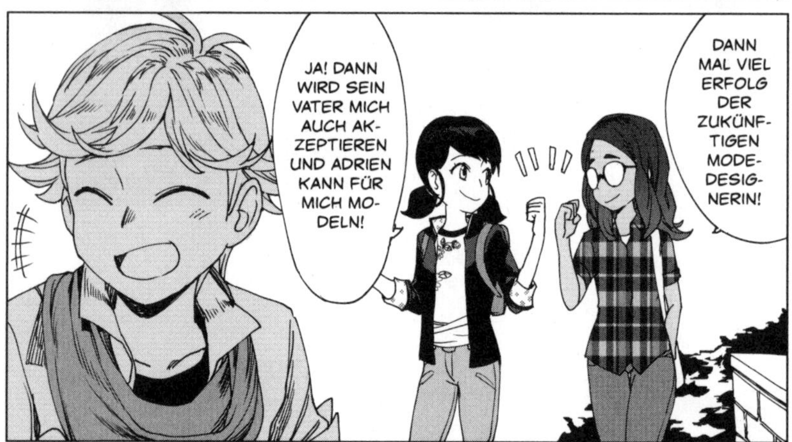

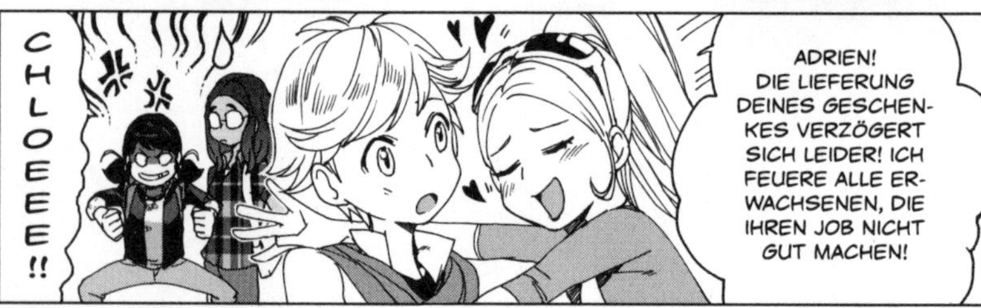

DER BUBBLER - ENDE

FREUNDSCHAFT

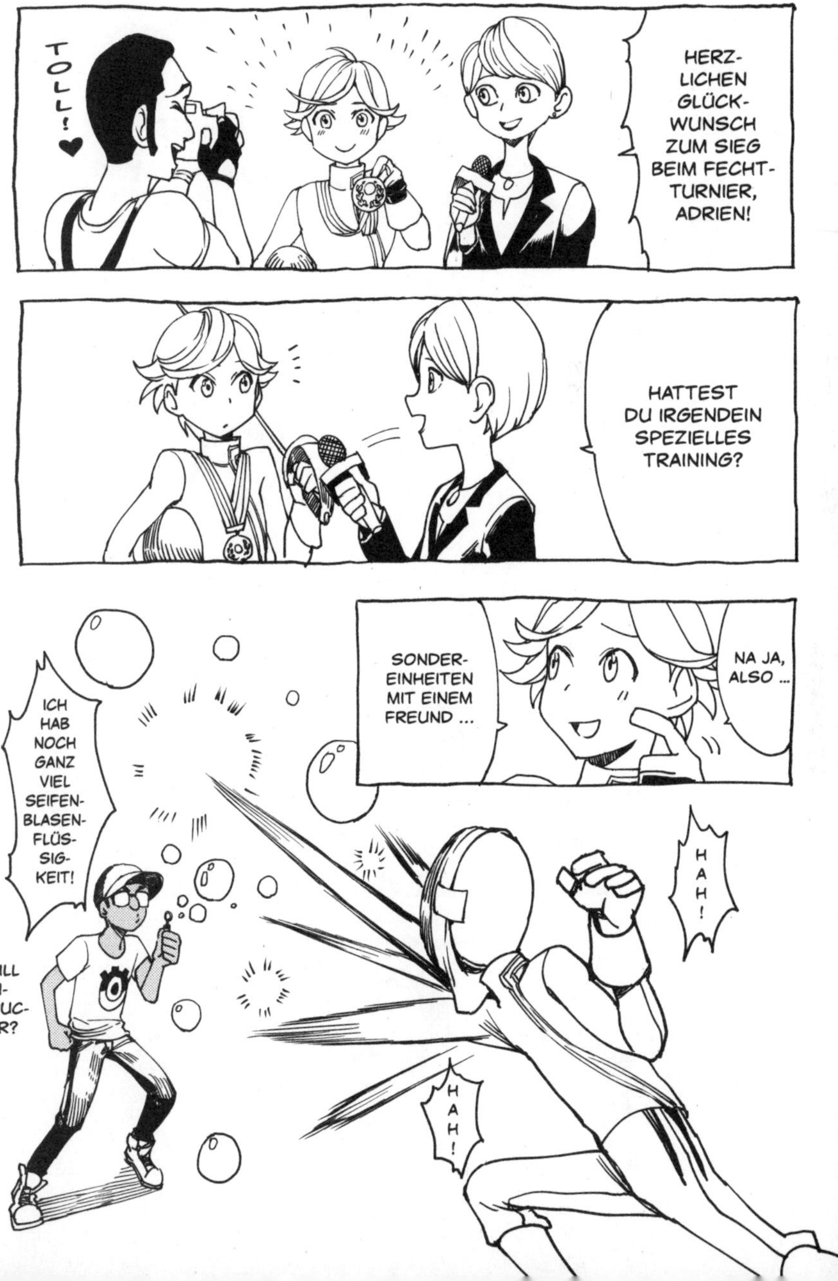

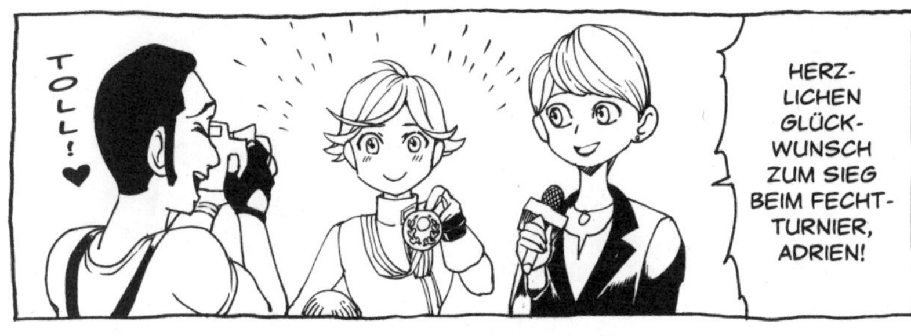

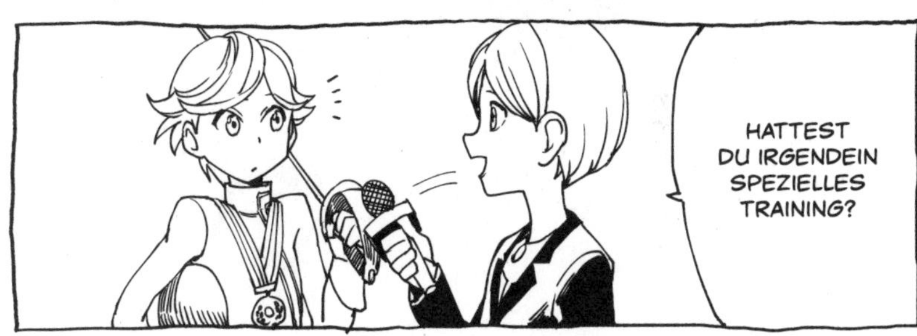

NA JA, ALSO ...

SONDEREINHEITEN MIT EINEM FREUND ...

HAH!

HAH!

ICH HAB NOCH GANZ VIEL SEIFENBLASENFLÜSSIGKEIT!

DRILL INSTRUCTOR?

ERWACHSENE

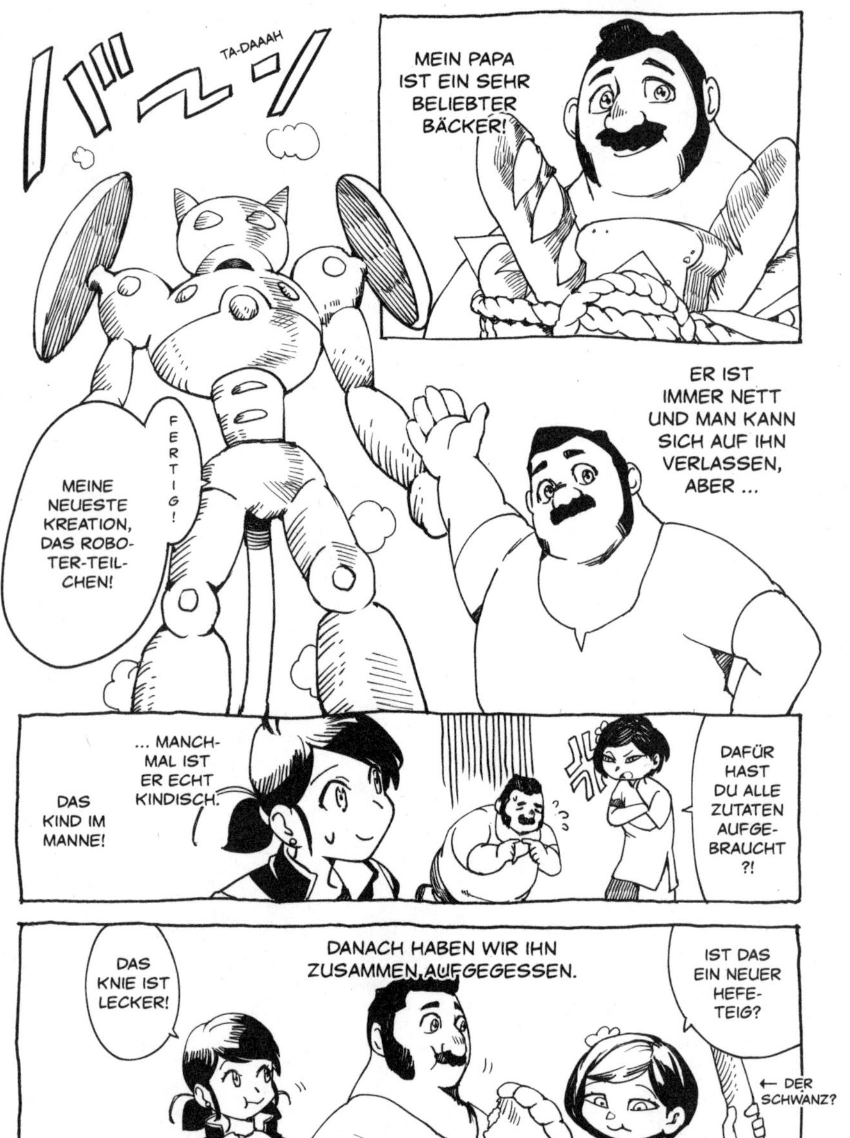
MEIN PAPA IST EIN SEHR BELIEBTER BÄCKER!
TA-DAAAH
FERTIG!
MEINE NEUESTE KREATION, DAS ROBOTER-TEILCHEN!
ER IST IMMER NETT UND MAN KANN SICH AUF IHN VERLASSEN, ABER ...
DAFÜR HAST DU ALLE ZUTATEN AUFGEBRAUCHT?!
... MANCHMAL IST ER ECHT KINDISCH.
DAS KIND IM MANNE!
DANACH HABEN WIR IHN ZUSAMMEN AUFGEGESSEN.
IST DAS EIN NEUER HEFETEIG?
← DER SCHWANZ?
DAS KNIE IST LECKER!

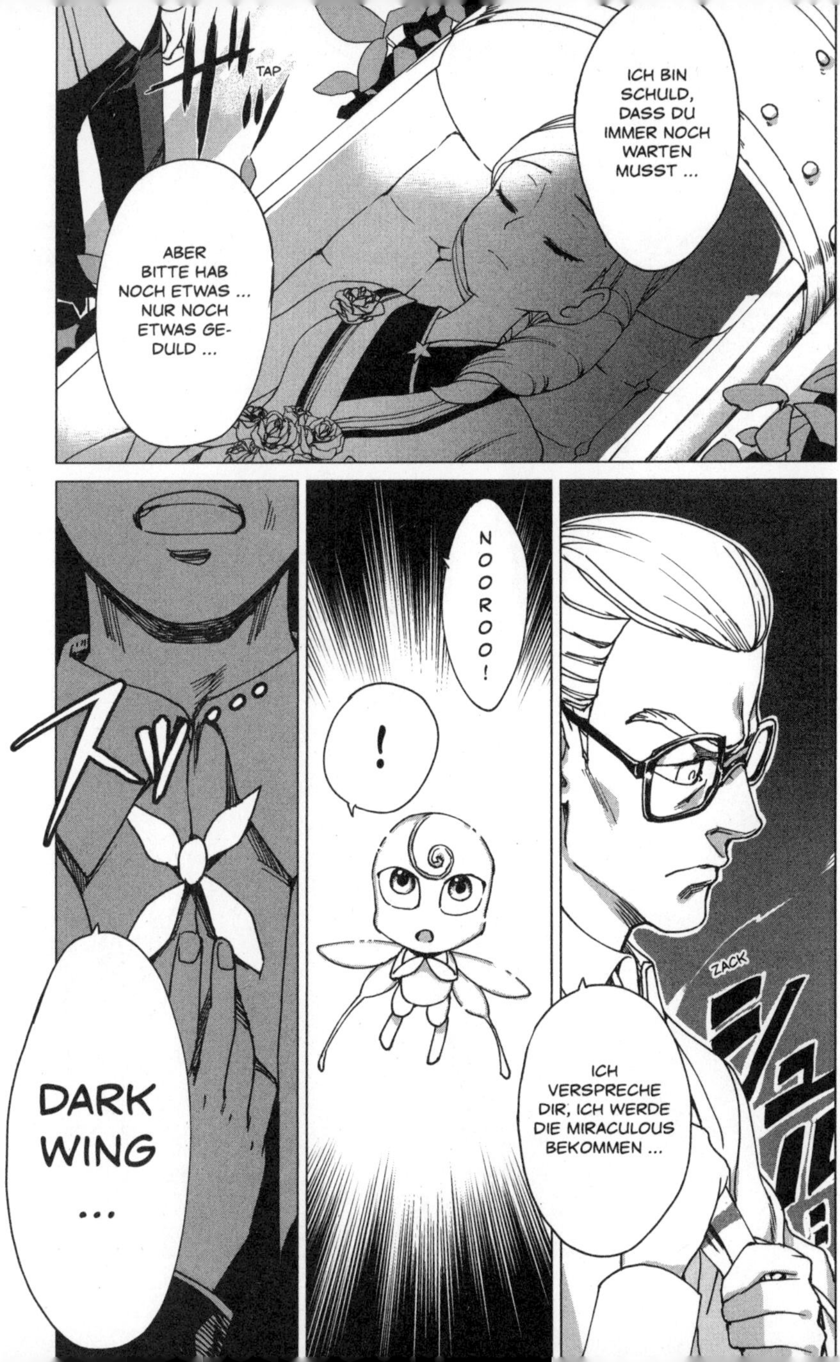

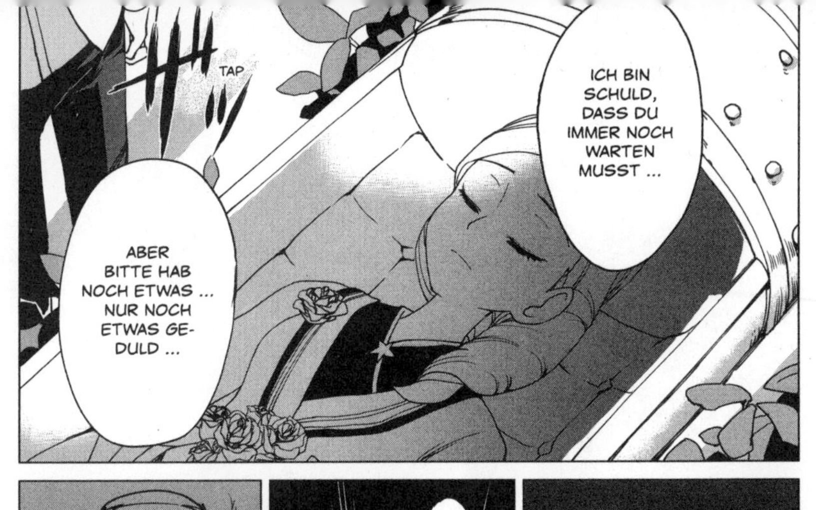
TAP
ICH BIN SCHULD, DASS DU IMMER NOCH WARTEN MUSST ...
ABER BITTE HAB NOCH ETWAS ... NUR NOCH ETWAS GE-DULD ...

ZACK
ICH VERSPRECHE DIR, ICH WERDE DIE MIRACULOUS BEKOMMEN ...
NOOROOO!
!
DARK WING ...

KAPITEL 4: EVILLUSTRATOR 1

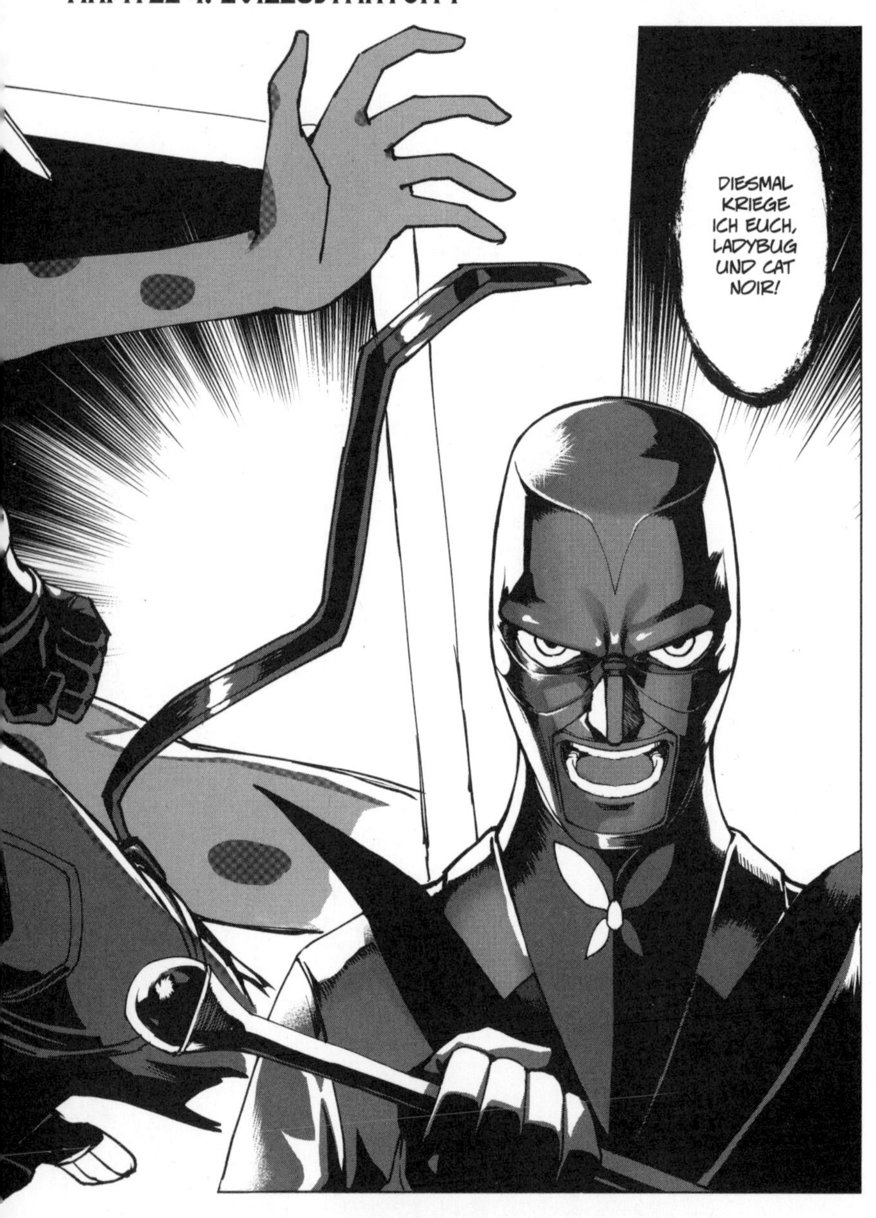

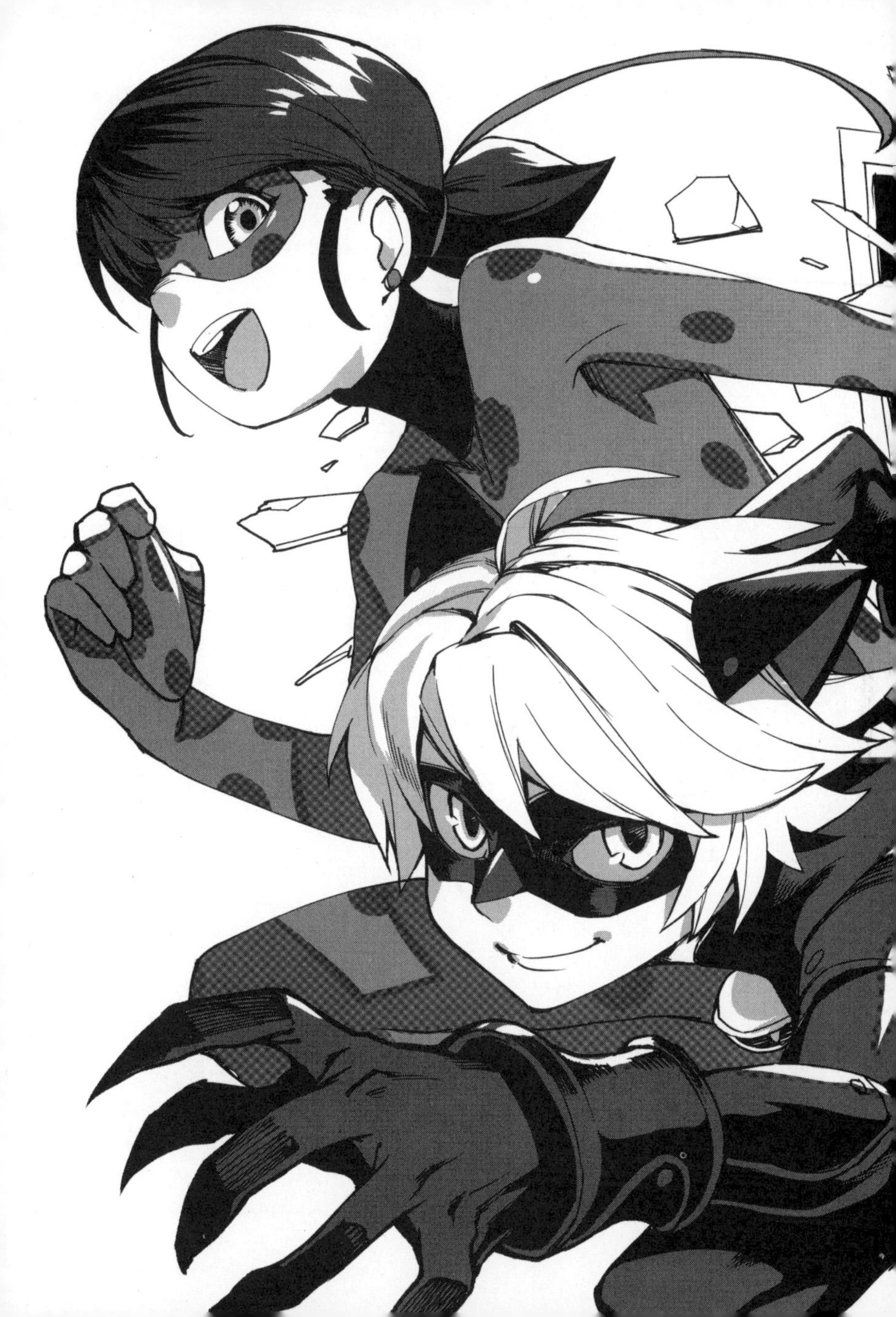

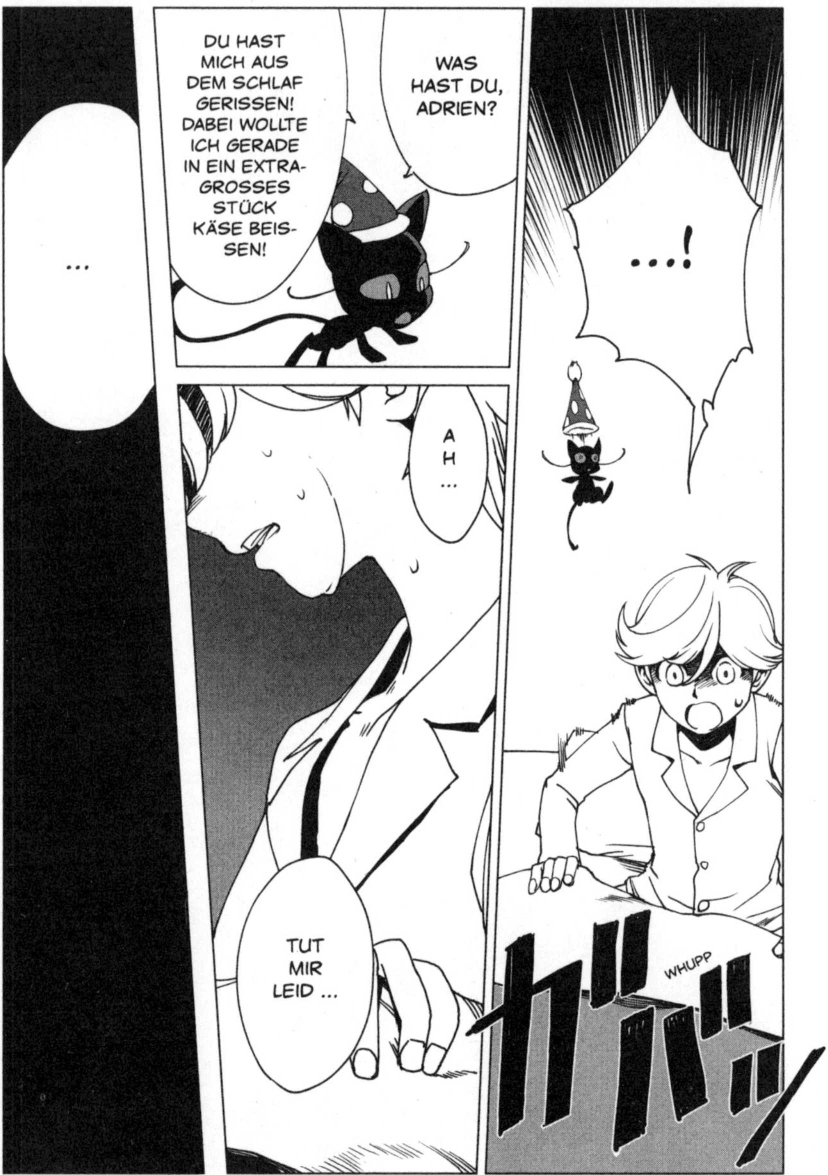

...!
WAS HAST DU, ADRIEN?
DU HAST MICH AUS DEM SCHLAF GERISSEN! DABEI WOLLTE ICH GERADE IN EIN EXTRA-GROSSES STÜCK KÄSE BEISSEN!
...
WHUPP
AH ...
TUT MIR LEID ...

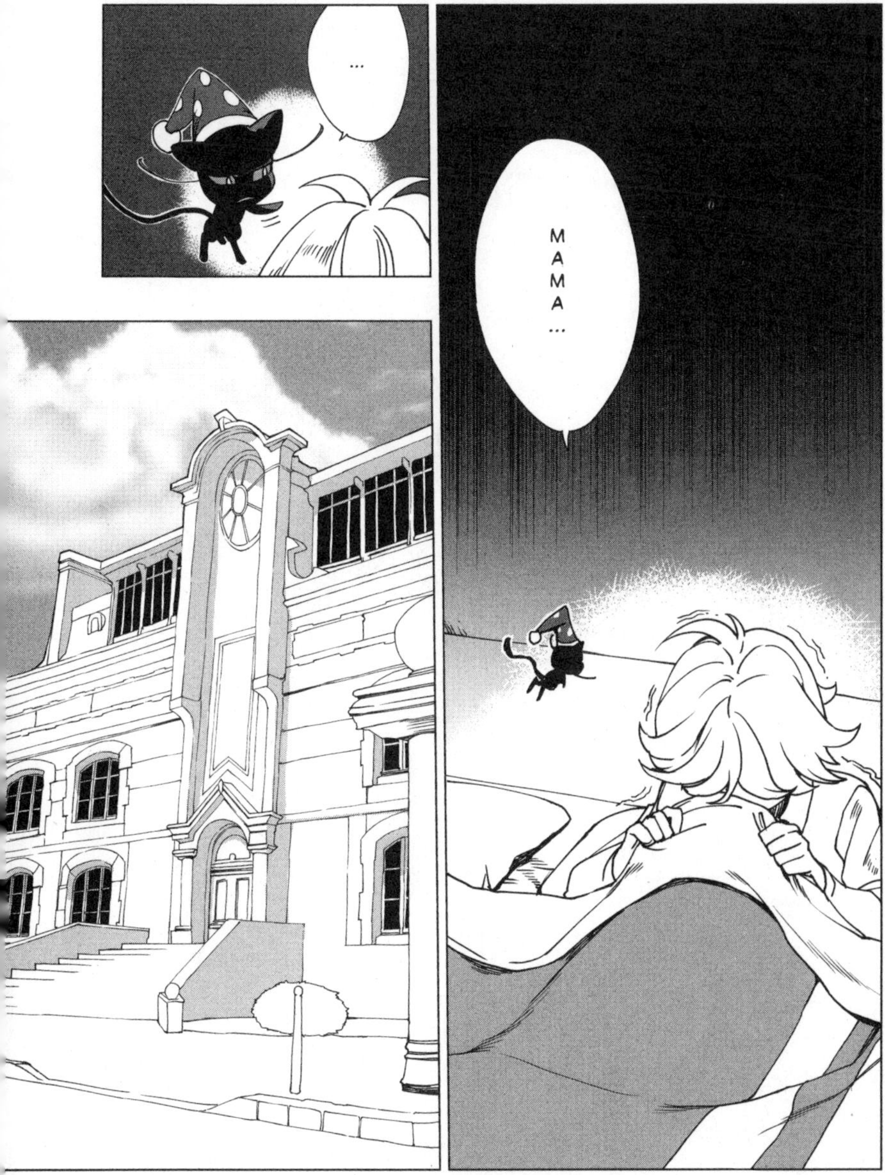

MAMA...

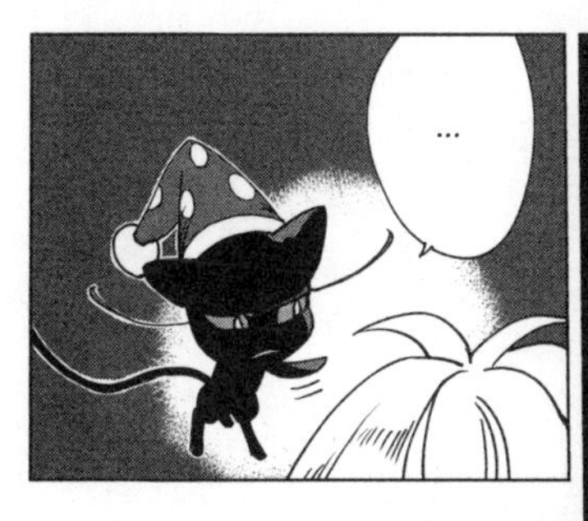

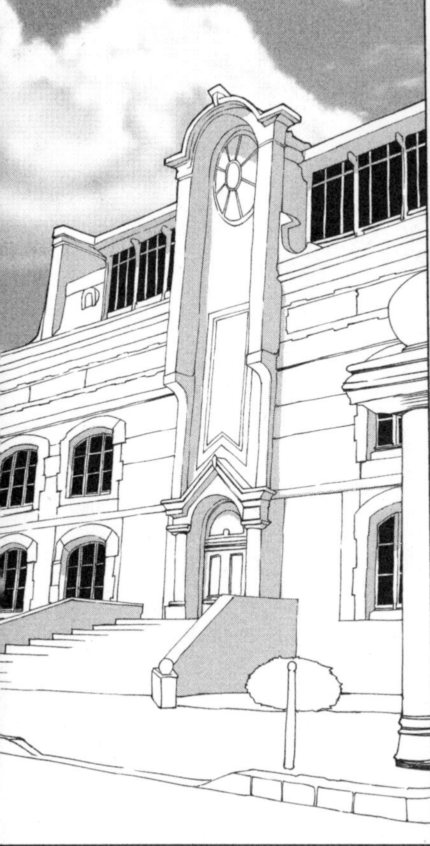

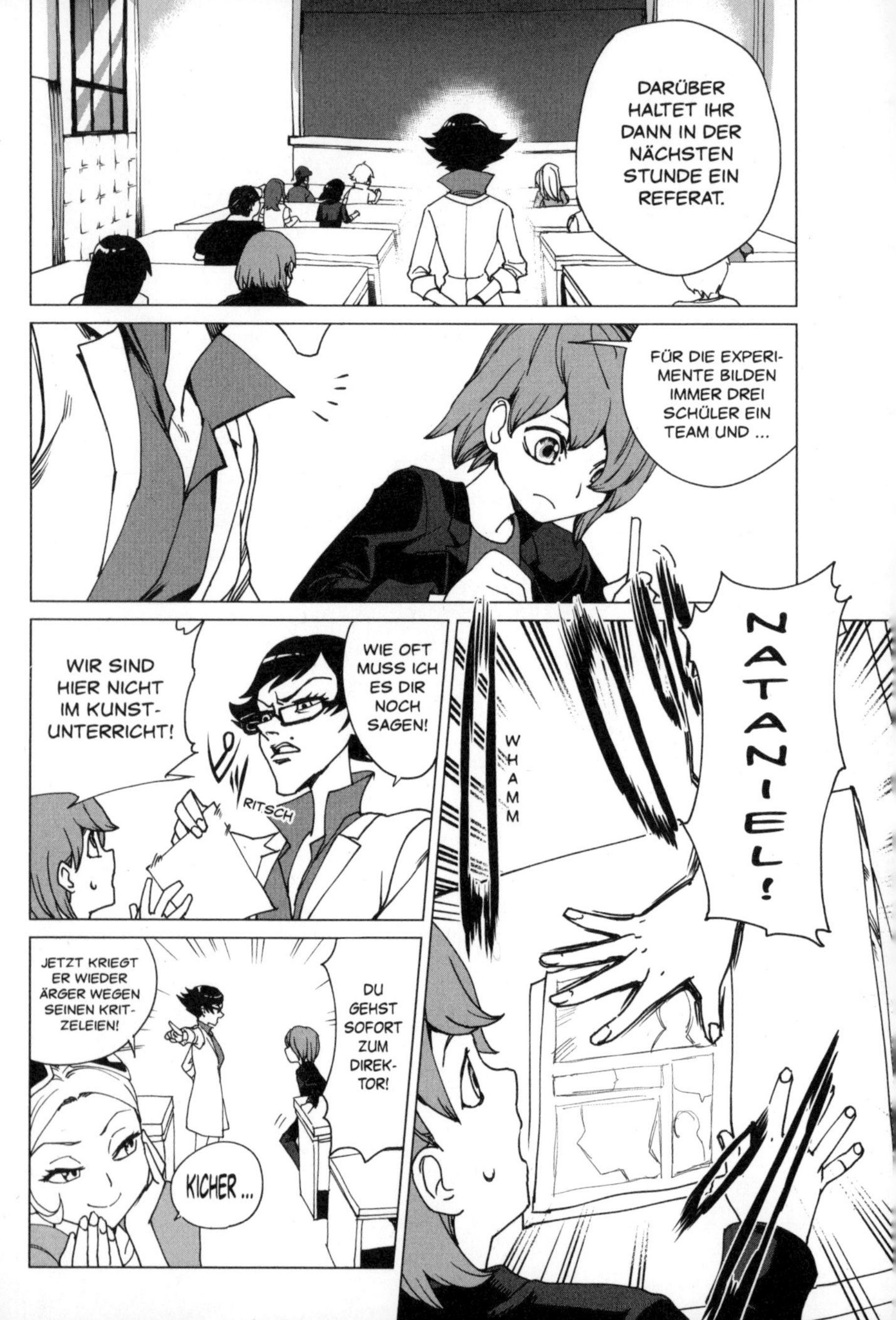

DARÜBER HALTET IHR DANN IN DER NÄCHSTEN STUNDE EIN REFERAT.
FÜR DIE EXPERIMENTE BILDEN IMMER DREI SCHÜLER EIN TEAM UND ...
NATANIEL!
WHAMM
WIE OFT MUSS ICH ES DIR NOCH SAGEN!
WIR SIND HIER NICHT IM KUNST-UNTERRICHT!
RITSCH
DU GEHST SOFORT ZUM DIREK-TOR!
JETZT KRIEGT ER WIEDER ÄRGER WEGEN SEINEN KRIT-ZELEIEN!
KICHER ...

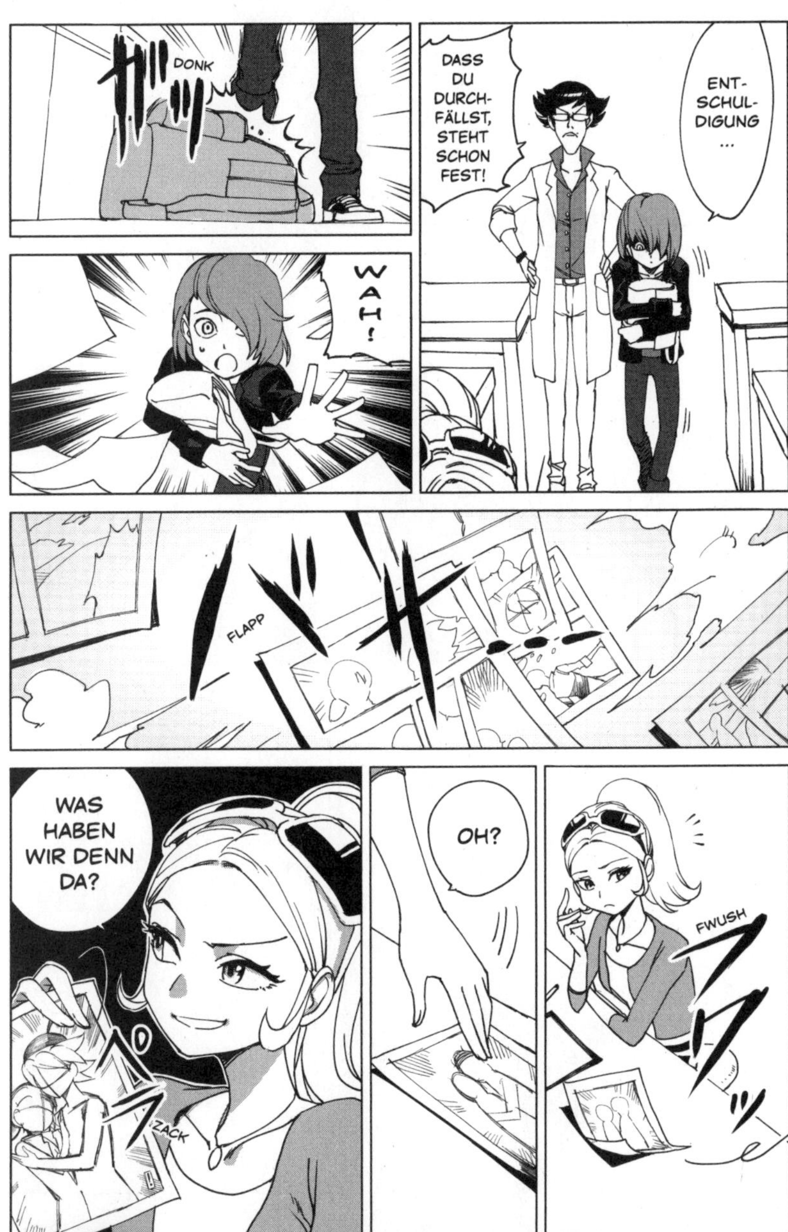
DONK
ENT-SCHUL-DIGUNG ...
DASS DU DURCH-FÄLLST, STEHT SCHON FEST!
WAH!
FLAPP
OH?
FWUSH
WAS HABEN WIR DENN DA?
ZACK

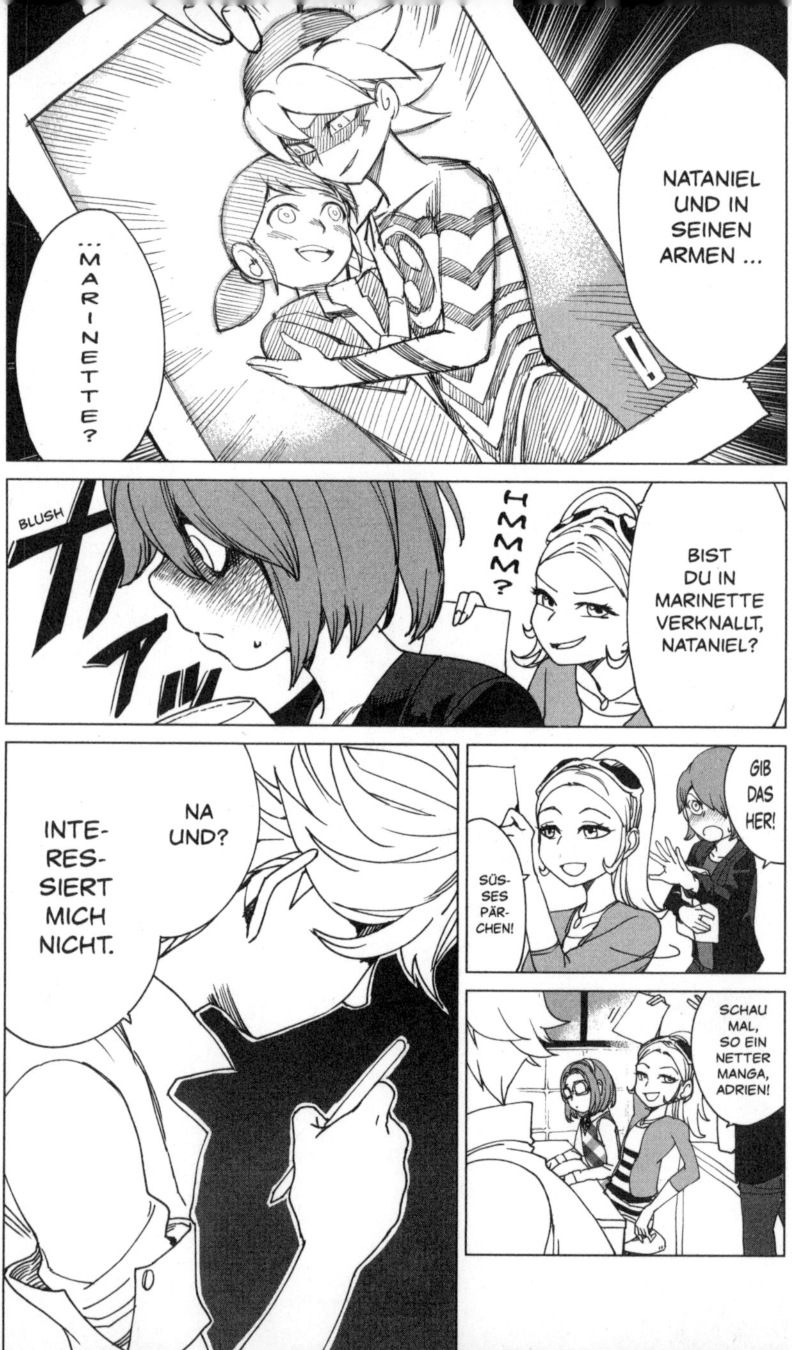

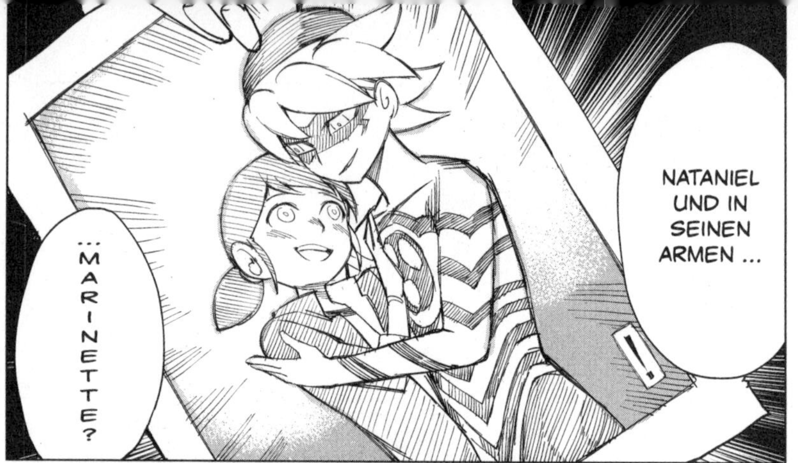

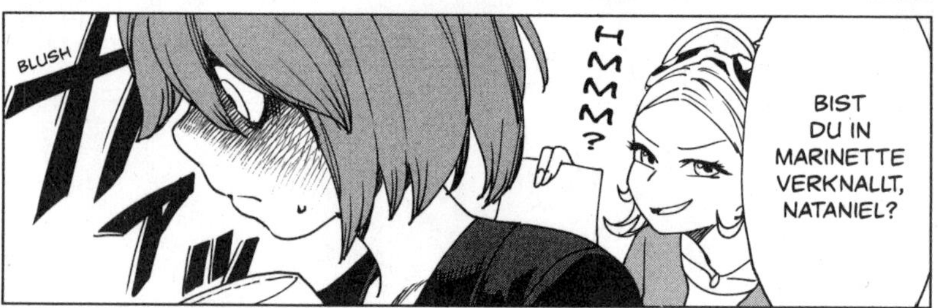

GIB DAS HER!

SÜS-SES PÄR-CHEN!

SCHAU MAL, SO EIN NETTER MANGA, ADRIEN!

NA UND?

INTE-RES-SIERT MICH NICHT.

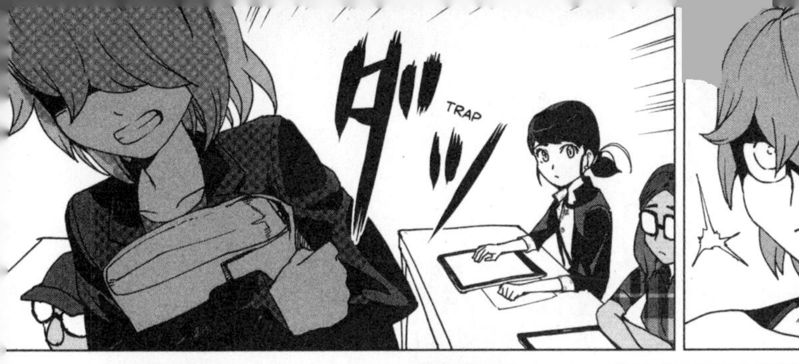
TRAP
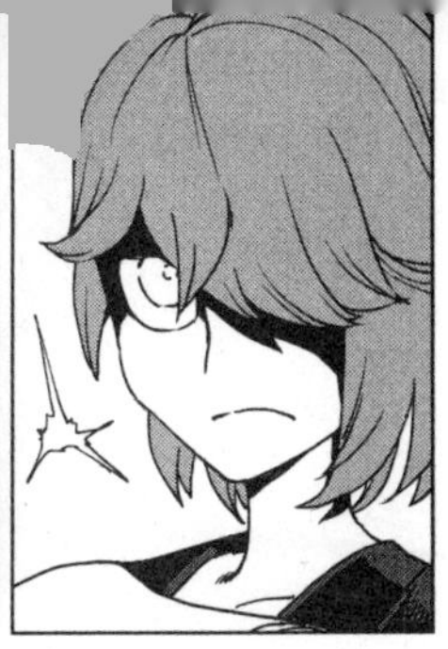
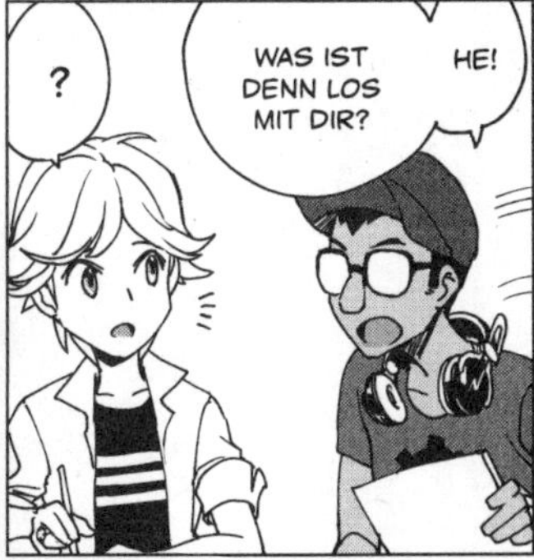
HE!
WAS IST DENN LOS MIT DIR?
?
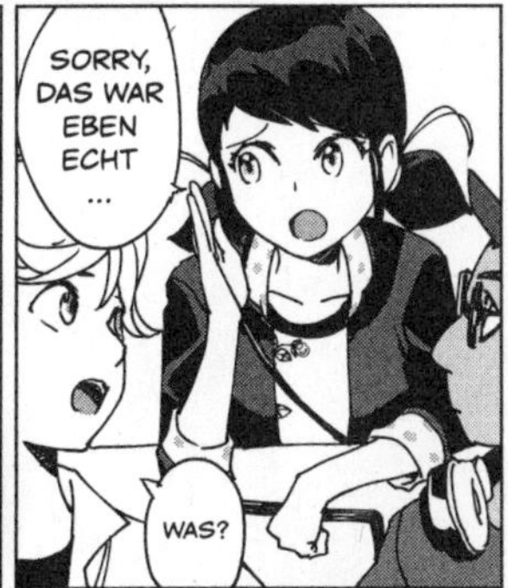
SORRY, DAS WAR EBEN ECHT ...
WAS?
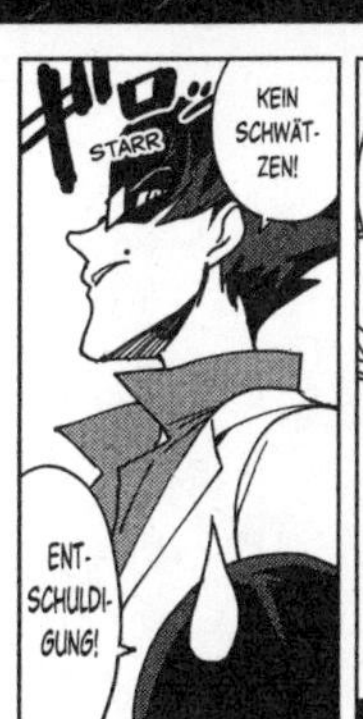
STARR
KEIN SCHWÄT-ZEN!
ENT-SCHULDI-GUNG!
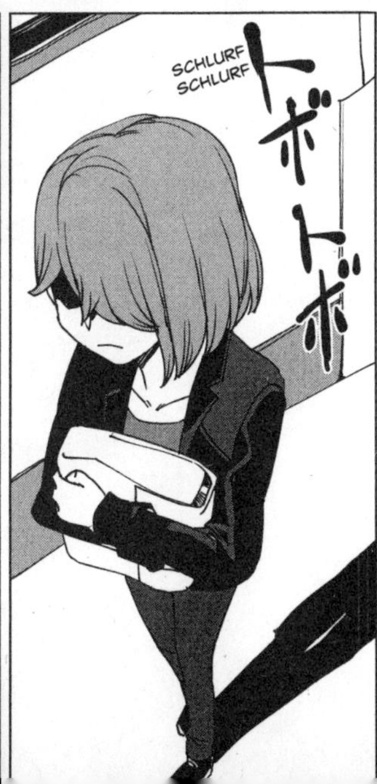
SCHLURF SCHLURF
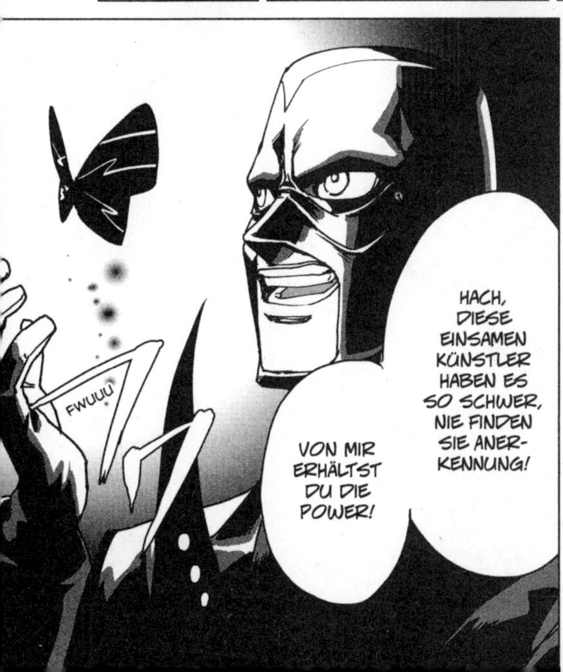
HACH, DIESE EINSAMEN KÜNSTLER HABEN ES SO SCHWER, NIE FINDEN SIE ANER-KENNUNG!
VON MIR ERHÄLTST DU DIE POWER!
FWUUU

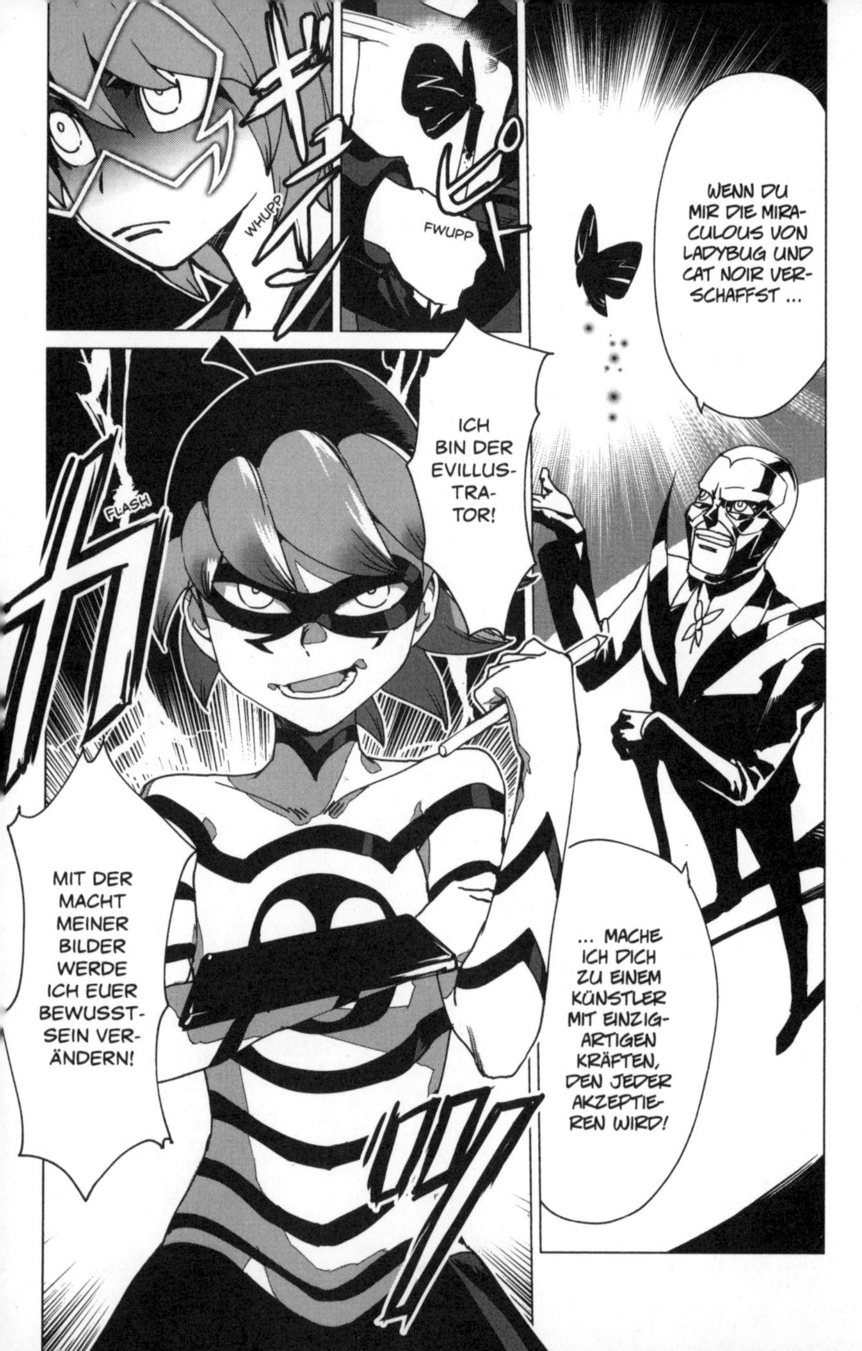
WHUPP
FWUPP
WENN DU MIR DIE MIRACULOUS VON LADYBUG UND CAT NOIR VERSCHAFFST ...
... MACHE ICH DICH ZU EINEM KÜNSTLER MIT EINZIGARTIGEN KRÄFTEN, DEN JEDER AKZEPTIEREN WIRD!
FLASH
ICH BIN DER EVILLUSTRATOR!
MIT DER MACHT MEINER BILDER WERDE ICH EUER BEWUSSTSEIN VERÄNDERN!

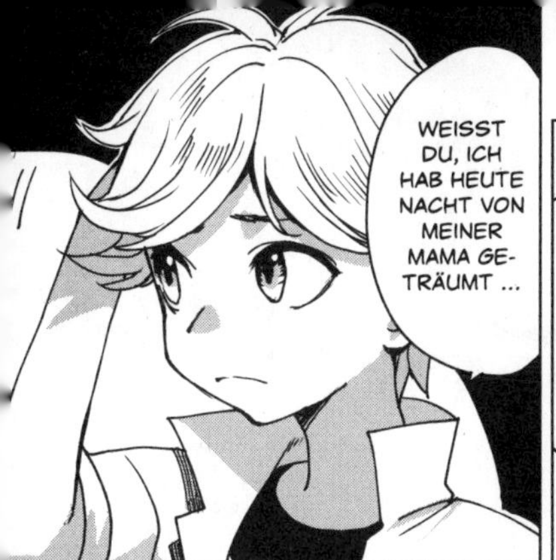
WEISST DU, ICH HAB HEUTE NACHT VON MEINER MAMA GE-TRÄUMT ...

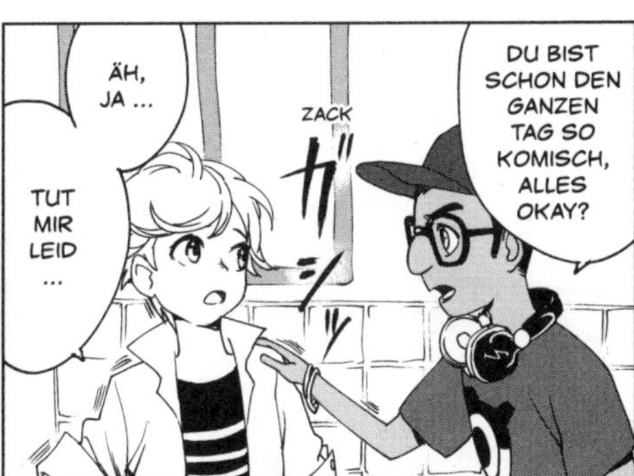
DU BIST SCHON DEN GANZEN TAG SO KOMISCH, ALLES OKAY?
ZACK
ÄH, JA ...
TUT MIR LEID ...

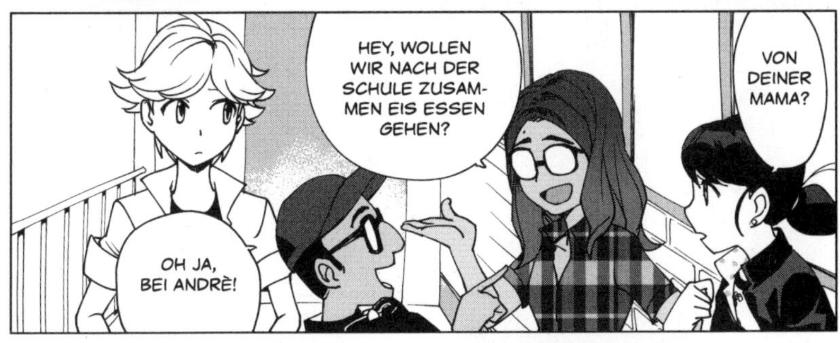
VON DEINER MAMA?
HEY, WOLLEN WIR NACH DER SCHULE ZUSAM-MEN EIS ESSEN GEHEN?
OH JA, BEI ANDRÈ!

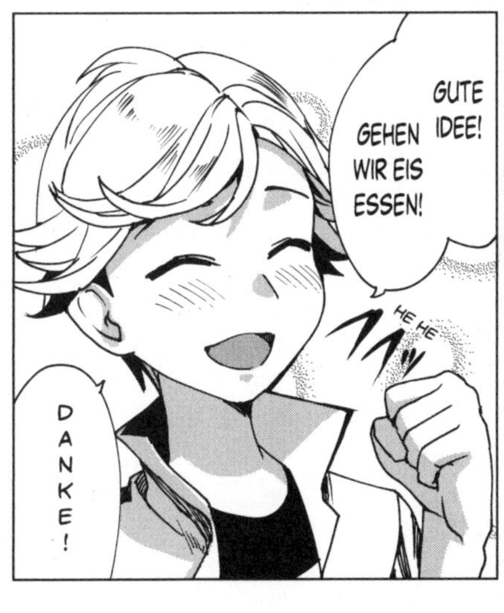
GUTE IDEE!
GEHEN WIR EIS ESSEN!
HE HE
DANKE!

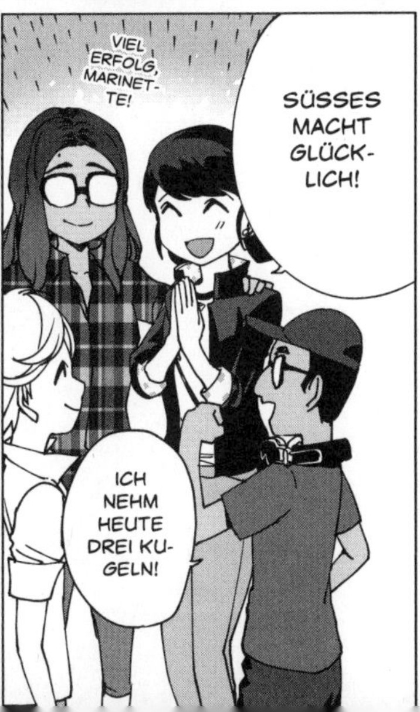
SÜSSES MACHT GLÜCK-LICH!
VIEL ERFOLG, MARINET-TE!
ICH NEHM HEUTE DREI KU-GELN!

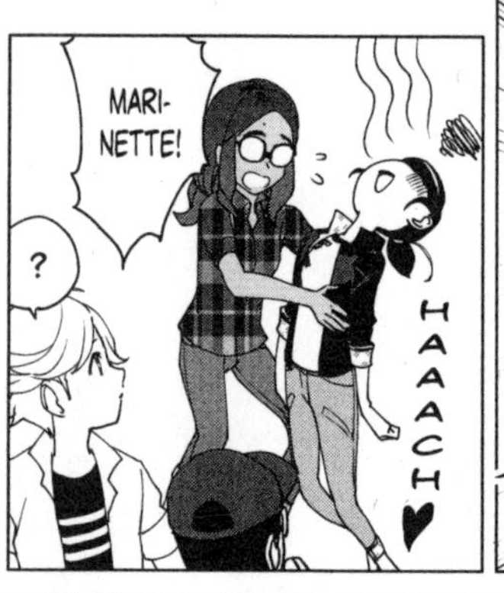
MARI-
NETTE!
?
HAAAACH♥

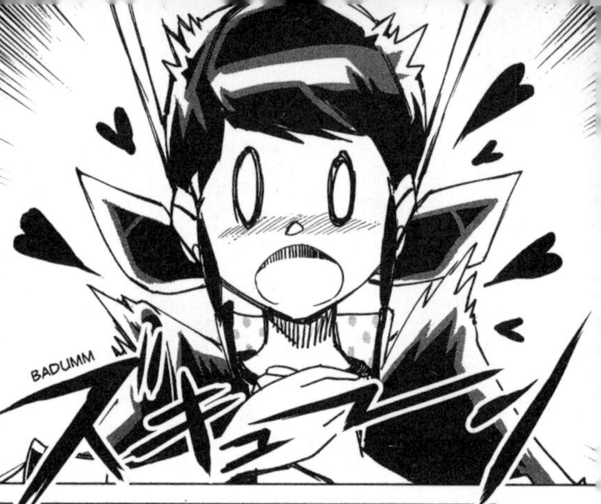
BADUMM

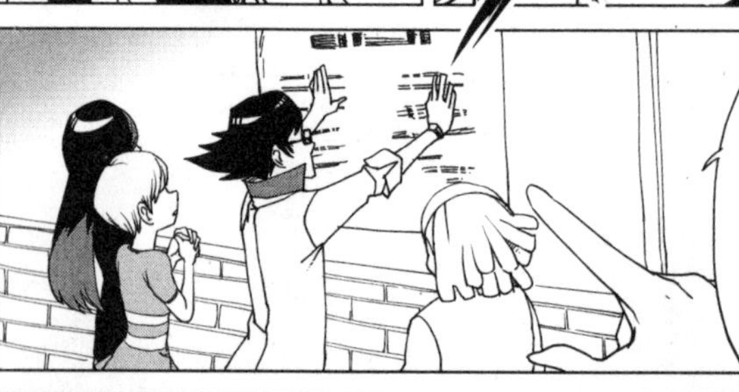
AH!
DIE TEAM-
EINTEILUNG
FÜR DIE GRUP-
PEN-EXPERI-
MENTE STEHT
FEST!

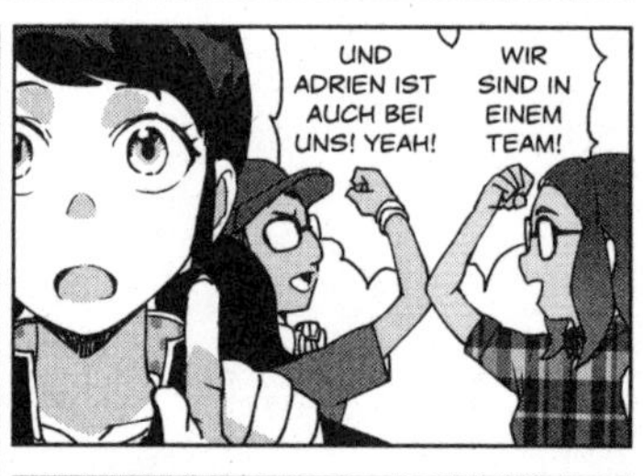
WIR
SIND IN
EINEM
TEAM!
UND
ADRIEN IST
AUCH BEI
UNS! YEAH!

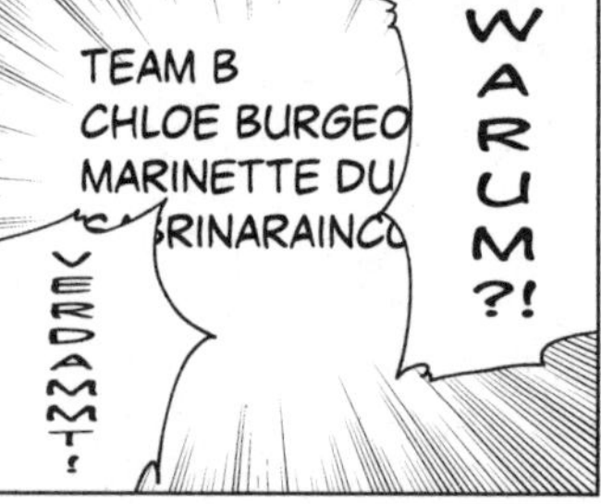
TEAM B
CHLOE BURGEO
MARINETTE DU
SRINARAINCO
WARUM?!
VERDAMMT!

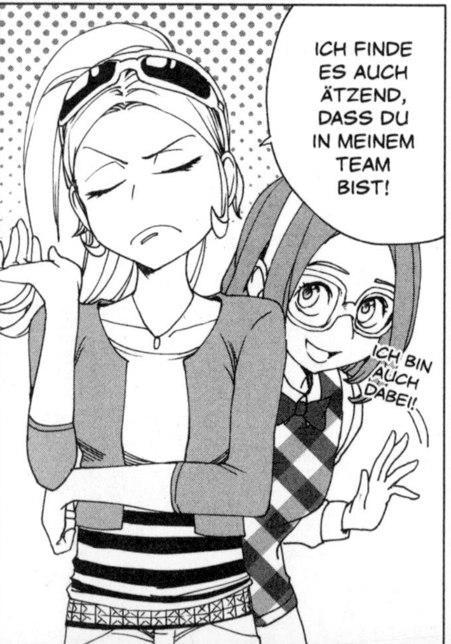
ICH FINDE
ES AUCH
ÄTZEND,
DASS DU
IN MEINEM
TEAM
BIST!
ICH BIN
AUCH
DABEI!

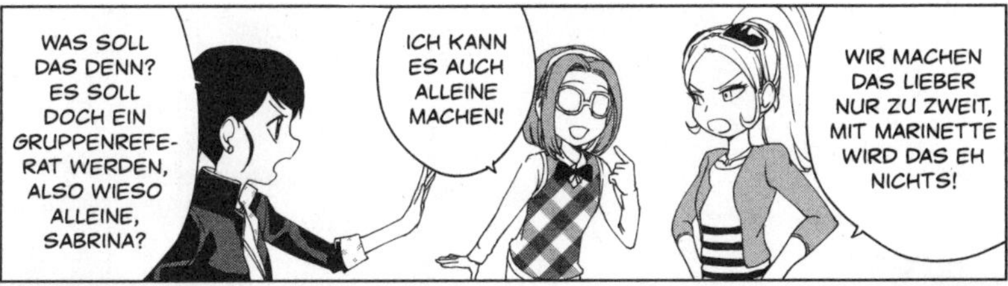
WIR MACHEN DAS LIEBER NUR ZU ZWEIT, MIT MARINETTE WIRD DAS EH NICHTS!
ICH KANN ES AUCH ALLEINE MACHEN!
WAS SOLL DAS DENN? ES SOLL DOCH EIN GRUPPENREFERAT WERDEN, ALSO WIESO ALLEINE, SABRINA?

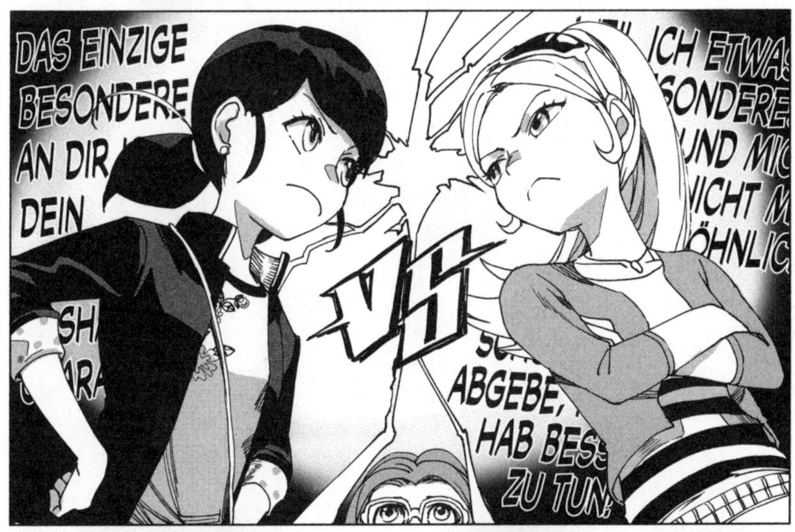
ICH ETWAS
SONDERES
UND MIC
NICHT M
ÖHNLIC
ABGEBE,
HAB BESS
ZU TUN!
DAS EINZIGE BESONDERE AN DIR
DEIN
VS

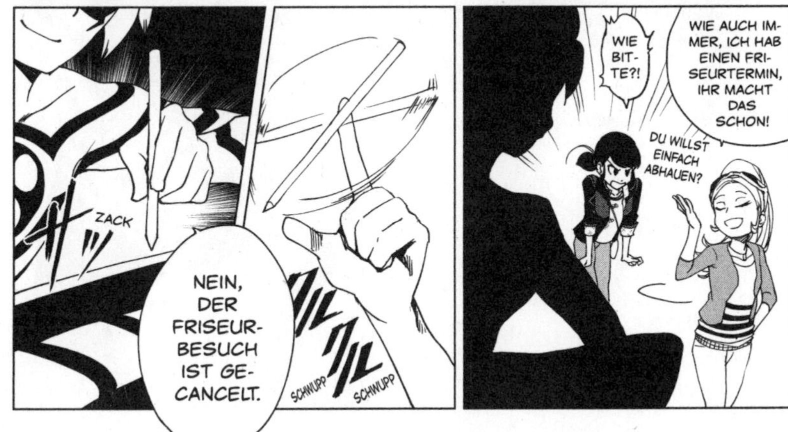
WIE AUCH IMMER, ICH HAB EINEN FRISEURTERMIN, IHR MACHT DAS SCHON!
WIE BITTE?!
DU WILLST EINFACH ABHAUEN?
NEIN, DER FRISEURBESUCH IST GECANCELT.
SCHWUPP
SCHWUPP
ZACK

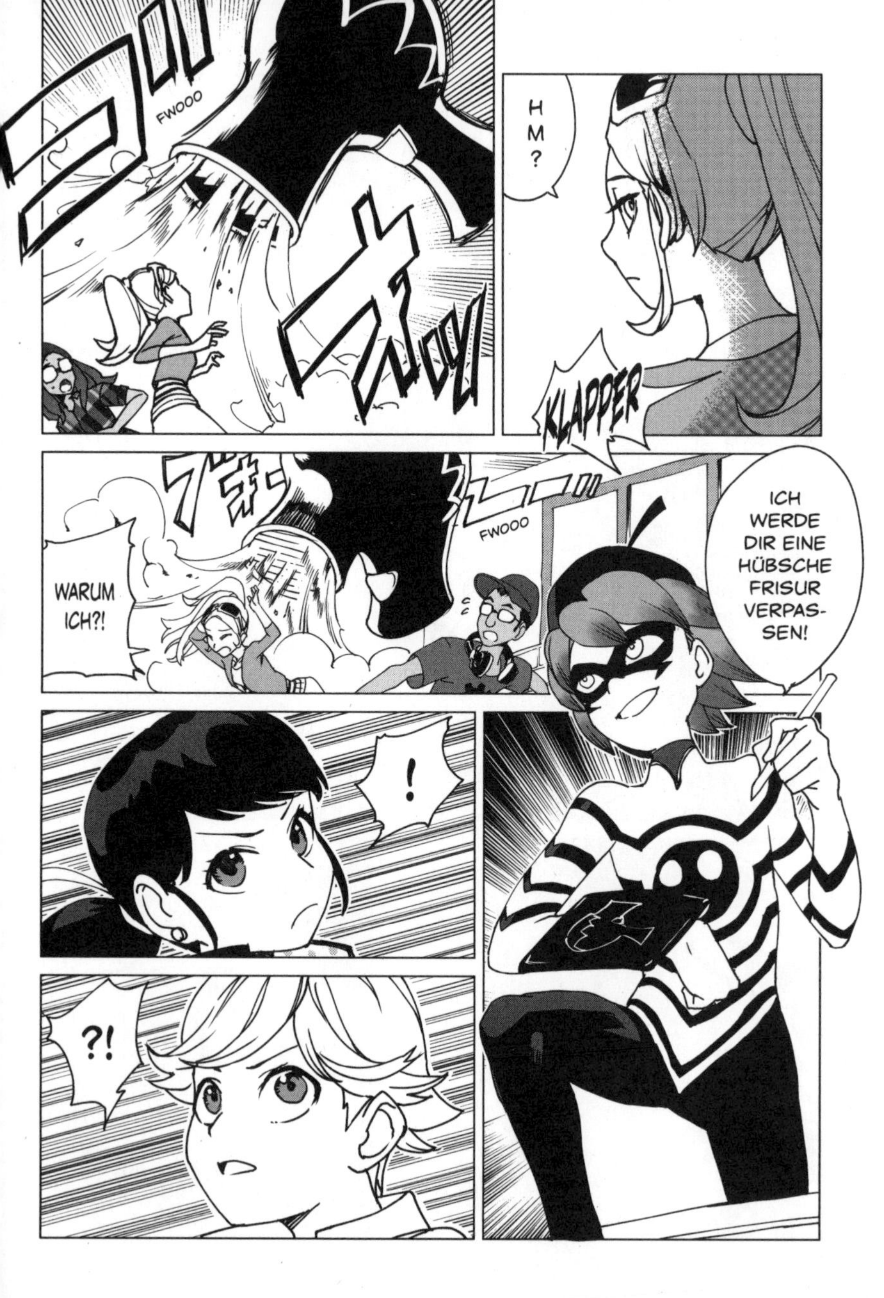
HM?
KLAPPER
FWOOO
FWOOO
WARUM ICH?!
ICH WERDE DIR EINE HÜBSCHE FRISUR VERPASSEN!
!
?!

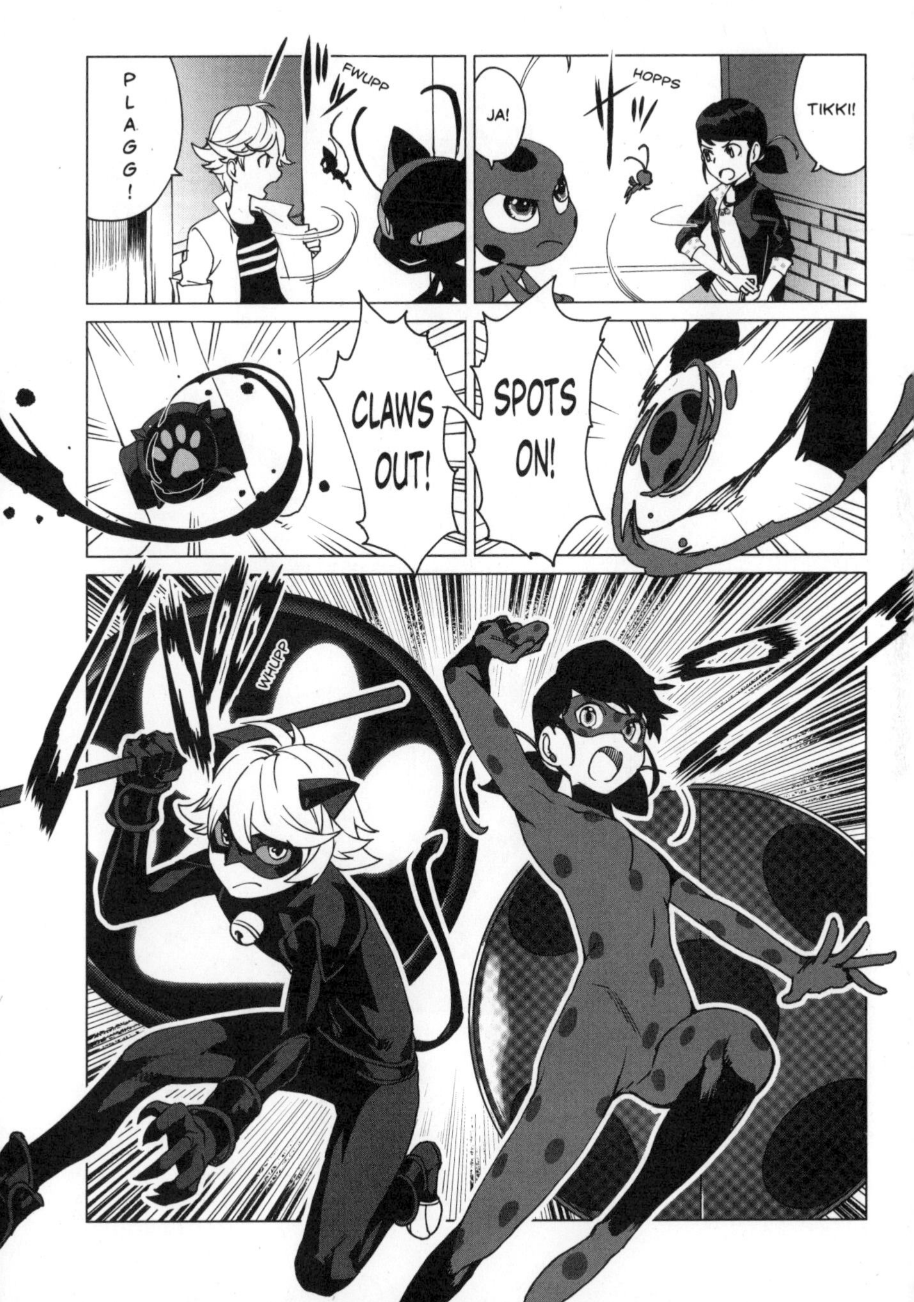
PLAGG!
FWUPP
JA!
HOPPS
TIKKI!
CLAWS OUT!
SPOTS ON!
WHUPP

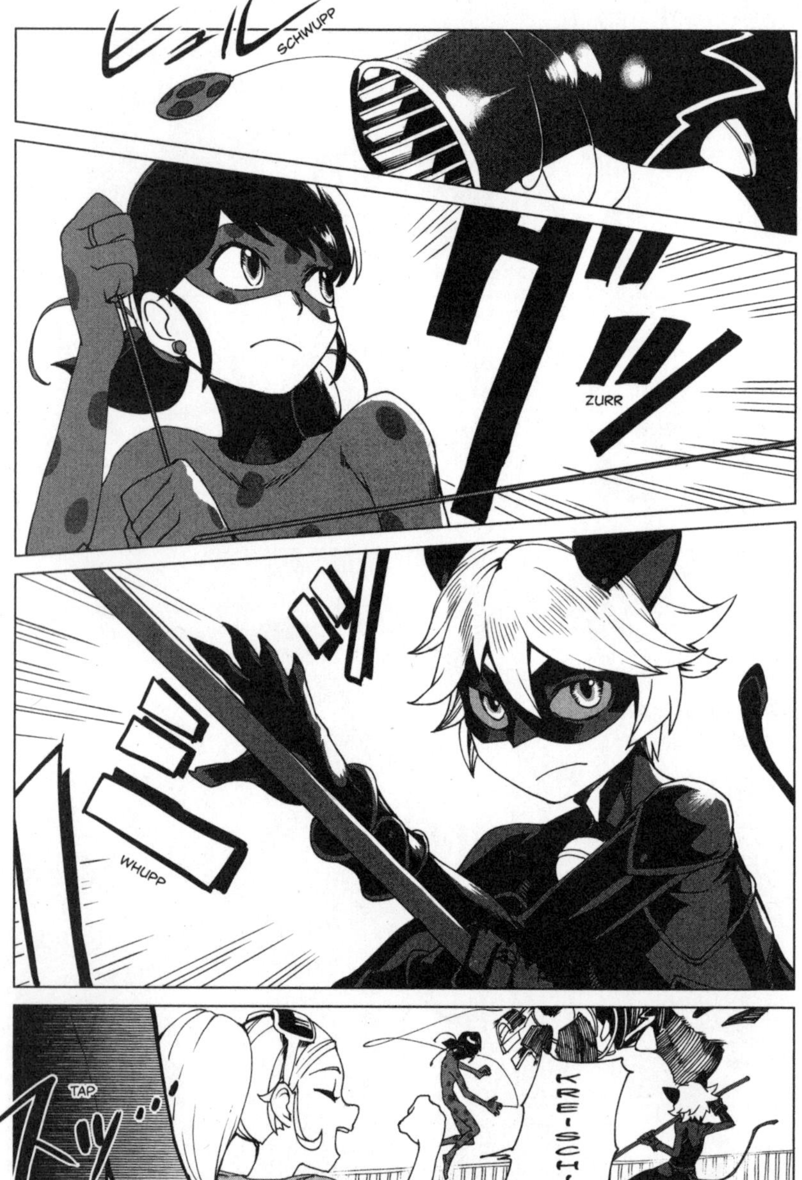
SCHWUPP
ZURR
WHUPP
KREISCH!
TAP

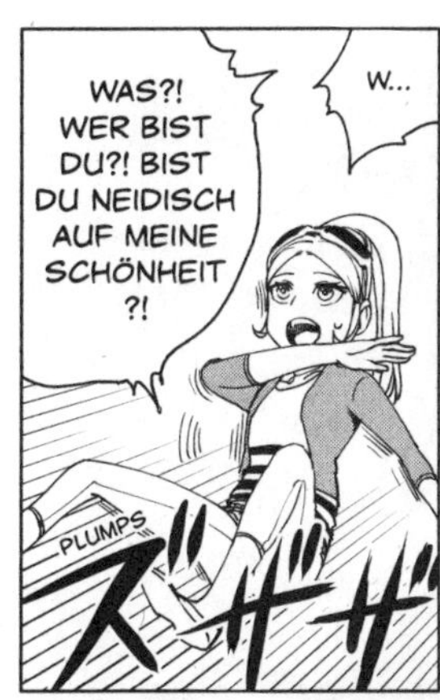
W...
WAS?! WER BIST DU?! BIST DU NEIDISCH AUF MEINE SCHÖNHEIT ?!
PLUMPS
ズザザ

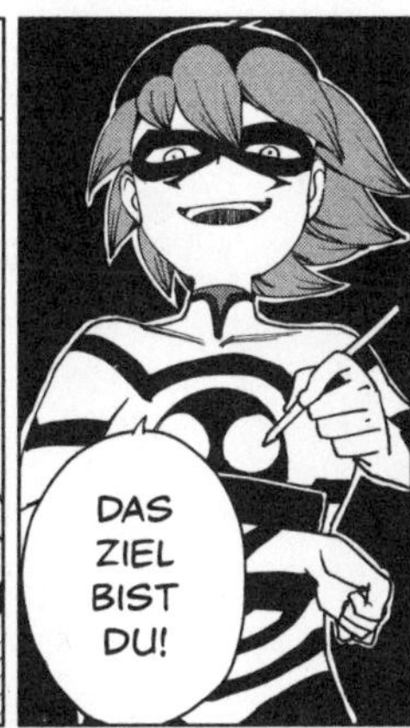
DAS ZIEL BIST DU!

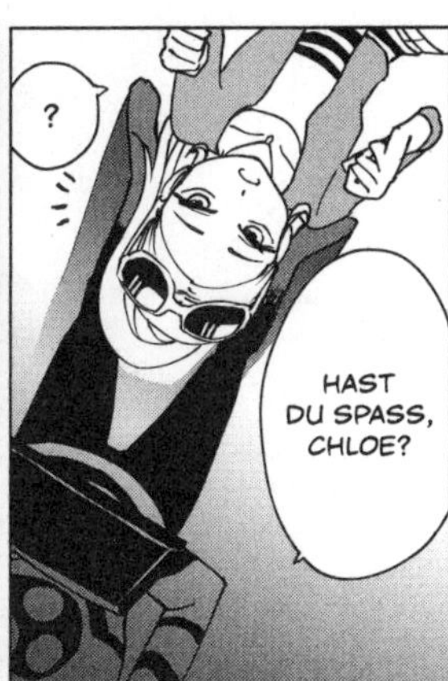
?
HAST DU SPASS, CHLOE?

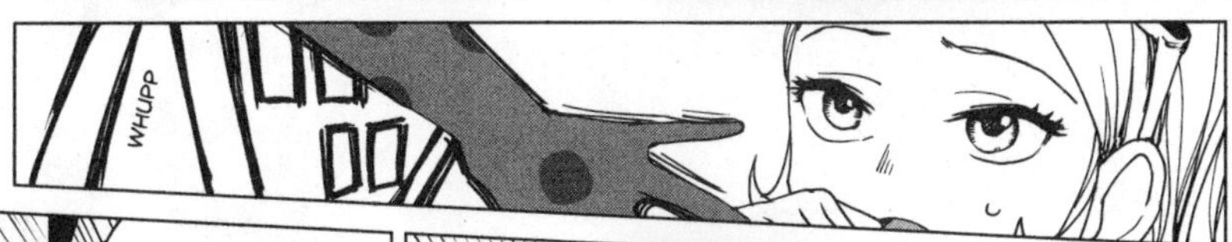
WHUPP

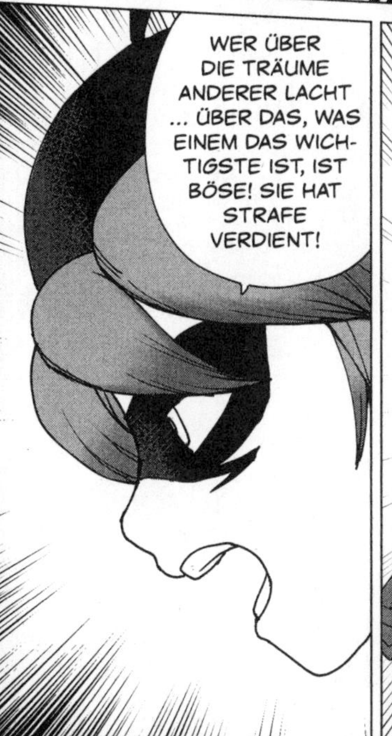
WER ÜBER DIE TRÄUME ANDERER LACHT ... ÜBER DAS, WAS EINEM DAS WICH-TIGSTE IST, IST BÖSE! SIE HAT STRAFE VERDIENT!

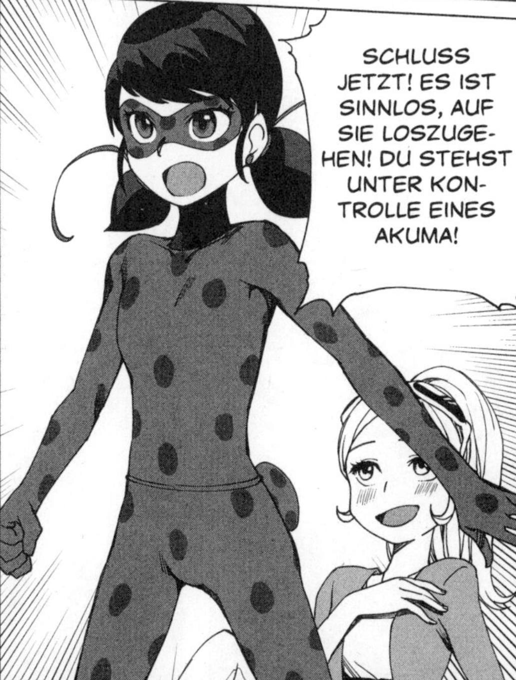
SCHLUSS JETZT! ES IST SINNLOS, AUF SIE LOSZUGE-HEN! DU STEHST UNTER KON-TROLLE EINES AKUMA!

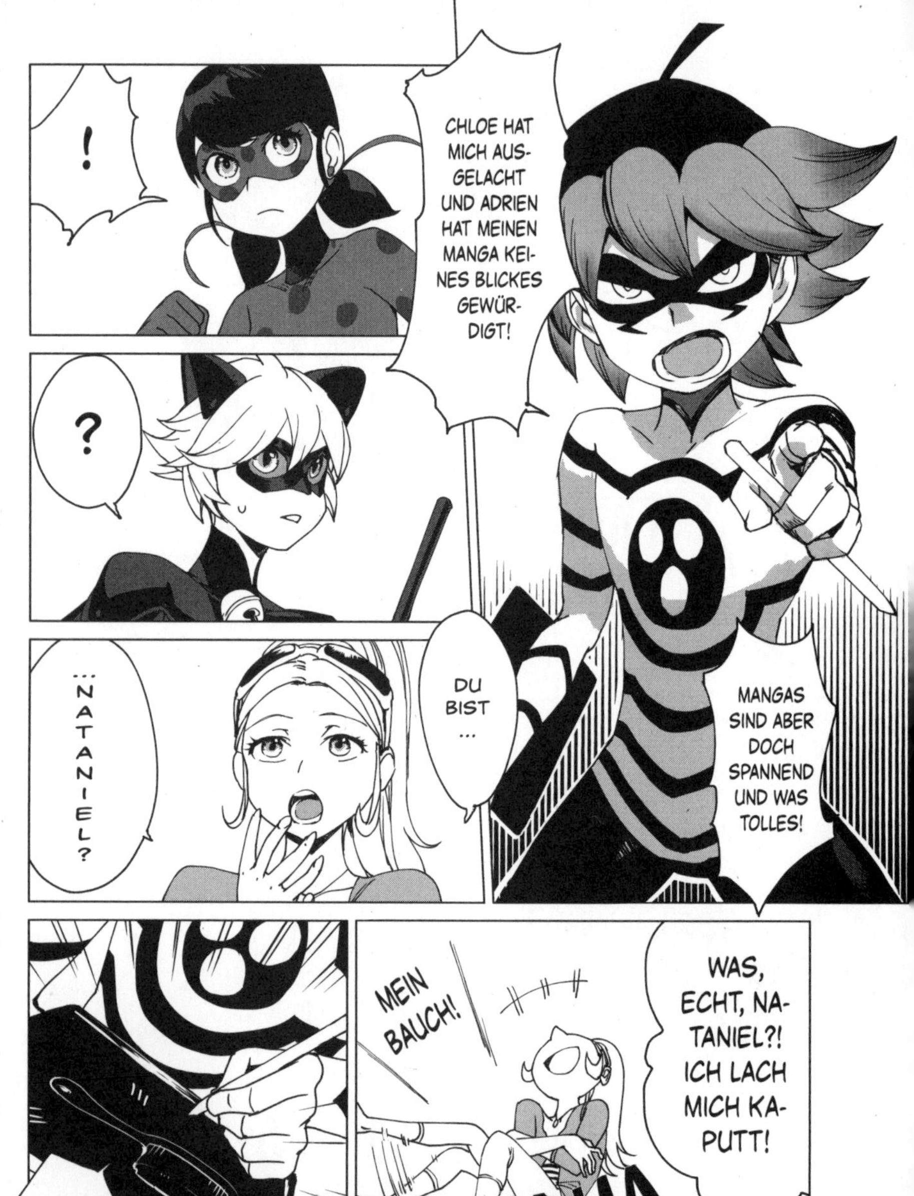
CHLOE HAT MICH AUS-GELACHT UND ADRIEN HAT MEINEN MANGA KEI-NES BLICKES GEWÜR-DIGT!
!
?
MANGAS SIND ABER DOCH SPANNEND UND WAS TOLLES!
DU BIST ...
...NATANIEL?
WAS, ECHT, NA-TANIEL?! ICH LACH MICH KA-PUTT!
MEIN BAUCH!
HAHAHA
KRITZEL

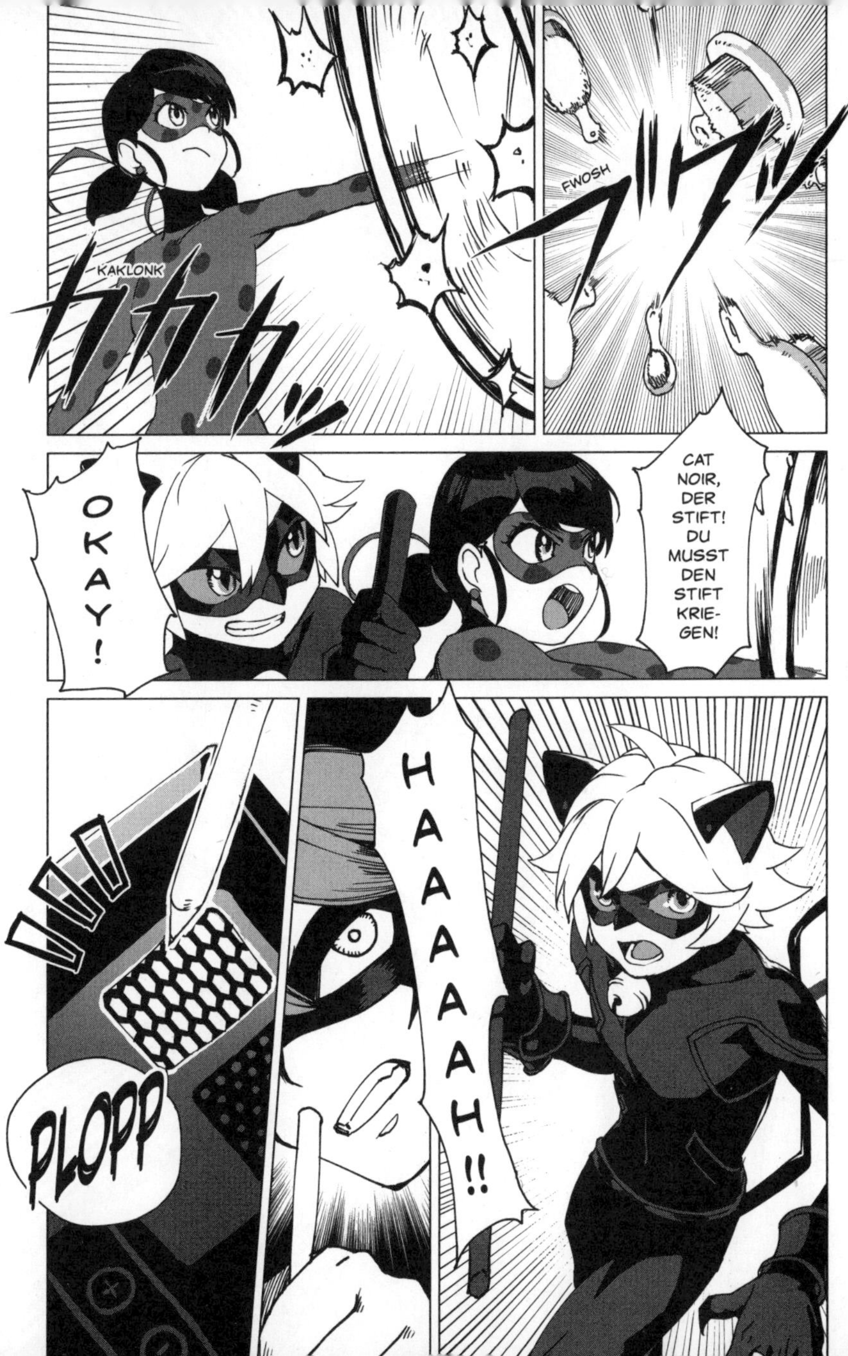
KAKLONK
FWOSH
CAT NOIR, DER STIFT! DU MUSST DEN STIFT KRIEGEN!
OKAY!
HAAAAAAH!!
PLOPP

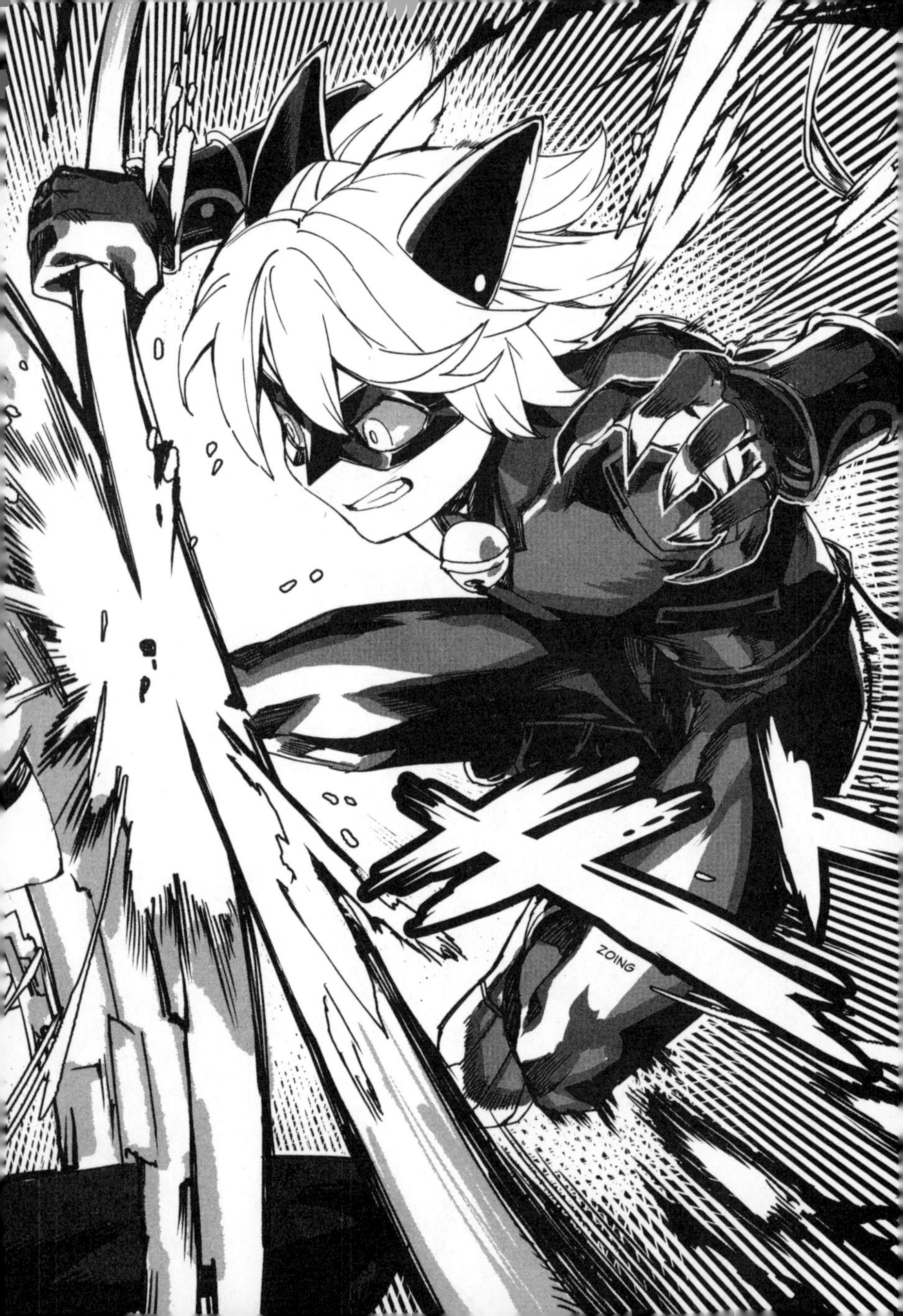
ZOING

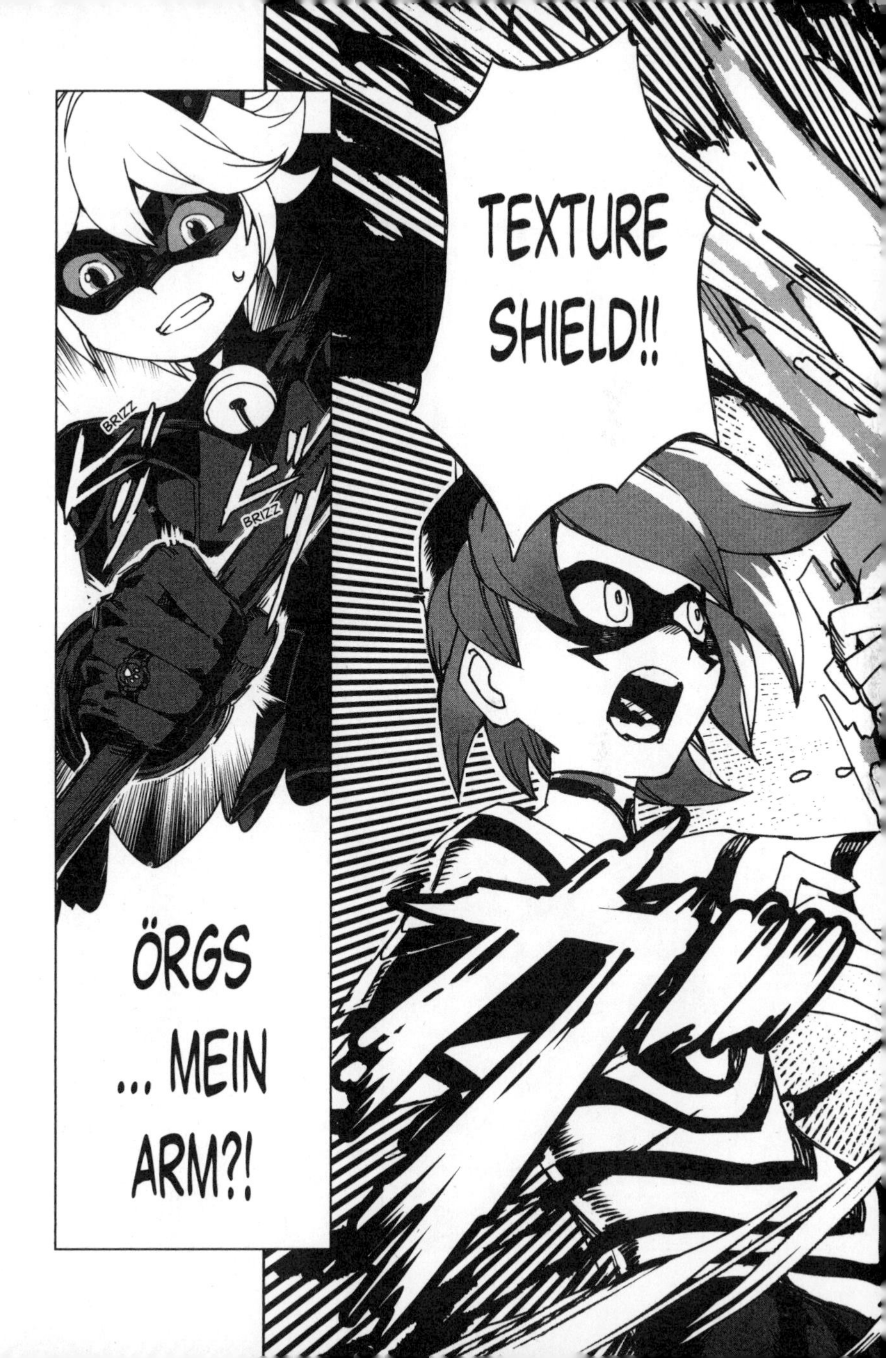
TEXTURE SHIELD!!
BRIZZ
BRIZZ
ÖRGS ... MEIN ARM?!

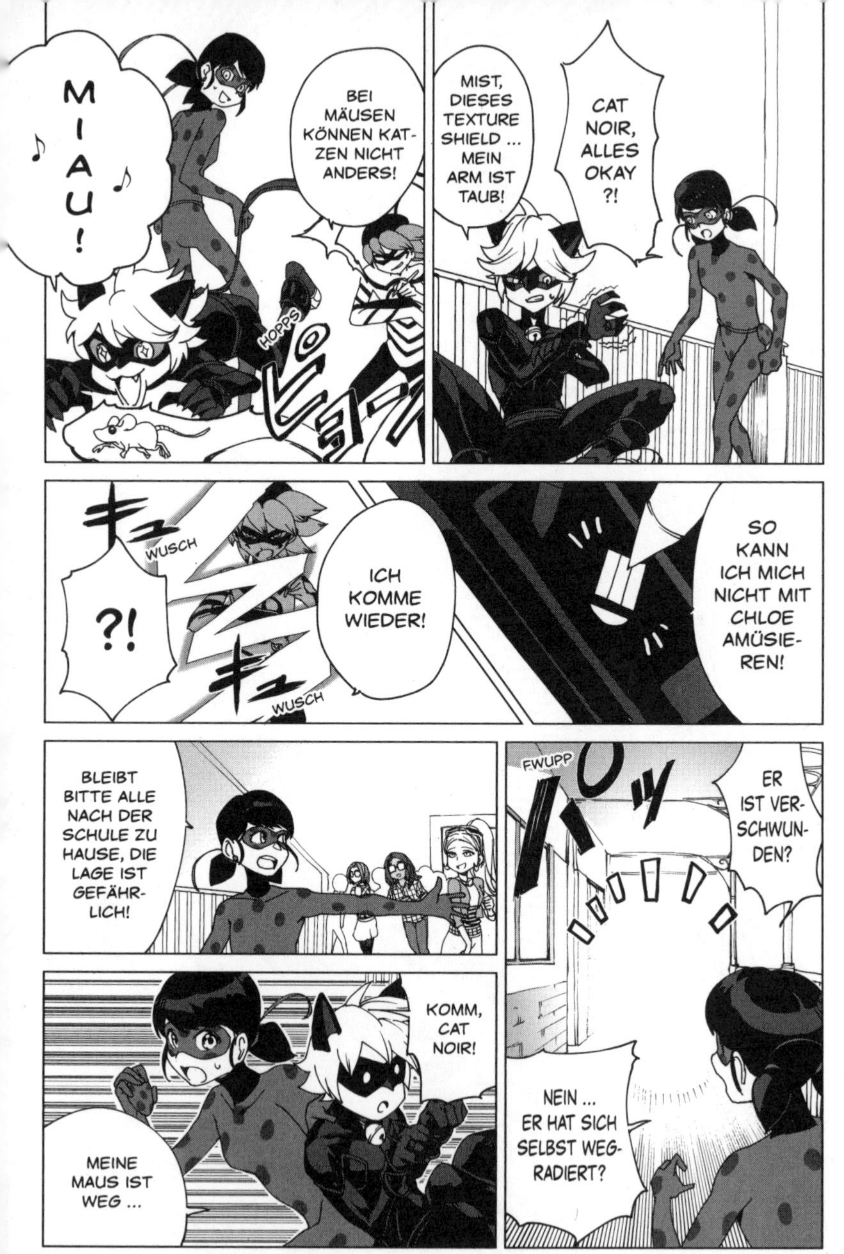

CAT NOIR, ALLES OKAY ?!
MIST, DIESES TEXTURE SHIELD ... MEIN ARM IST TAUB!
BEI MÄUSEN KÖNNEN KATZEN NICHT ANDERS!
MIAU!
HOPPS
SO KANN ICH MICH NICHT MIT CHLOE AMÜSIEREN!
ICH KOMME WIEDER!
WUSCH
?!
WUSCH
FWUPP
ER IST VERSCHWUNDEN?
NEIN ... ER HAT SICH SELBST WEGRADIERT?
BLEIBT BITTE ALLE NACH DER SCHULE ZU HAUSE, DIE LAGE IST GEFÄHRLICH!
KOMM, CAT NOIR!
MEINE MAUS IST WEG ...

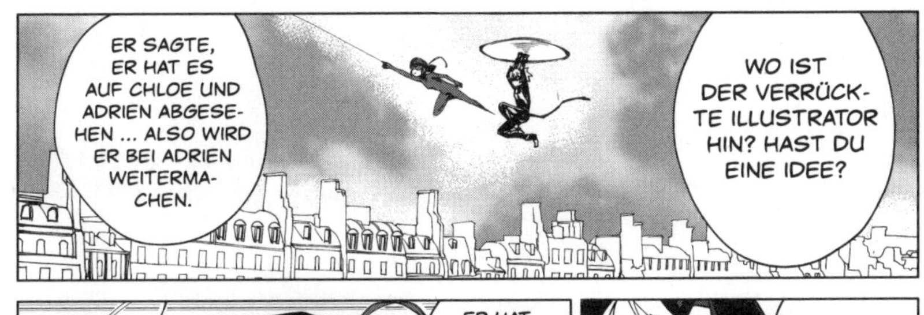
WO IST DER VERRÜCKTE ILLUSTRATOR HIN? HAST DU EINE IDEE?
ER SAGTE, ER HAT ES AUF CHLOE UND ADRIEN ABGESEHEN ... ALSO WIRD ER BEI ADRIEN WEITERMACHEN.

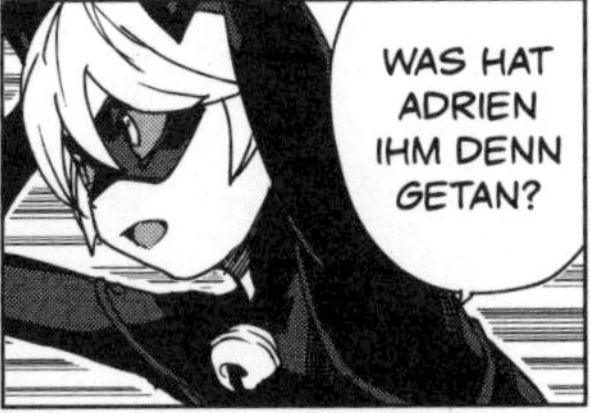
WAS HAT ADRIEN IHM DENN GETAN?

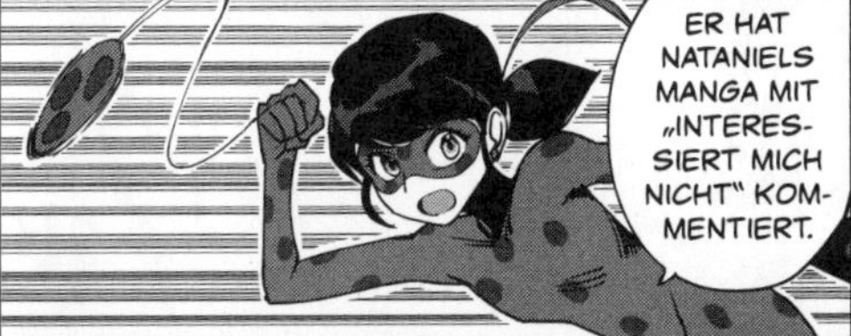
ER HAT NATANIELS MANGA MIT „INTERESSIERT MICH NICHT“ KOMMENTIERT.

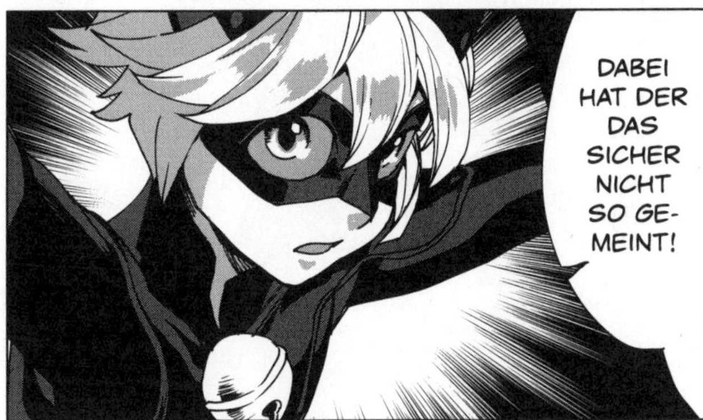
DAS HAT ER BESTIMMT SO VERSTANDEN, ALS FÄNDE ADRIEN SEINEN MANGA WERTLOS UND UNINTERESSANT!
DABEI HAT DER DAS SICHER NICHT SO GEMEINT!

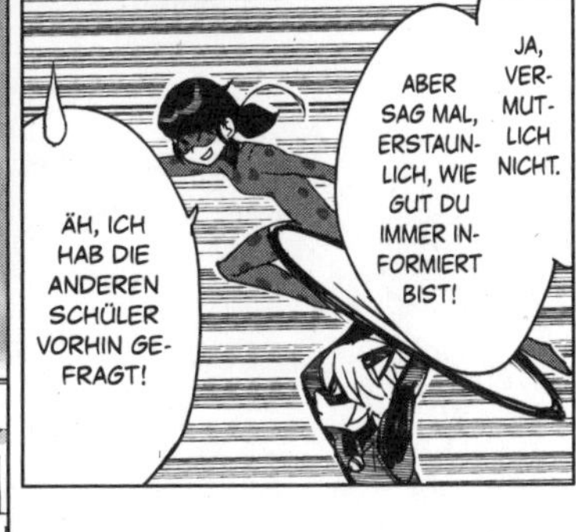
JA, VERMUTLICH NICHT.
ABER SAG MAL, ERSTAUNLICH, WIE GUT DU IMMER INFORMIERT BIST!
ÄH, ICH HAB DIE ANDEREN SCHÜLER VORHIN GEFRAGT!

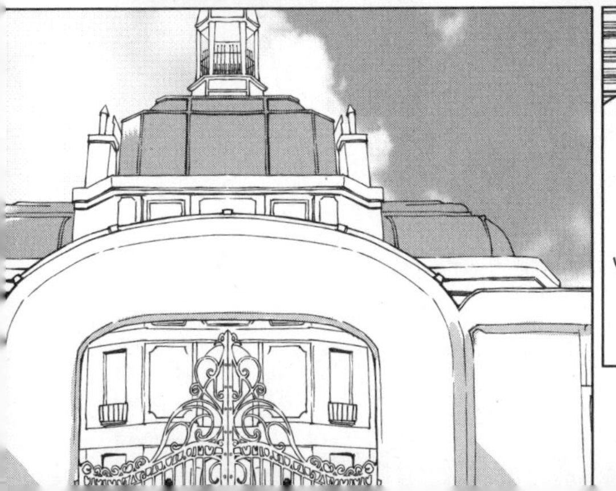

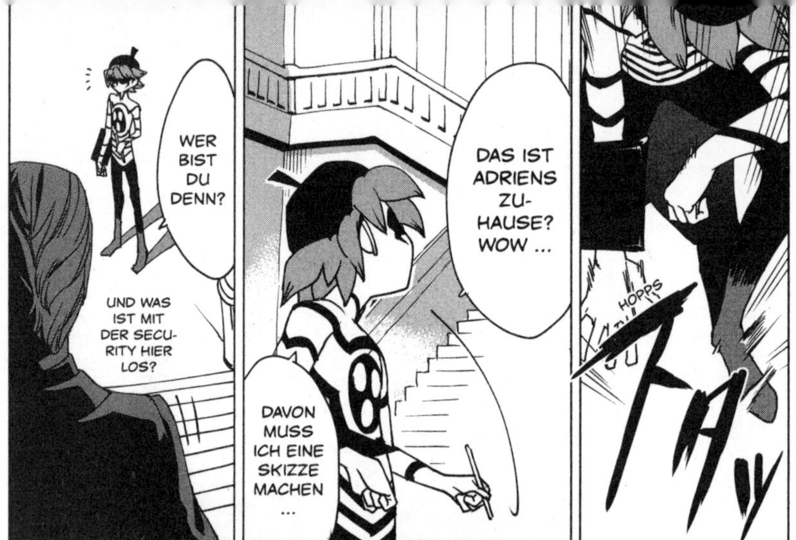
HOPPS
DAS IST ADRIENS ZUHAUSE? WOW ...
DAVON MUSS ICH EINE SKIZZE MACHEN ...
WER BIST DU DENN?
UND WAS IST MIT DER SECURITY HIER LOS?

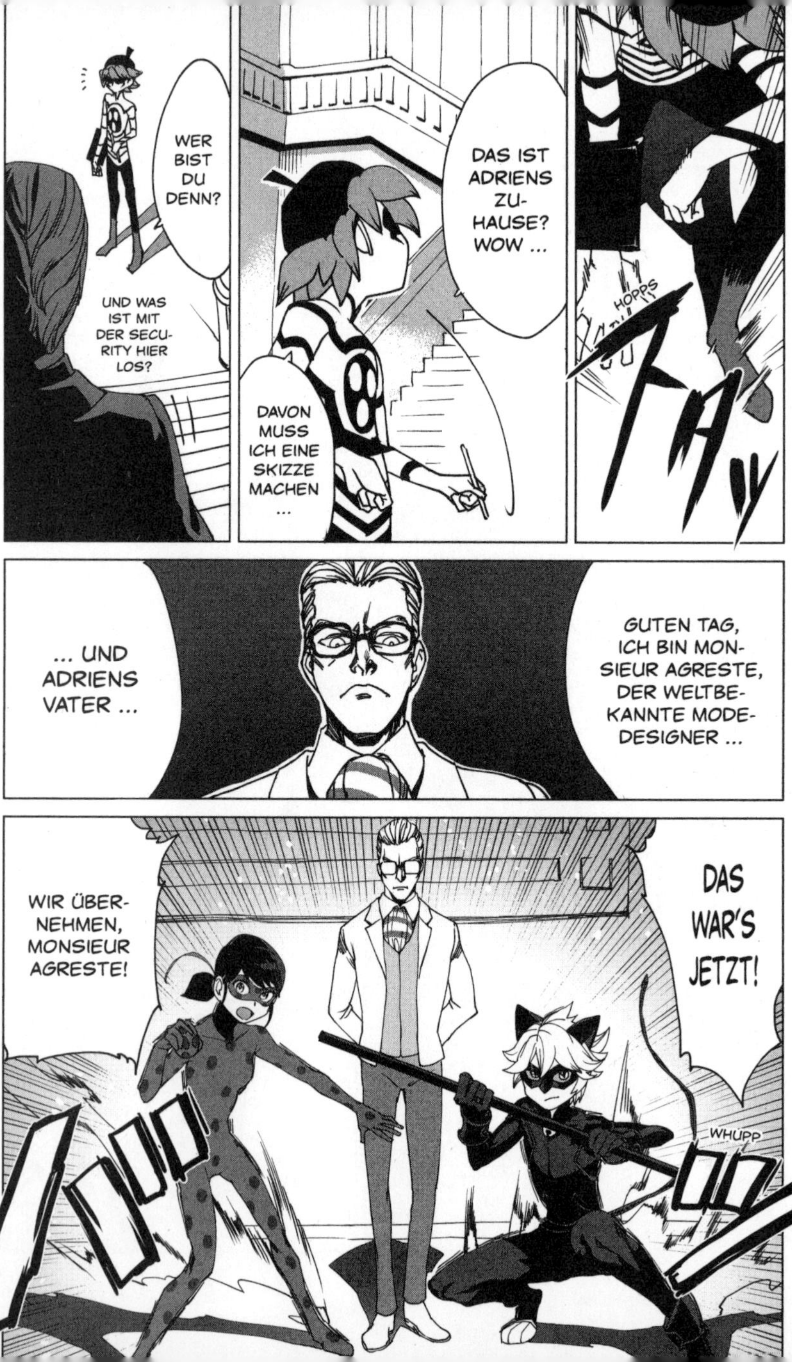

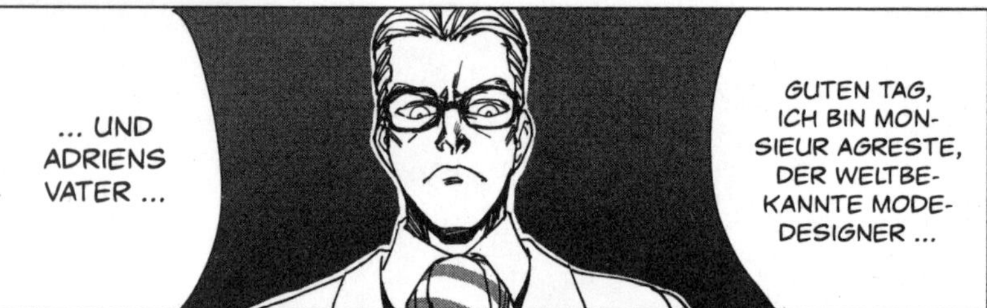
GUTEN TAG, ICH BIN MONSIEUR AGRESTE, DER WELTBEKANNTE MODEDESIGNER ...
... UND ADRIENS VATER ...

DAS WAR'S JETZT!
WHUPP
WIR ÜBERNEHMEN, MONSIEUR AGRESTE!

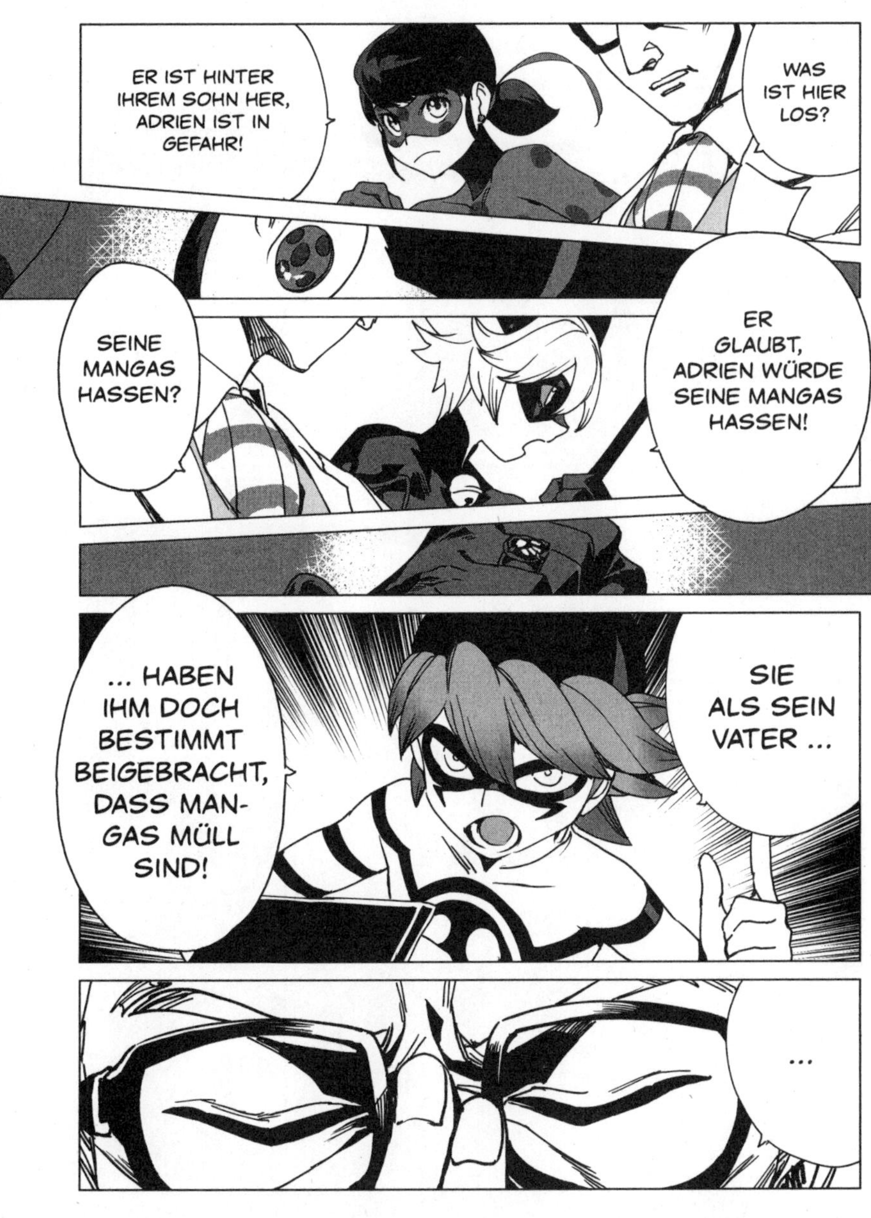
WAS IST HIER LOS?
ER IST HINTER IHREM SOHN HER, ADRIEN IST IN GEFAHR!
ER GLAUBT, ADRIEN WÜRDE SEINE MANGAS HASSEN!
SEINE MANGAS HASSEN?
SIE ALS SEIN VATER ...
... HABEN IHM DOCH BESTIMMT BEIGEBRACHT, DASS MAN-GAS MÜLL SIND!
...

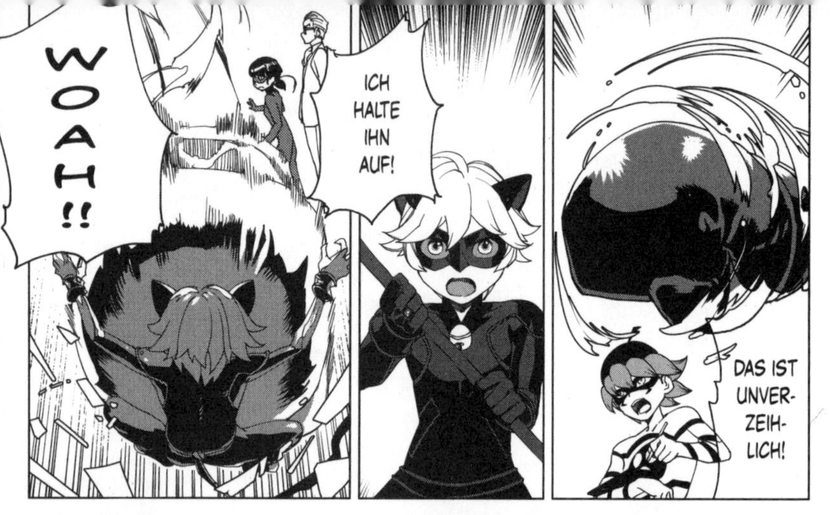
WOAH!!
ICH HALTE IHN AUF!
DAS IST UNVERZEIH-LICH!

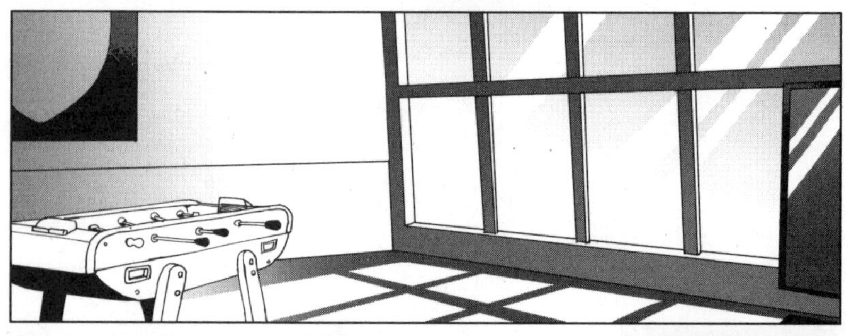

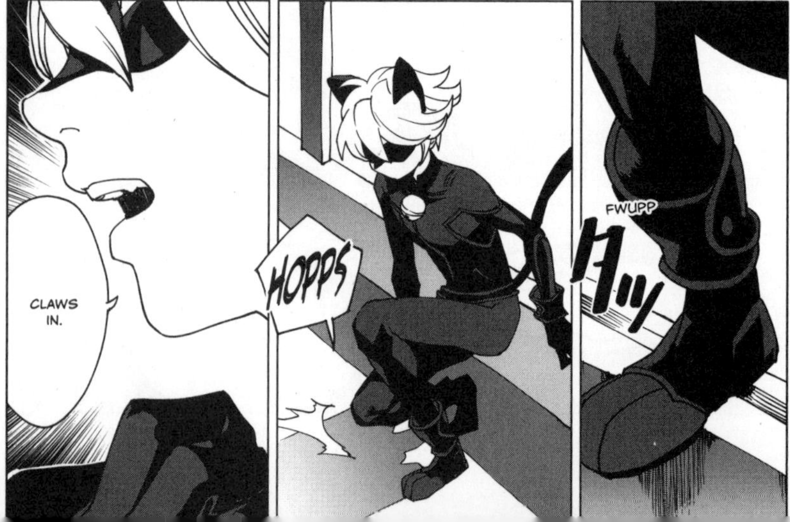
CLAWS IN.
HOPPS
FWUPP

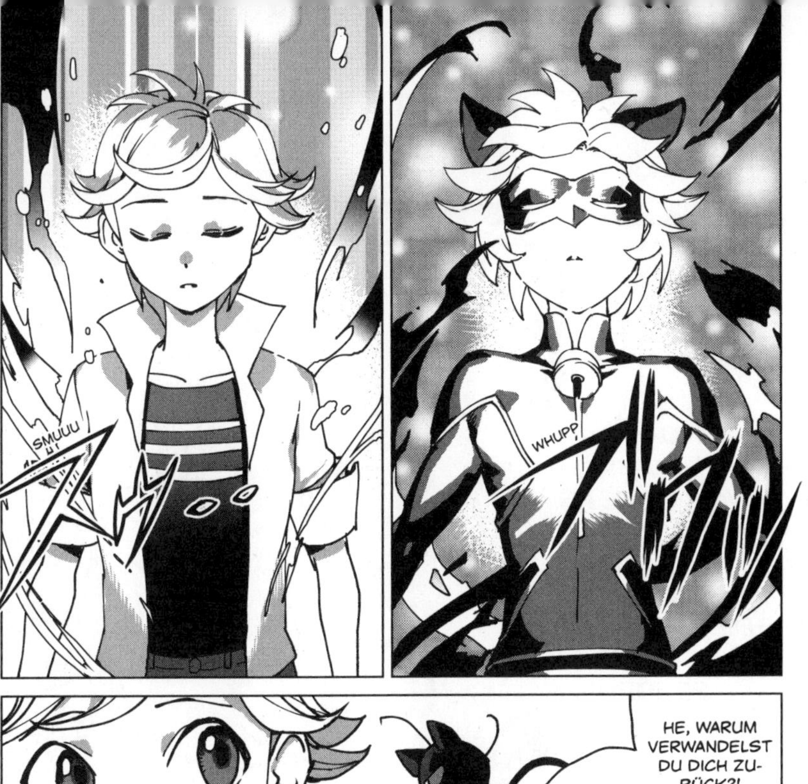

WHUPP

SMUUU

HE, WARUM VERWANDELST DU DICH ZURÜCK?!

LADYBUG KÄMPFT DOCH NOCH!

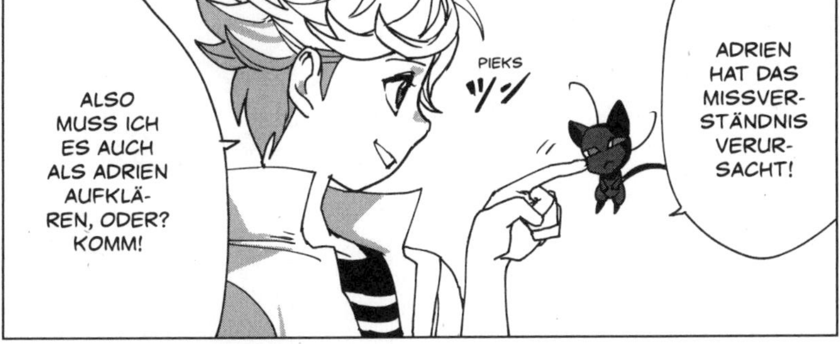

DA TÄUSCHST DU DICH ...

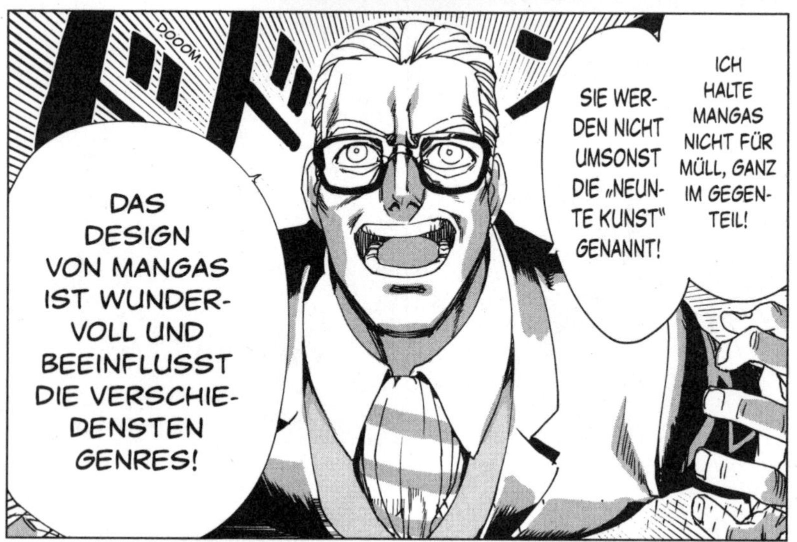

M...

SIE SIND UNTERHAL-TUNG UND KUNST ZUGLEICH!

MON-SIEUR AGRES-TE!

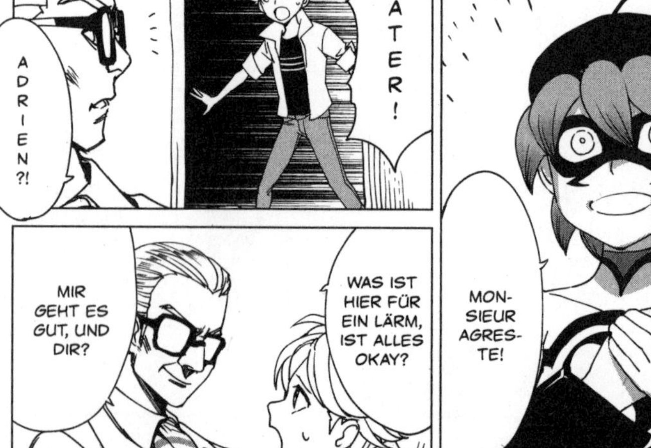

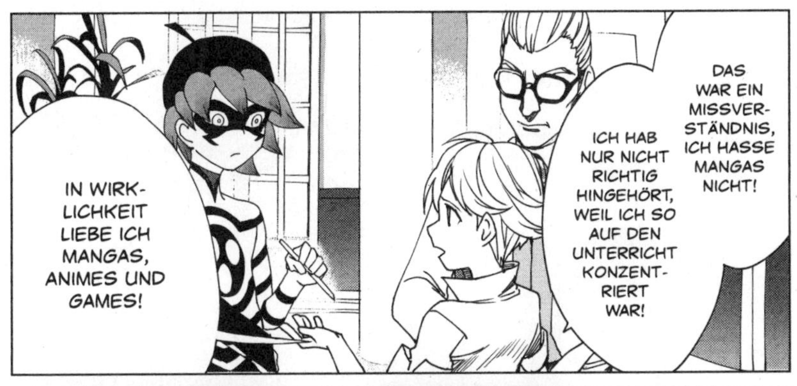
DAS WAR EIN MISSVERSTÄNDNIS, ICH HASSE MANGAS NICHT!
ICH HAB NUR NICHT RICHTIG HINGEHÖRT, WEIL ICH SO AUF DEN UNTERRICHT KONZENTRIERT WAR!
IN WIRKLICHKEIT LIEBE ICH MANGAS, ANIMES UND GAMES!

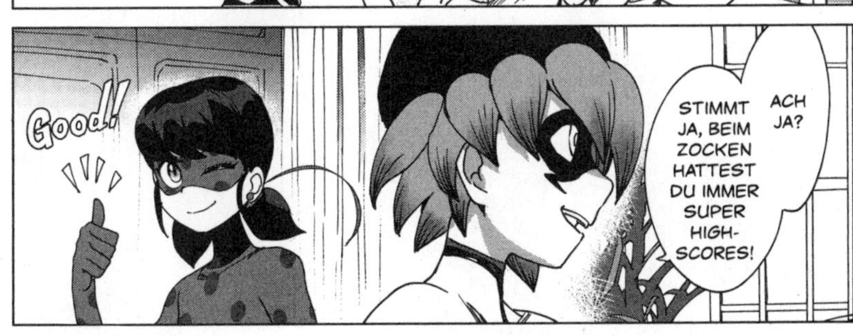
ACH JA?
STIMMT JA, BEIM ZOCKEN HATTEST DU IMMER SUPER HIGHSCORES!
Good!

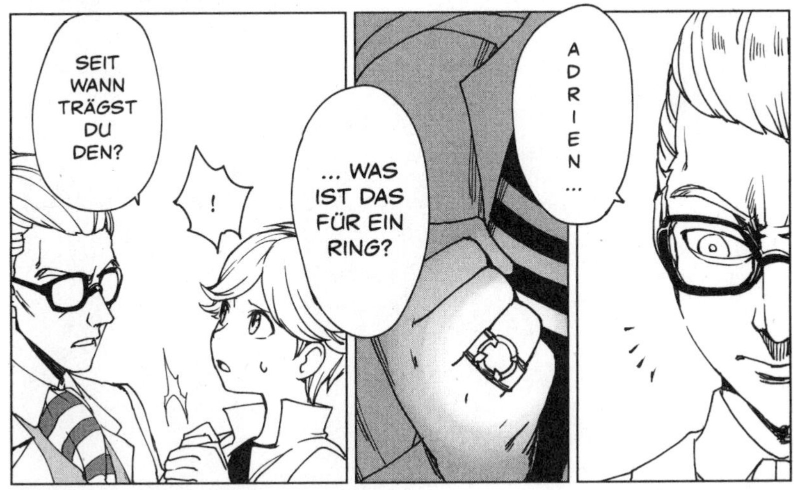
ADRIEN ...
... WAS IST DAS FÜR EIN RING?
!
SEIT WANN TRÄGST DU DEN?

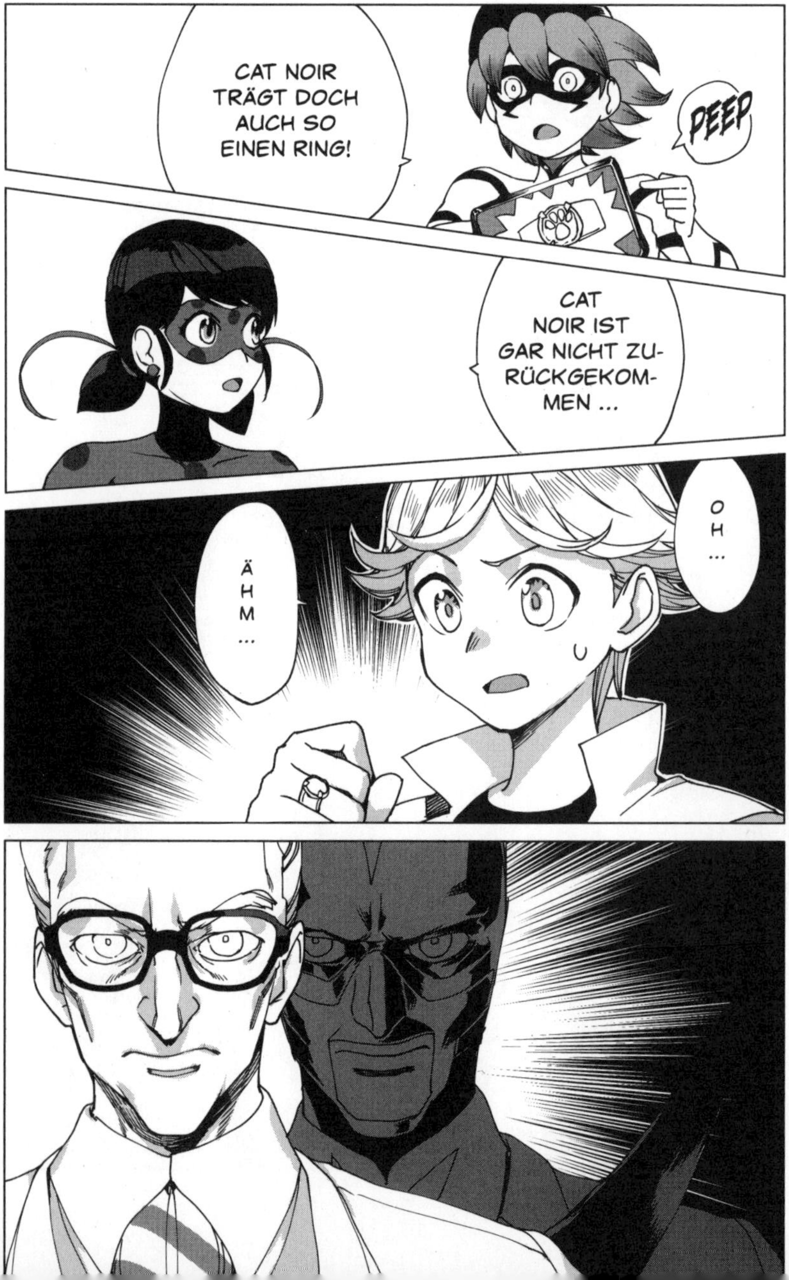

CAT NOIR TRÄGT DOCH AUCH SO EINEN RING!

PEEP

CAT NOIR IST GAR NICHT ZURÜCKGEKOMMEN …

ÄHM …

OH …

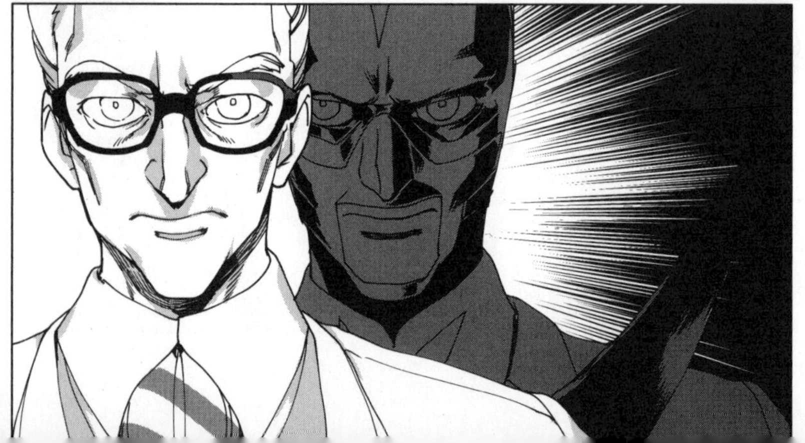

VORSCHAU AUF DEN NÄCHSTEN BAND

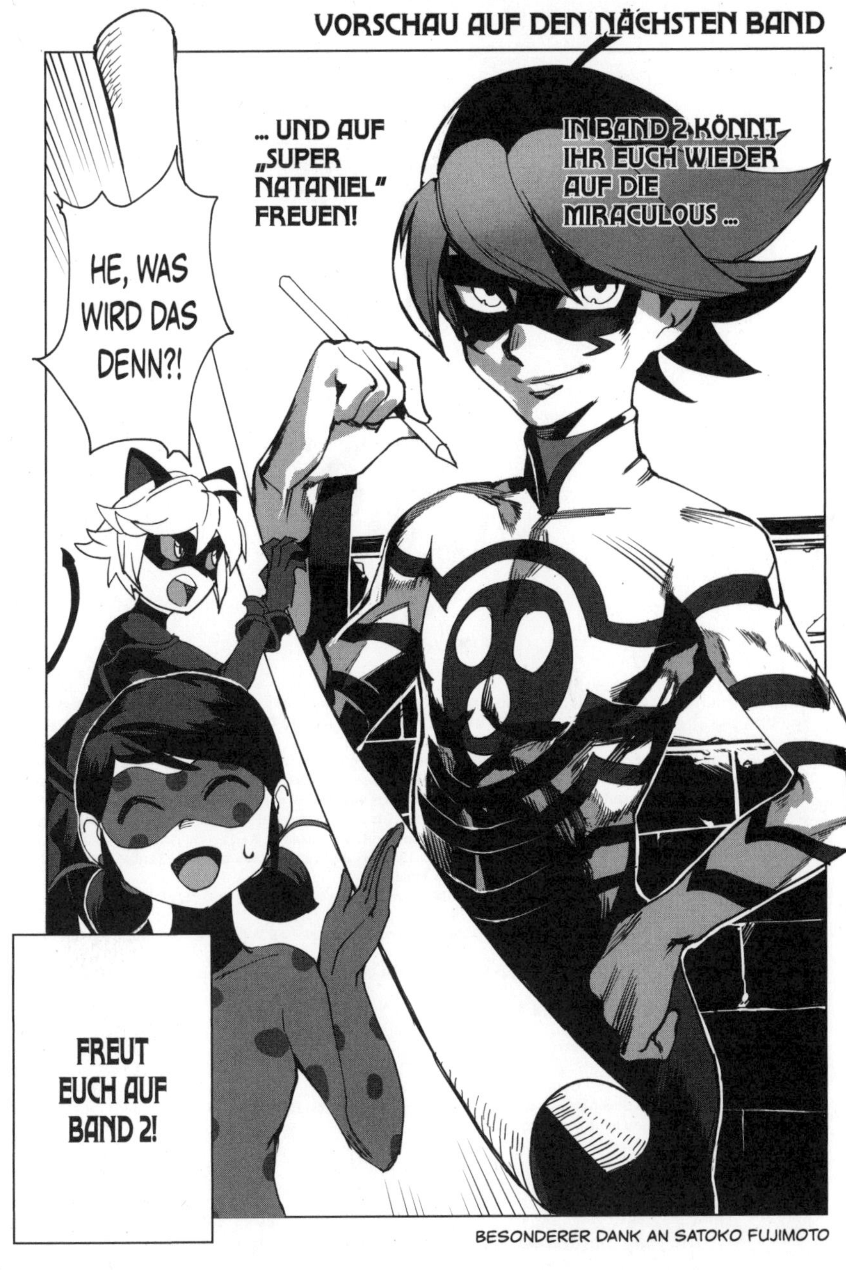

BESONDERER DANK AN SATOKO FUJIMOTO

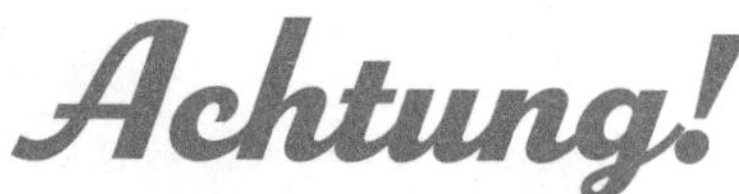

Dieser Comic wird wie im Original gelesen:
von rechts nach links,
also fangt einfach von der anderen Seite des Buches an
und stürzt euch in die MANGA-Welt von
MIRACULOUS: ABENTEUER VON LADYBUG UND CAT NOIR!

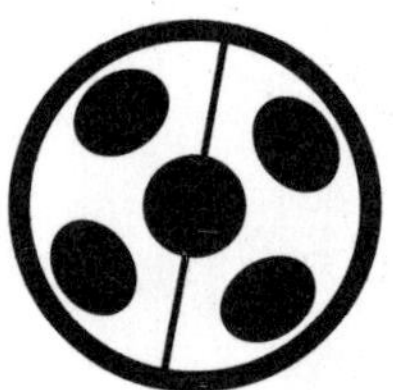

MIRACULOUS: ABENTEUER VON LADYBUG UND CAT NOIR erscheint bei **PANINI MANGA**, Schloßstraße 76, D-70176 Stuttgart. gpsr@panini.de. MIRACULOUS: ABENTEUER VON LADYBUG UND CAT NOIR wird unter Lizenz in Deutschland von PANINI Verlags-GmbH veröffentlicht. Druck: LEGO PRINT S.p.A. Direkt-Abos auf **www.paninimanga.de.** Geschäftsführer **Hermann Paul**, Publishing Director Europe **Marco M. Lupoi**, Finanzen/Logistik **Felix Bauer**, Marketing Director **Holger Wiest**, Marketing **Dr. Rebecca Haar, Jessica Langer**, Vertrieb **Alexander Bubenheimer**, PR/Presse **Steffen Volkmer**, Publishing Manager **Lisa Pancaldi**, Redaktion **Marlene Eggertsberger, Stephanie Jakob, Matthias Korn, Philipp Nakata, Sebastian Spietz, Daniela Uhlmann**, Übersetzung **Dorothea Klepper**, Proofreading **Ricarda Nugk**, grafische Gestaltung **Rudy Remitti, Nicola Spano**, Art Director **Alessandro Gucciardo**, Redaktion Panini Comics **Elisa Panzani, Ludovica Ungari**, Repro/Packager **Alessandro Nalli** (coordinator), **Anna Boselli, Mario Da Rin Zanco, Valentina Esposito, Luca Ficarelli, Simone Guidetti, Linda Leporati, Fabio Melatti.**

First published in Japan in 2021 by Kodansha Ltd., Tokyo. Publication rights for this German edition arranged through Kodansha Ltd., Tokyo.
© 2025 Panini Verlags-GmbH. **ISBN** 978-3-7416-2714-9

4. Auflage

Bibliografische Information der Deutschen Nationalbibliothek
Die Deutsche Nationalbibliothek verzeichnet diese Publikation in der Deutschen Nationalbibliografie; detaillierte bibliografische Daten sind im Internet über dnb.d-nb.de abrufbar.

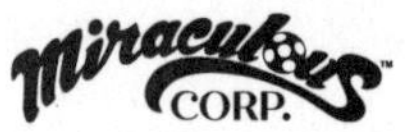